高速公路旅客周转量

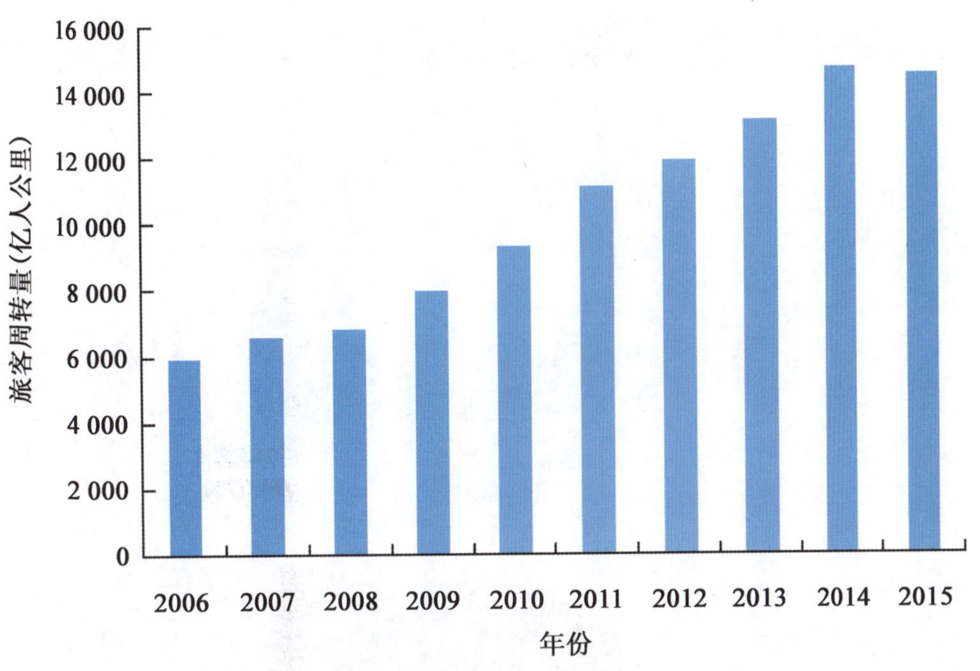

高速公路≥20座客车在全社会营业性客车旅客周转量中的比重

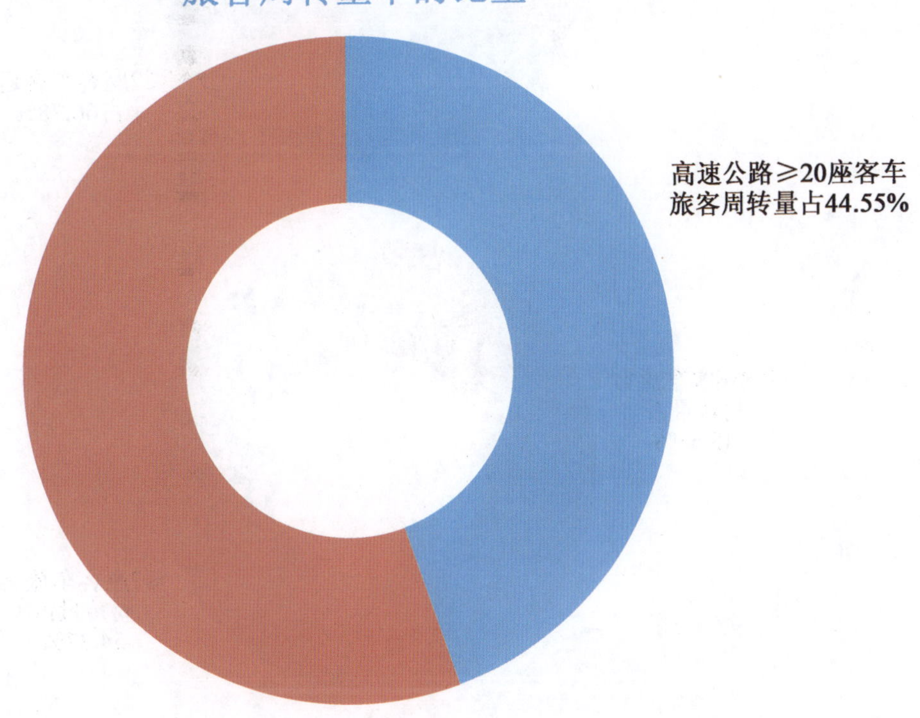

客车组成结构

≥8座客车
5.33%
≤7座客车
94.67%

≥8座客车客运量
占33.22%
≤7座客车客运量
占66.78%

≥8座客车旅客
周转量占
45.63%
≤7座客车旅客
周转量占
54.37%

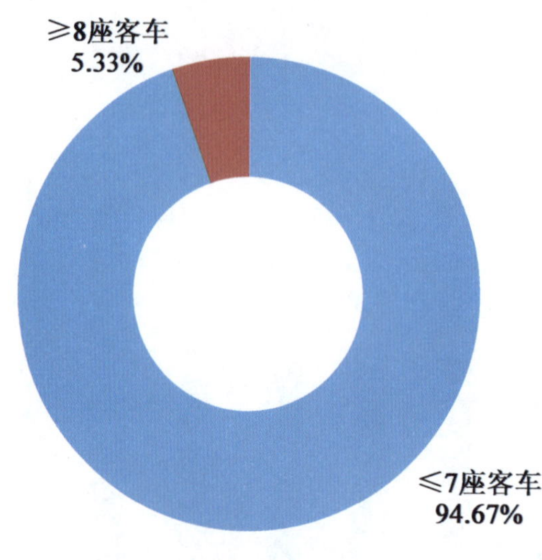

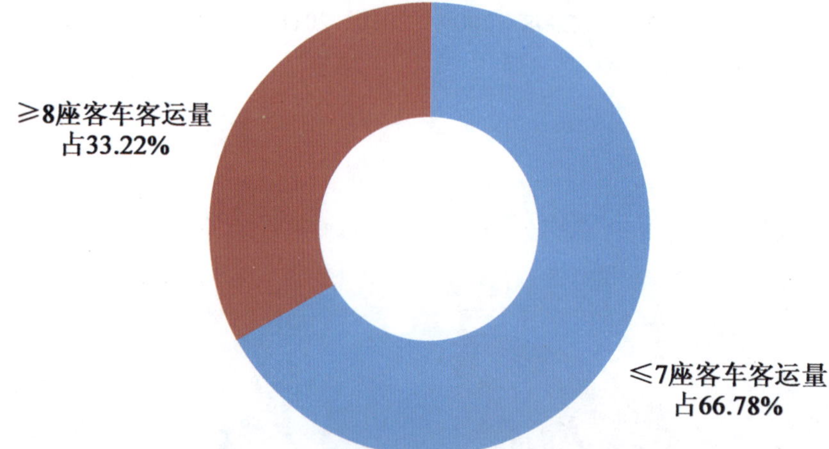

高速公路货物周转量

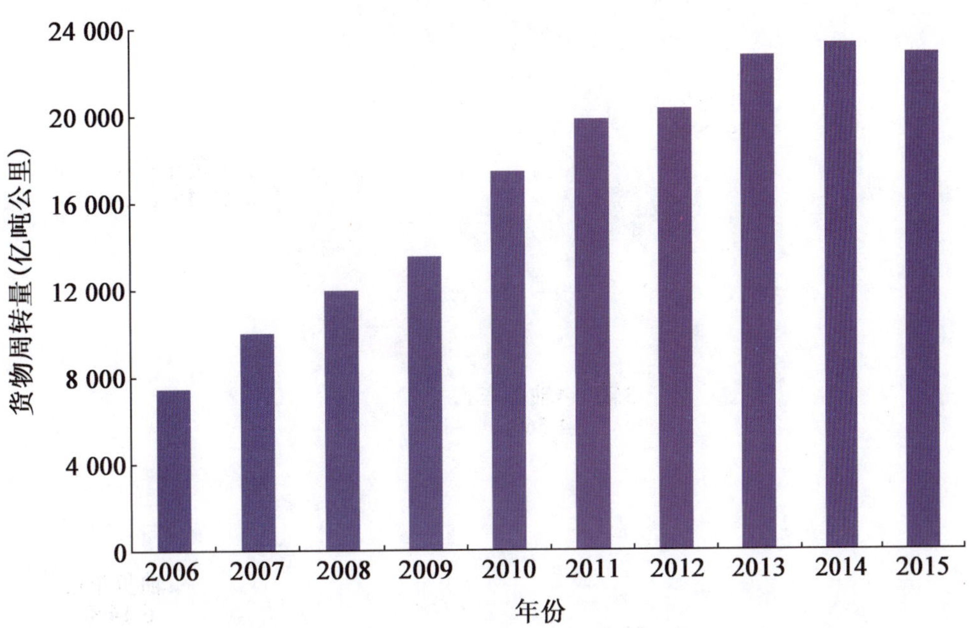

高速公路在全社会营业性货车货物周转量中的比重

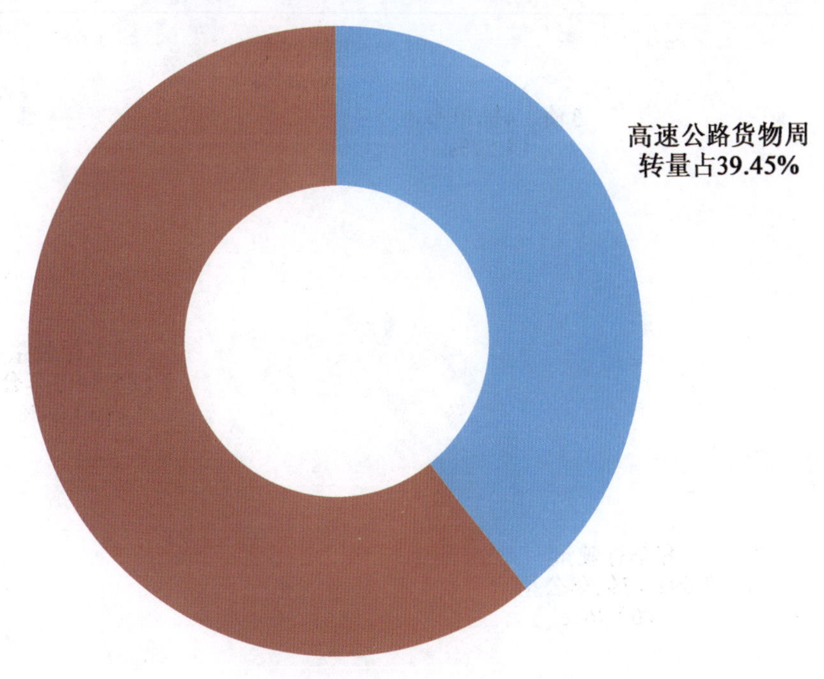

货车组成结构车数构成

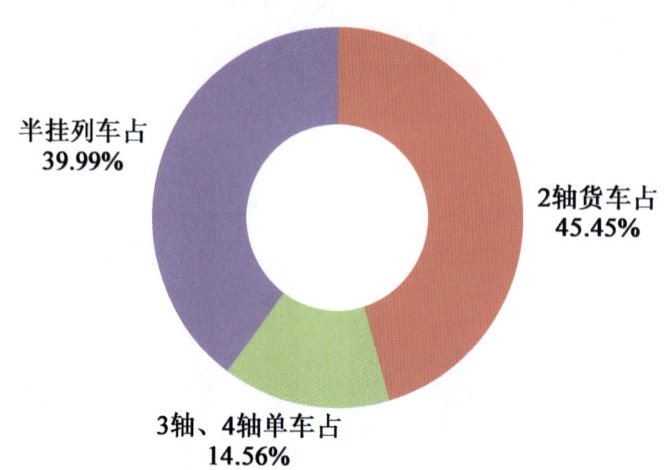

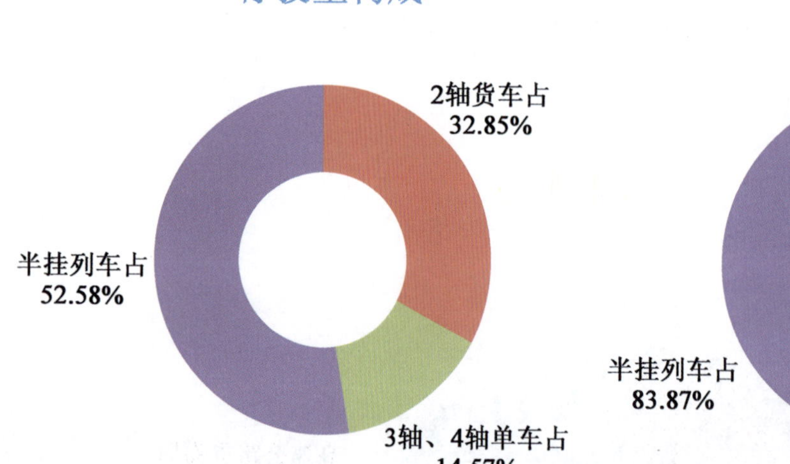

周转量构成

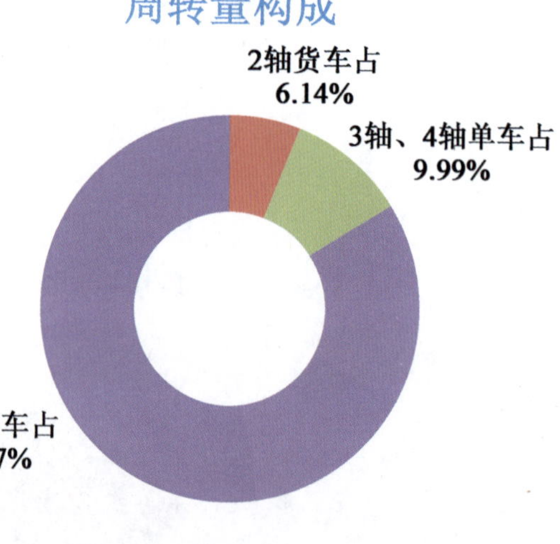

高速公路行驶量

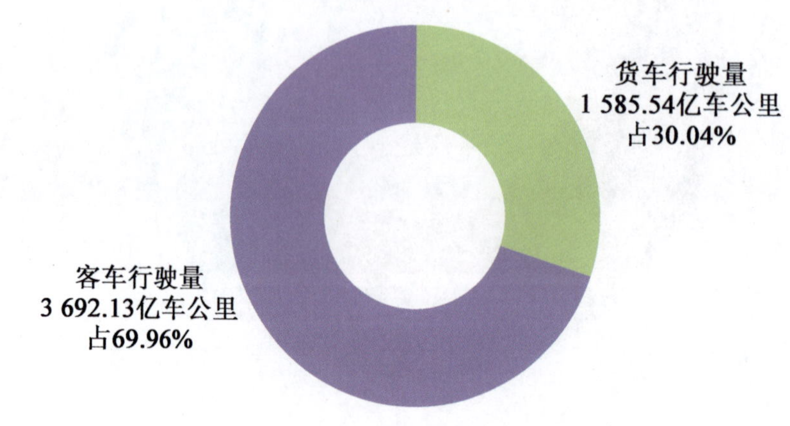

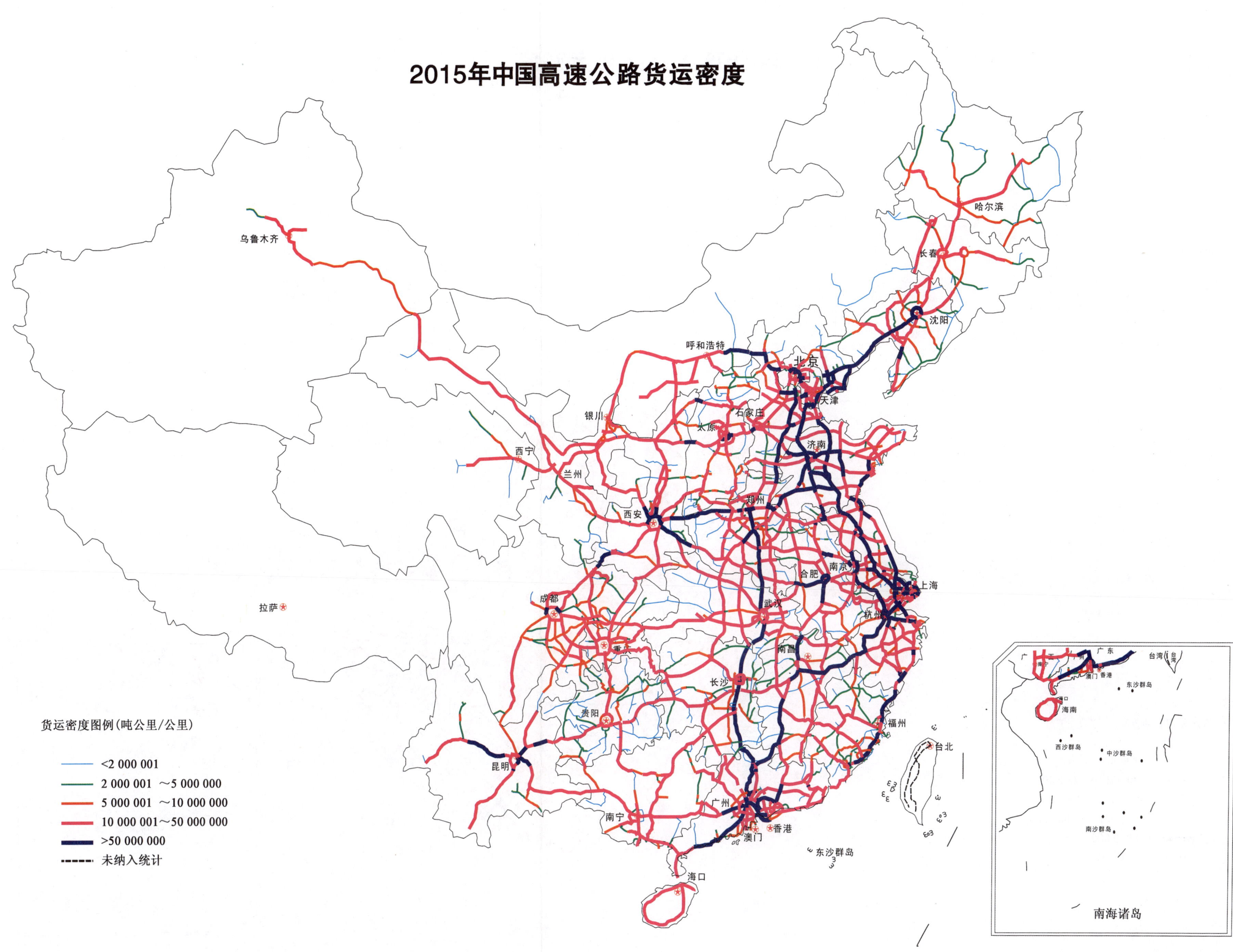

2015年中国高速公路货运密度
乌鲁木齐
呼和浩特
北京
天津
哈尔滨
长春
沈阳
银川
石家庄
太原
济南
西宁
兰州
郑州
西安
合肥
南京
上海
拉萨
成都
武汉
杭州
重庆
南昌
长沙
贵阳
福州
台北
昆明
广州
南宁
香港
澳门
东沙群岛
海口
南海诸岛
西沙群岛
中沙群岛
南沙群岛
海南
台湾
货运密度图例(吨公里/公里)
<2 000 001
2 000 001 ～5 000 000
5 000 001 ～10 000 000
10 000 001～50 000 000
>50 000 000
未纳入统计

2015年中国高速公路客运密度
客运密度度图例(人公里/公里)
<2 000 001
2 000 001 ～5 000 000
5 000 001 ～10 000 000
10 000 001～50 000 000
>50 000 000
未纳入统计
乌鲁木齐
哈尔滨
长春
沈阳
呼和浩特
北京
天津
银川
石家庄
太原
济南
西宁
兰州
郑州
西安
南京
上海
合肥
成都
拉萨
武汉
杭州
重庆
南昌
长沙
贵阳
福州
台北
昆明
广州
南宁
香港
澳门
东沙群岛
海口
南海诸岛

2015
中国高速公路
运输量统计调查分析报告

长安大学运输科学研究院　编

人民交通出版社股份有限公司
China Communications Press Co.,Ltd.

内 容 提 要

本报告发布了2015年中国高速公路运输量数据和经济转型期铁路货物运输状况，分析了我国高速公路近年来运输结构的变化，也对高速公路运输量和GDP的关系展开讨论。

本报告可以作为高速公路的规划、设计以及相关科研工作的基础资料，也可以作为高速公路建设、管理、运营和养护工作决策的依据。

图书在版编目(CIP)数据

2015中国高速公路运输量统计调查分析报告 / 长安大学运输科学研究院编. — 北京 ：人民交通出版社股份有限公司，2016.12

ISBN 978-7-114-13482-1

Ⅰ.①2… Ⅱ.①长… Ⅲ.①高速公路—运输量—调查报告—中国—2015 Ⅳ.①U492.2

中国版本图书馆CIP数据核字(2016)第279129号

2015 Zhongguo Gaosu Gonglu Yunshuliang Tongji Diaocha Fenxi Baogao

书　　名：**2015中国高速公路运输量统计调查分析报告**
著 作 者：长安大学运输科学研究院
责任编辑：赵瑞琴
出版发行：人民交通出版社股份有限公司
地　　址：(100011)北京市朝阳区安定门外外馆斜街3号
网　　址：http://www.ccpress.com.cn
销售电话：(010)59757973
总 经 销：人民交通出版社股份有限公司发行部
经　　销：各地新华书店
印　　刷：中国电影出版社印刷厂
开　　本：880×1230　1/16
印　　张：13.25
插　　页：3
字　　数：360千
版　　次：2016年12月　第1版
印　　次：2016年12月　第1次印刷
书　　号：ISBN 978-7-114-13482-1
定　　价：68.00元

编　委　会

编　写　组

组　长　陈荫三

副组长　肖润谋

各省区市高速公路收费数据库数据采集组

陈荫三　肖润谋　李　彬　闫晟煜　杨　铭　王剑波
林文新　张小刚　熊演峰　潘斯航　陈　灏　王　聪
刘礼解　刘　勇　马　骏　薛　亮　翟浩龙

收费站补充调查组

肖润谋　李　彬　闫晟煜　潘斯航　陈　灏　王　聪
刘礼解　刘　勇　马　骏　薛　亮　翟浩龙　李郁菡
高　娟　赵　慧　王嘉伟　吕安平　彭　飞

数据处理和运输分析组

陈荫三　李　彬　闫晟煜　潘斯航　陈　灏　王　聪
刘礼解　刘　勇　马　骏　薛　亮

报告撰写组

陈荫三　闫晟煜

各省(区、市)统计组

闫晟煜　潘斯航　陈　灏　王　聪　刘礼解　刘　勇
马　骏　薛　亮　翟浩龙

编制工作参与单位

北京市交通委员会发展计划处
北京市首都公路发展集团有限公司
天津市交通运输委员会
天津市高速公路管理处
华北高速公路股份有限公司
天津高速公路集团有限公司
天津滨海新区高速公路投资发展有限公司
天津津滨高速管理有限公司
河北省交通运输厅综合规划处
河北省交通通信管理局
京沈高速公路联网收费联合结算中心
河北省高速公路管理局
山西省交通运输厅综合规划处
山西省高速公路管理局
内蒙古自治区交通运输厅规划处
内蒙古高等级公路建设开发有限责任公司
辽宁省交通厅综合规划处
辽宁省高速公路管理局
吉林省交通运输厅综合规划处
吉林省高速公路管理局
黑龙江省交通运输厅综合规划处
黑龙江省交通信息通信中心
哈尔滨太平国际机场收费站
黑龙江省交通科学研究所
上海市交通委员会
上海市路政局路网监测中心
江苏省交通运输厅综合计划处
江苏省高速公路联网营运管理中心
浙江省交通运输厅规划计划处
浙江省公路管理局
安徽省交通运输厅综合规划处
安徽省高速公路联网运营有限公司
安徽省交通运输联网管理中心
福建省交通运输厅综合规划处
福建省高速公路有限责任公司
江西省交通运输厅规划处
江西省高速公路联网管理中心
山东省交通运输厅规划处
山东省交通运输厅信息中心
河南省交通运输厅综合规划处
河南省高速公路联网监控收费通信服务有限公司
湖北省交通运输厅计划处
湖北省高速公路联网收费中心
湖北省交通科学研究所
湖南省交通运输厅计划统计处
湖南省高速公路监控中心

广东省交通运输厅综合规划处
广东省交通运输档案信息管理中心
广东联合电子收费股份有限公司
广东清连公路发展有限公司
广西壮族自治区交通运输厅综合规划处
广西壮族自治区高速公路管理局
海南省交通运输厅综合规划处
海南省公路管理局养护科
重庆市交通委员会综合规划处
重庆高速公路集团有限公司路网管理中心
四川省交通运输厅综合规划处
四川省交通运输厅高速公路监控结算中心
四川高速公路建设开发总公司
贵州省交通运输厅综合规划处
贵州省高速公路管理局
云南省交通运输厅综合规划处
云南省交通运输厅规费征收管理办公室
云南省交通运输厅高速公路联网管理中心
陕西省交通运输厅综合规划处
陕西省高速公路收费管理中心
甘肃省交通运输厅综合规划处
甘肃省高速公路管理局
宁夏回族自治区交通运输厅规划处
宁夏交通信息监控中心
青海省交通厅综合规划处
青海省高等级公路建设管理局
新疆维吾尔自治区交通运输厅综合规划处
新疆维吾尔自治区公路管理局

编制工作参与人员

佟　乐　毕志明　岳向武　许永强　陈鑫瑞　李忠新　麻丽娅
许　乐　赵丽莉　吴玉清　张宏国　王一宁　步佳慧　王浩麒
安　宁　王　珺　潘　敏　洪　斌　王凌霄　任　燕　费勤瑛
林　瑾　冯业弘　王胜华　唐先亮　张建勇　林　飞　崔洪涛
刘照恒　范　雯　马先兵　胡　伟　吴　力　李　强　陈显露
马根峰　陈伟明　赵益段　朱和林　刘锡珍　李莹英　陆　彬
何　定　彭　松　寇芳玲　郑　毅　孙元成　李文杰　陈道炯
李光倩　陈学华　刘　华　苏　菁　曾　慧

目录 *Mulu*

第1章　高速公路运输态势分析

2015年年底，我国高速公路通车里程123 521公里（不含港澳特别行政区和台湾省，下同），同比增长10.35%。

2015年我国高速公路行驶量5 277.28亿车公里，同比增长9.33%。实现货物周转量22 863.67亿吨公里，同比减少1.68%。实现旅客周转量14 608.66亿人公里，同比下降0.59%。

2015年我国高速公路占公路总里程的2.70%，实现的货物周转量占全社会营业性货车货物周转量的39.45%，同比增长1.34个百分点。高速公路≥20座客车实现的旅客周转量占全社会营业性客车旅客周转量的44.55%，同比降低1.61个百分点。

2015年每万元国内生产总值（按现价计算）的高速公路货运量1.877 0吨，同比下降0.070 4吨。2015年我国平均每人在高速公路上乘车次数为13.232 2次，同比增加0.999 9次。

1.1　高速公路交通状况

2015年我国高速公路行驶量5 277.28亿车公里，其中货车行驶量1 585.16亿车公里，客车行驶量3 692.13亿车公里。

2015年我国高速公路车道里程548 419公里，日均车道交通量为2 699辆次，其中货车803辆次，客车1 896辆次。

历年行驶量状况、日均车道交通量变化情况见表1.1。乘用车数量增长强劲，日均客车车道交通量涨幅明显。各省（区、市）日均车道交通量分布不均匀，见图1.1和图1.2。

高速公路交通状况　　表1.1

年份	2008	2009	2010	2011	2012	2013	2014	2015
车道里程（公里）	265 784	287 152	328 642	375 866	424 588	461 284	495 614	548 421
行驶量（亿车公里）	2 005.37	2 310.27	2 808.29	3 240.26	3 633.75	4 229.61	4 827.14	5 277.28
日均车道交通量（辆次）	2 067	2 203	2 341	2 361	2 327	2 495	2 649	2 699
货车（辆次）	877	873	957	888	818	855	849	803
客车（辆次）	1 190	1 330	1 384	1 473	1 509	1 640	1 800	1 896

2015年我国高速公路日均货车车道交通量803辆次。高于803辆次的有浙江（1 487辆次）、上海（1 431辆次）、山东（1 420辆次）、北京（1 419辆次）、江苏（1 326辆次）、海南（1 312辆次）、广东（1 188辆次）、天津（1 007辆次）、河北（967辆次）、重庆（945辆次）、江西（848辆次）、四川（845辆次）、安徽（810辆次）共计13个省市。

2015年我国高速公路日均客车车道交通量1 896辆次。高于1 896辆次的有北京（4 737辆次）、上海（4 046辆次）、广东（3 838辆次）、江苏（3 634辆次）、浙江（3 267辆次）、重庆（3 245辆次）、海南（2 711辆次）、四川（2 437辆次）、山东（2 329辆次）、云南（2 131辆次）、湖南（1 974辆次）、安徽（1 971辆次）共计12个省市。

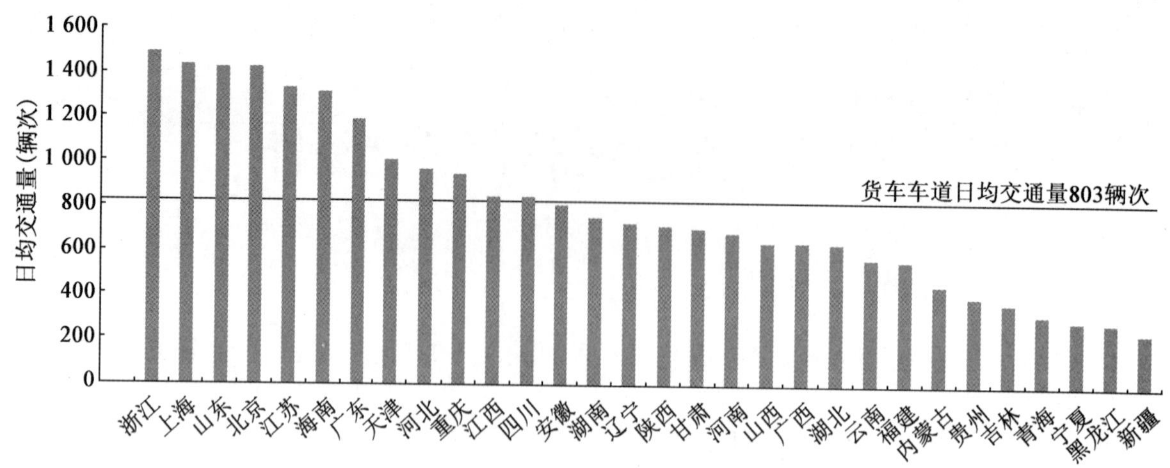

图 1.1 日均货车车道交通量分布

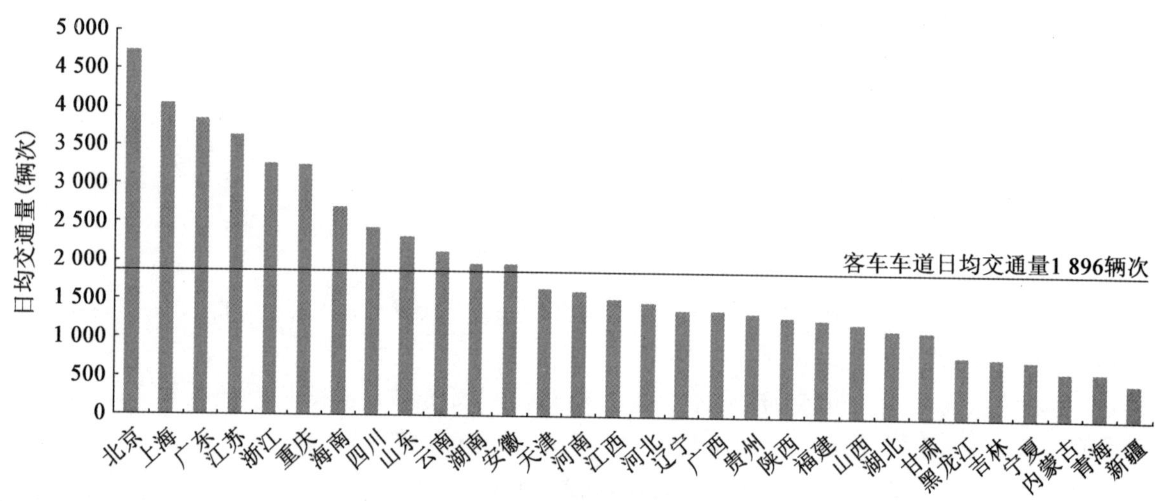

图 1.2 日均客车车道交通量分布

1.2 高速公路旅客运输状况

2015 年,高速公路旅客周转量达到 14 608.66 亿人公里,相当于铁路旅客周转量的 122.14%。见表 1.2 和图 1.3。

2006~2015 年旅客周转量趋势(以 2006 年为 100%) 表 1.2

年份	2006 年		2007 年		2008 年		2009 年		2010 年	
	亿人公里	%	亿人公里	%	亿人公里	%	亿人公里	%	亿人公里	%
铁路	6 622	100.0	7 217	109.0	7 778	117.5	7 879	119.0	8 762	132.3
高速公路	5 901	100.0	6 591	111.7	6 850	116.1	7 978	135.2	9 293	157.5

年份	2011 年		2012 年		2013 年		2014 年		2015 年	
	亿人公里	%	亿人公里	%	亿人公里	%	亿人公里	%	亿人公里	%
铁路	9 612	145.2	9 812	148.2	10 596	160.0	11 605	175.2	11 960	180.6
高速公路	11 087	187.9	11 916	201.9	13 112	222.2	14 695	249.0	14 609	247.6

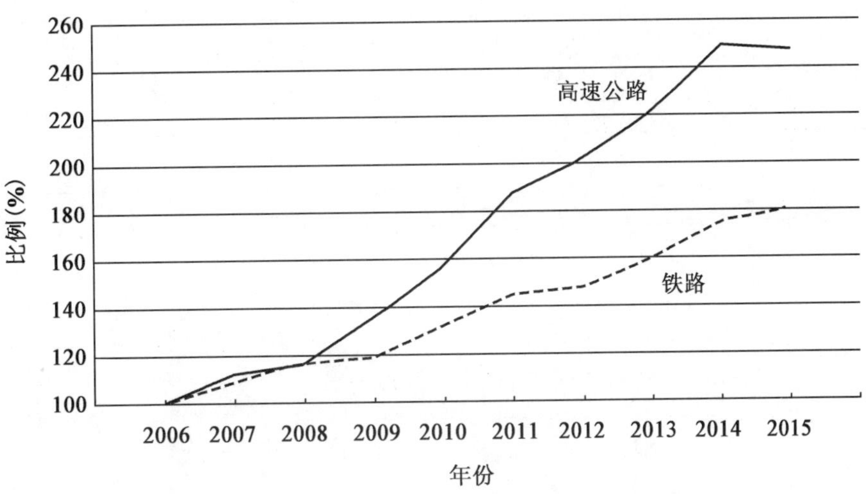

图 1.3　旅客周转量增长趋势(以 2006 年旅客周转量为基数)

1.2.1　乘用车出行持续快速增长

2015 年,≤7 座客车行驶量同比增长 14.39%。根据近期调查结果,≤7 座客车平均座位数为 5.24 个,变化不大,但乘坐率从之前的 48.76%降低为 45.61%。平均乘坐人数从之前的 2.56 人/辆次减少为 2.39 人/辆次。由此相应地,2015 年≤7 座客车旅客周转量同比增长 6.84%。

2015 年高速公路乘用车旅客周转量占高速公路旅客周转量的比重为 54.37%,比 2014 年增加4.81 个百分点。乘用车出行比重持续大幅增长,见表 1.3 和图 1.4。

高速公路客运中≤7 座客车客运比重　　表 1.3

年份	2006	2007	2008	2009	2010	2011	2012	2013	2014	2015
旅客周转量比重(%)	29.75	38.12	41.01	43.30	45.09	47.10	49.99	55.64	59.18	54.37
客运量比重(%)	41.07	46.54	48.54	53.94	56.56	60.09	63.64	66.55	68.24	66.78

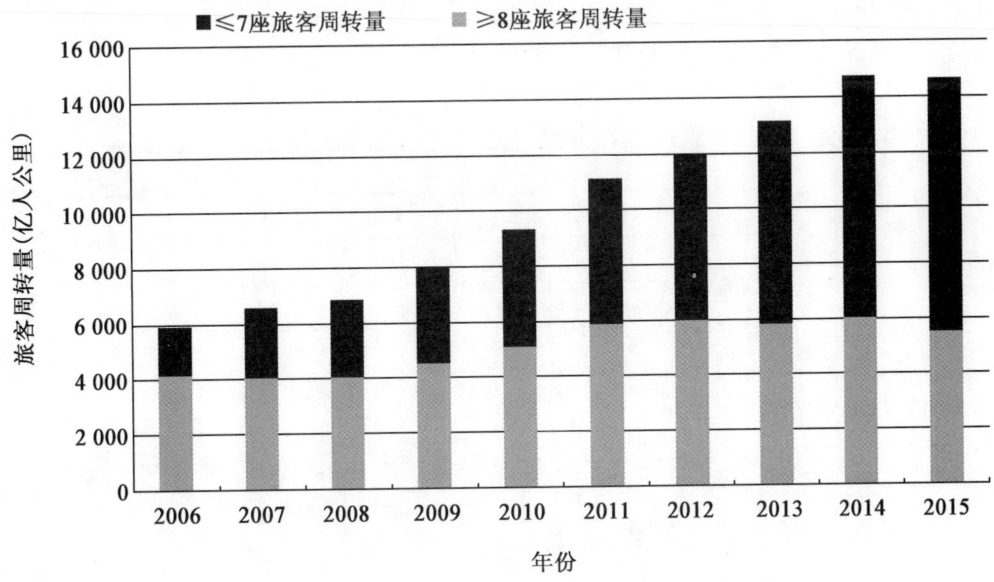

图 1.4　2006～2015 年高速公路旅客周转量

2015 年高速公路上乘用车旅客运输密度(以下简称客运密度)为 738.17 万人公里/公里,比 2014 年下降 4.97%,见表 1.4 和图 1.5。

高速公路客运中≤7 座客车客运密度

表 1.4

年份	2006	2007	2008	2009	2010	2011	2012	2013	2014	2015
客运密度（万人公里/公里）	387.20	466.04	465.82	530.99	565.40	614.79	619.18	698.70	776.89	738.27

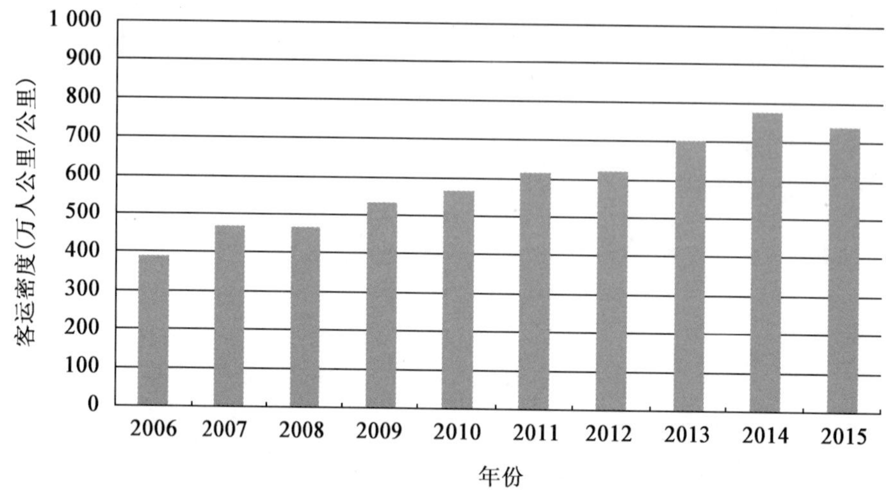

图 1.5　2006～2015 年高速公路≤7 座客车客运密度

1.2.2　≥20 座客车旅客运输量下滑

2015 年高速公路≥20 座客车行驶量同比增长 1.59%。根据近期调查结果，≥20 座客车的平均座位数小幅增加，但乘坐率有所下滑，20～39 座客车从 73.04%降到 61.14%，平均乘坐人数从 2014 年的 24.74人/辆次减少为 21.60 人/辆次。≥40 座客车平均乘坐率从 68.82%降到 56.44%，平均乘坐人数从之前的 33.76 人/辆次减少为 28.77 人/辆次。相应地，2015 年≥20 座客车旅客周转量同比下降 7.06%。客运密度为 428.74 万人公里/公里，同比下降 13.96%，见表 1.5 和图 1.6。

高速公路客运中≥20 座客车客运密度

表 1.5

年份	2006	2007	2008	2009	2010	2011	2012	2013	2014	2015
客运密度（万人公里/公里）	914.32	756.51	670.05	695.32	688.47	651.16	576.32	517.87	498.29	428.74

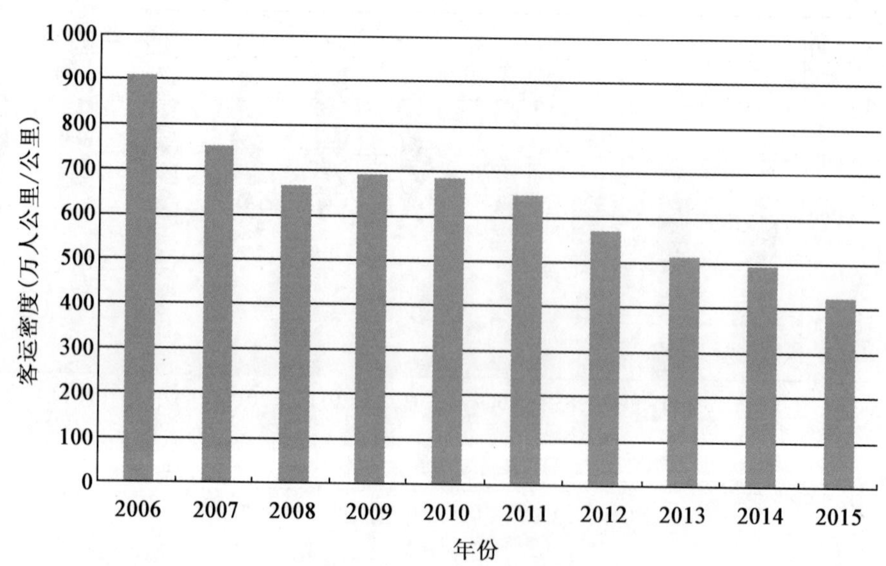

图 1.6　2006～2015 年高速公路≥20 座客车客运密度

由于实施夜间强制停车休息，高速公路长途班线客运增长乏力；加上高铁网络成形，对高速公路营业性客运冲击更为严重。高速公路长途客运逐渐退出客运市场，平均运程缩短。不少客车转而与高铁接驳，以提升乘坐舒适性，乘坐人数有所减少。

1.3　高速公路货物运输

2015 年高速公路货物周转量 22 863.67 吨公里，同比降低 1.68%。高速公路货物周转量占全社会营业性货车货物周转量的 39.45%，比 2014 年度增加 1.34 个百分点。相当于铁路货物周转量的 96.25%，上升 11.79 个百分点；相当于内河和沿海水运货物周转量的 60.91%，降低 2.21 个百分点。

2006～2015 年货物周转量变化趋势如表 1.6 和图 1.7 所示。

2006～2015 年货物周转量趋势(以 2006 年为 100%)　　表 1.6

运输方式	2006 年		2007 年		2008 年		2009 年		2010 年	
	亿吨公里	%	亿吨公里	%	亿吨公里	%	亿吨公里	%	亿吨公里	%
铁路	21 954	100.0	24 214	110.3	25 106	114.4	25 239	115.0	27 644	125.9
内河和沿海水运	12 908	100.0	15 599	120.8	17 413	134.9	18 031	139.7	22 428	173.8
高速公路	7458	100.0	9 970	133.7	11 981	160.6	13 517	181.2	17 452	234.0

运输方式	2011 年		2012 年		2013 年		2014 年		2015 年	
	亿吨公里	%	亿吨公里	%	亿吨公里	%	亿吨公里	%	亿吨公里	%
铁路	29 130	132.7	29 187	132.9	29 174	132.9	27 530	125.4	23 754	108.2
内河和沿海水运	26 068	202.0	28 295	219.2	30 730	238.1	36 839	285.4	37 536	290.8
高速公路	19 802	265.5	20 275	271.9	22 720	304.6	23 253	311.8	22 863	306.6

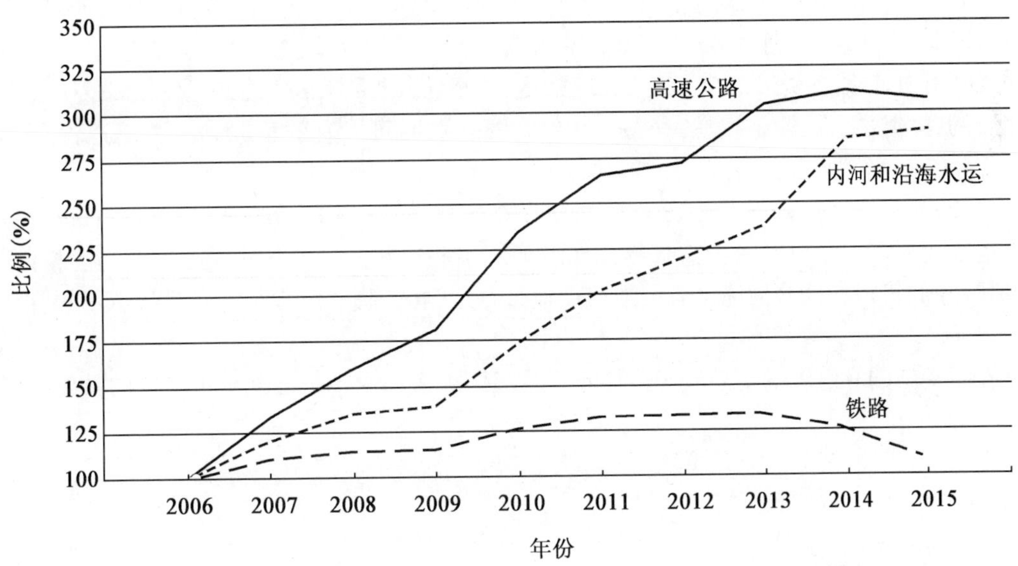

图 1.7　货物周转量增长趋势(以 2006 年货物周转量为基数)

2015 年高速公路货运密度为 1937.51 万吨公里/公里，比 2014 年降低 6.73%，见表 1.7 和图 1.8。

高速公路货运密度　　表 1.7

年份	2006	2007	2008	2009	2010	2011	2012	2013	2014	2015
货运密度(万吨公里/公里)	1 645.09	1 849.31	1 986.79	2 077.88	2 354.76	2 331.07	2 107.61	2 175.49	2 077.38	1 937.51

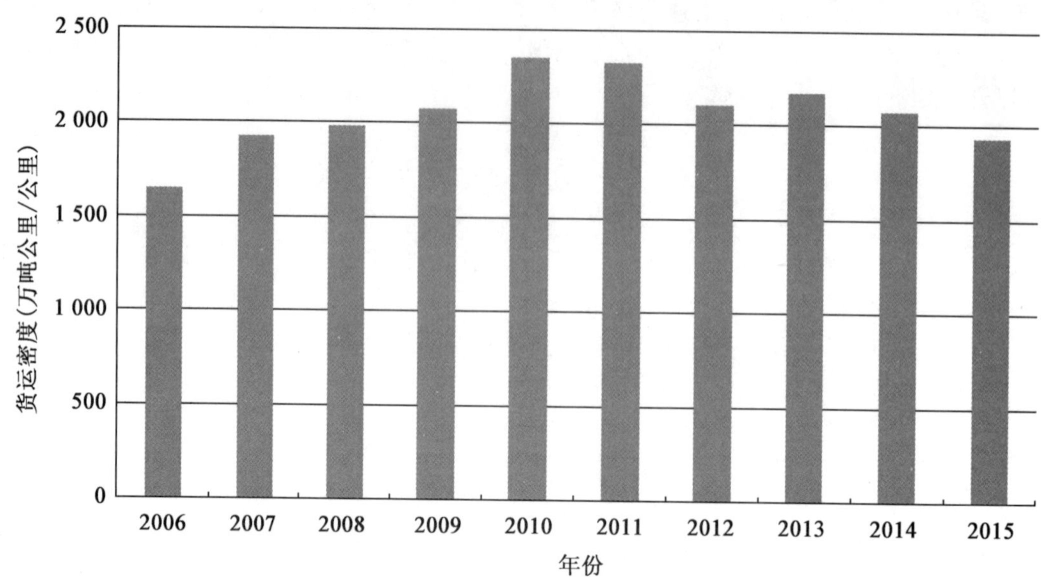

图 1.8 2006～2015 年高速公路货运密度

2015 年高速公路通车里程增长 10.35%，货物周转量更是罕见地出现负增长(同比增幅－1.68%)。出现这种情况与铁路货运改革不无联系。

长期以来，铁路承担煤炭、矿石、钢铁、粮食等大宗物资(铁路称其为"黑货")运输任务，这类物资分量重而价值较低。由于供不应求，铁路一直尽力增加运能，以提升货运量为目标。在铁路运量中，化工、机电、纺织、饮食、文教、医药等轻泡而价值较高货物(铁路成为"白货")占比很低，2013 年仅为 5.84%。

在经济转型期，去产能、去库存的实施，煤炭、冶炼物资等运输源锐减，铁路货运量 2011～2013 年停止增长，2014 年下滑，2015 年货运量下降 11.9%，货物周转量下降 13.7%。为适应市场需求的剧烈变化，铁路总公司于 2013 年 6 月和 2014 年 8 月相继启动两轮货运改革，力争"稳黑增白"。

为增强吸引力，铁路各货运中心保持与公路货运合理比价，批量零散货物快运价格略低于公路价格。

铁路有的站场设施、运输组织是完全适应"黑货"运输的，可以有效争取高速公路运输"黑货"回归铁路。

同时，铁路为适应"白货"要求时效高、小批量而频率高、轻泡、不能货损，大力调整运输组织，开通客车化的快运货物列车和点对点的特需货物列车。如北京和广州间，30 小时直达。发展集装化运输，压缩换装时间，降低货损。这些措施可有效地将高速公路运输的部分"白货"，特别是长运距的"白货"分流到铁路。

铁路方面实施的有组织的主动改革是导致平均运距缩短和周转量出现了负增长的重要因素。

1.4 高速公路运输量的月度波动

1.4.1 客运月度波动

2015 年旅客发送量、旅客周转量和旅客平均行程的月度波动如表 1.8～表 1.10 和图 1.9～图 1.11 所示。

2015 年旅客发送量月度波动(%)(以月均旅客发送量为 100.00%) 表 1.8

旅客发送量	1月	2月	3月	4月	5月	6月	7月	8月	9月	10月	11月	12月
高速公路	89.19	117.46	100.89	103.67	106.43	92.72	98.98	101.78	93.42	119.42	86.14	89.89
铁路	84.52	91.34	102.06	99.86	100.47	97.61	117.31	120.92	103.23	107.42	89.09	86.18

2015 年旅客周转量月度波动(以月均旅客周转量为 100.00%)　　表 1.9

旅客周转量	1 月	2 月	3 月	4 月	5 月	6 月	7 月	8 月	9 月	10 月	11 月	12 月
高速公路	88.68	149.32	118.62	98.33	97.97	88.37	101.34	105.62	88.52	108.14	76.02	79.06
铁路	81.63	104.72	115.26	96.38	93.96	92.99	126.17	129.09	103.19	100.76	80.53	75.31

2015 年旅客平均行程月度波动(%)(以月均旅客平均行程为 100.00%)　　表 1.10

旅客平均行程	1 月	2 月	3 月	4 月	5 月	6 月	7 月	8 月	9 月	10 月	11 月	12 月
高速公路	99.93	127.76	118.16	95.32	92.52	95.79	102.89	104.28	95.23	91.01	88.69	88.39
铁路	96.96	115.10	113.38	96.88	93.89	95.65	107.97	107.17	100.35	94.17	90.74	87.73

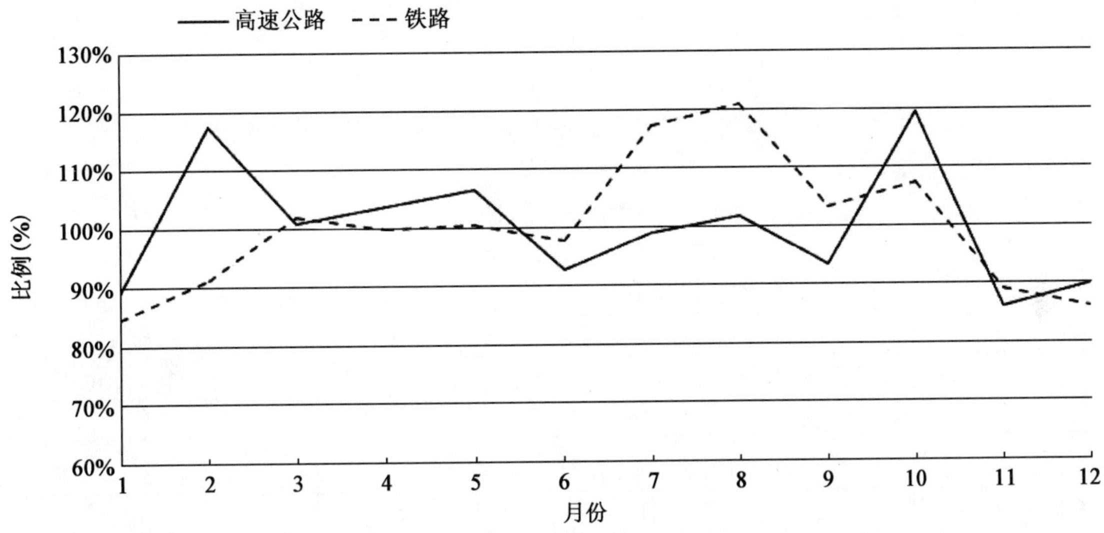

图 1.9　2015 年高速公路与铁路旅客发送量月度波动(以月均值为 100%)

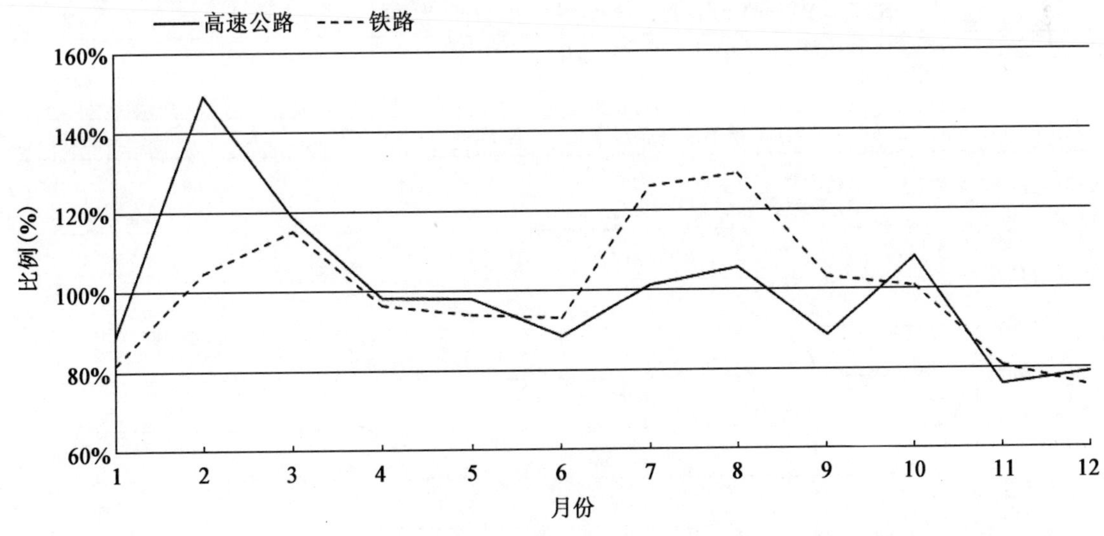

图 1.10　2015 年高速公路与铁路旅客周转量月度波动(以月均值为 100%)

受春运影响,2015 年 1～3 月份高速公路的旅客发送量和旅客周转量(农历春节期间)先于铁路达到峰值,同时,旅客平均运程双双达到年内峰值。3 月份后,高速公路与铁路旅客发送量企稳;7、8 月份为铁路客流高峰;受节假日小客车免费通行政策影响,高速公路在 10 月份迎来客流高峰,年底逐渐收窄。

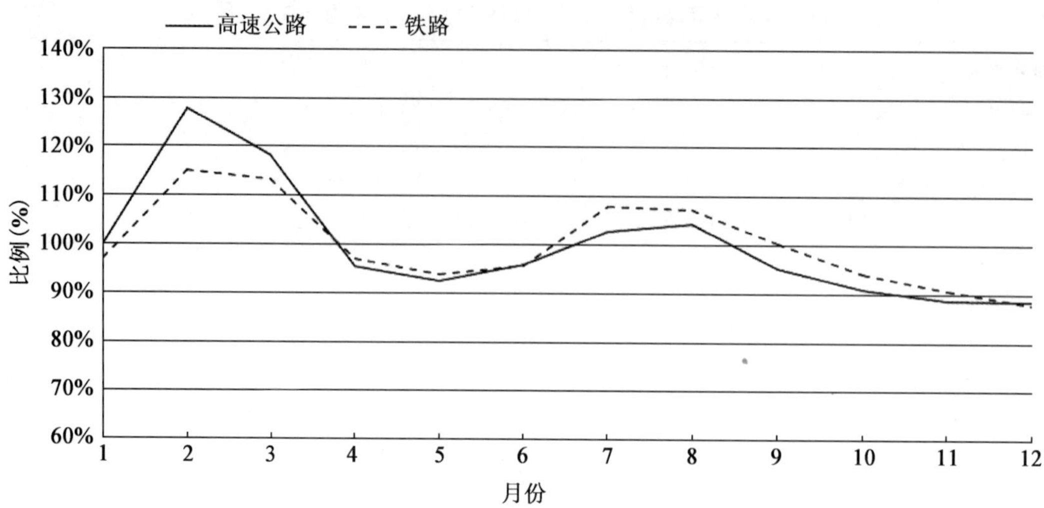

图 1.11　2015 年高速公路与铁路旅客平均行程月度波动(以月均值为 100%)

1.4.2　货运月度波动

2015 年货物发送量、货物周转量和货物平均运距的月度波动如表 1.11～表 1.13 和图 1.12～图 1.14 所示。

2015 年货物发送量月度波动(%)(以月均货物发送量为 100.00%)　　表 1.11

货物发送量	1月	2月	3月	4月	5月	6月	7月	8月	9月	10月	11月	12月
高速公路	93.89	47.56	94.14	106.78	109.38	101.17	109.44	108.57	105.94	108.86	102.32	111.95
铁路	111.67	94.23	104.68	97.73	102.08	98.10	99.94	98.85	95.38	98.76	95.68	102.91

2015 年货物周转量月度波动(%)(以月均货物周转量为 100.00%)　　表 1.12

货物周转量	1月	2月	3月	4月	5月	6月	7月	8月	9月	10月	11月	12月
高速公路	102.95	50.15	102.57	109.97	106.40	98.13	101.69	104.29	105.23	105.64	101.77	111.20
铁路	116.78	90.76	105.12	99.03	101.10	95.95	96.73	97.59	94.18	99.81	97.42	105.52

2015 年货物平均运距月度波动(%)(以月均货物周转量为 100.00%)　　表 1.13

货物平均运距	1月	2月	3月	4月	5月	6月	7月	8月	9月	10月	11月	12月
高速公路	109.15	104.96	108.46	102.52	96.84	96.55	92.50	95.62	98.88	96.61	99.01	98.87
铁路	104.64	96.39	100.49	101.40	99.10	97.88	96.85	98.79	98.81	101.14	101.89	102.60

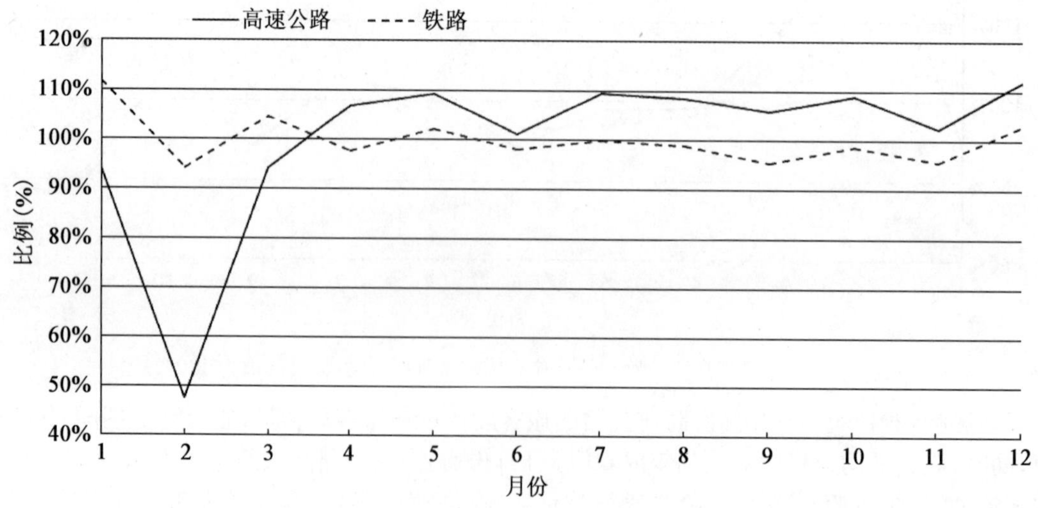

图 1.12　2015 年高速公路与铁路货物发送量月度波动(以月均值为 100%)

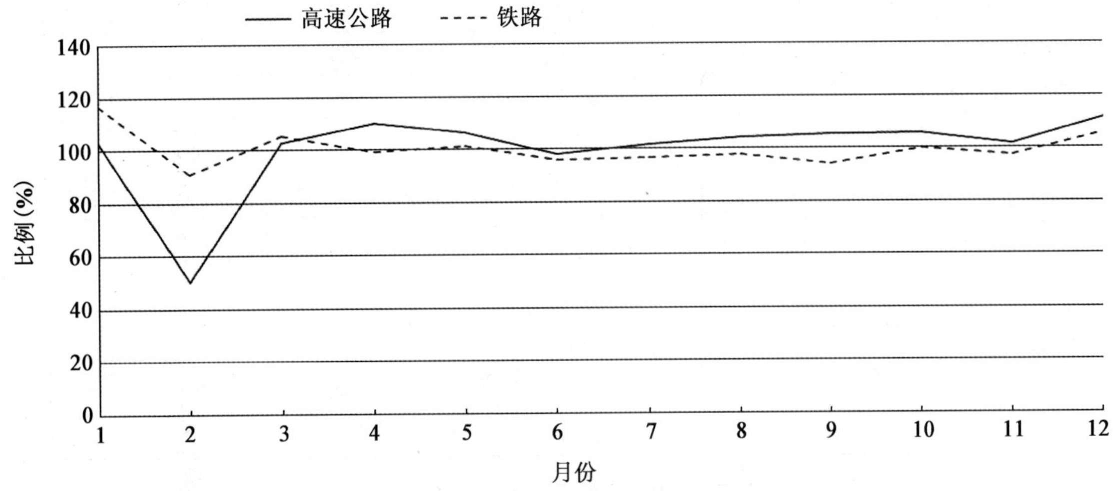

图 1.13　2015 年高速公路与铁路货物周转量月度波动(以月均值为 100%)

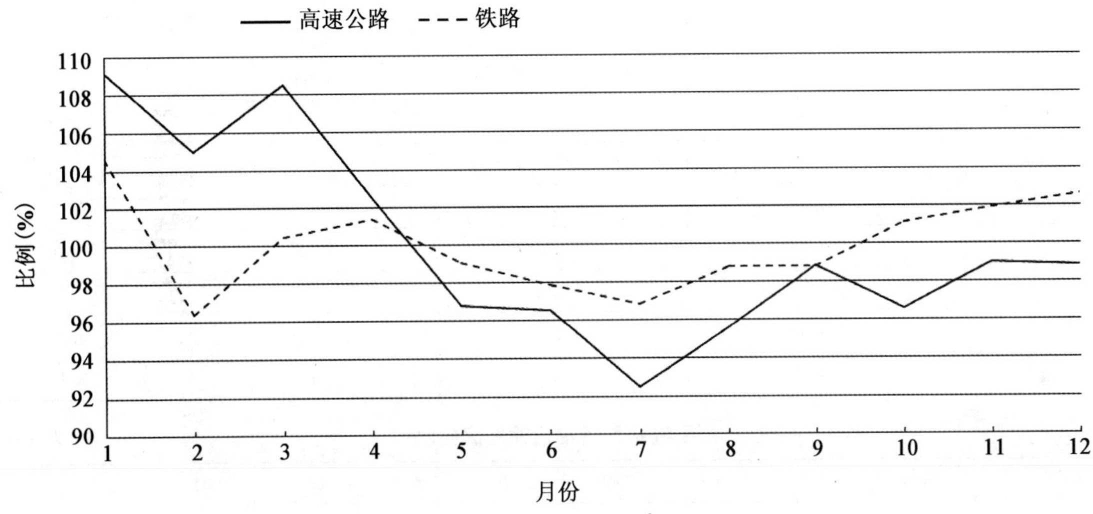

图 1.14　2015 年高速公路与铁路货物平均运距月度波动(以月均值为 100%)

2015 年高速公路、铁路的货物发送量和货物周转量均在 2 月份(农历春节期间)达到年内最低值，在 3 月份触底反弹后基本保持平稳。高速公路平均运距全年内波动大，每年 7 月份达到波谷后回升；铁路货物平均运距较为平稳。

1.5　货运运输量和 GDP 的关联

2015 年，按现价计算的每万元 GDP 的干线货物周转量为 1243.54 吨公里，比 2014 年同比下降 9.67%，降幅扩大，见表 1.14。按现价计算的每万元 GDP 的干线货运量为 3.18 吨，比 2014 年同比下降 1.55%(见表 1.15)，降幅稍有收窄。干线货物运距为 412 公里，比 2014 年减少 3.28%(见表 1.16)。

2015 年，按现价计算的每万元 GDP 铁路货物周转量同比降幅为 18.85%，高速公路货物周转量同比降幅为 7.52%，内河和沿海水运货物周转量同比降幅为 4.17%。

2015 年，按现价计算的每万元 GDP 铁路货运量同比降幅为 16.67%，高速公路货运量同比降幅为 4.97%，沿海和内河水运货运量同比降幅为 2.93%。

每万元 GDP(按现价计算)的货物周转量(吨公里)　　表 1. 14

年　份	铁　路	沿海和内河水运	高 速 公 路	干线运输合计
2006	1 035. 95	609. 08	351. 95	1 996. 98
2007	941. 06	606. 24	404. 96	1 952. 26
2008	835. 00	579. 14	398. 46	1 812. 60
2009	740. 35	528. 91	403. 08	1 672. 34
2010	681. 27	558. 86	434. 99	1 675. 12
2011	617. 74	552. 81	414. 91	1 585. 46
2012	562. 02	544. 85	390. 42	1 497. 29
2013	510. 35	540. 22	399. 41	1 449. 98
2014	432. 55	578. 82	365. 35	1 376. 72
2015	351. 01	554. 68	337. 85	1243. 54

每万元 GDP(按现价计算)的货运量(吨)　　表 1. 15

年　份	铁　路	沿海和内河水运	高 速 公 路	干线运输合计
2006	1. 36	0. 91	2. 05	4. 32
2007	1. 21	0. 86	2. 03	4. 10
2008	1. 10	0. 83	1. 95	3. 88
2009	0. 98	0. 78	1. 93	3. 69
2010	0. 90	0. 80	2. 09	3. 79
2011	0. 83	0. 77	2. 02	3. 62
2012	0. 75	0. 76	1. 89	3. 40
2013	0. 70	0. 86	1. 91	3. 47
2014	0. 60	0. 82	1. 81	3. 23
2015	0. 50	0. 80	1. 88	3. 18

干线平均货物运输距离(公里)　　表 1. 16

年份	2006	2007	2008	2009	2010	2011	2012	2013	2014	2015
平均运距	462	476	467	453	442	438	440	418	426	412

第2章　运输结构主要数据

2.1　高速公路运输与国民经济

(1)每万元国内生产总值(按现价计算)的高速公路货运量 1.877 0 吨。

(2)每万元国内生产总值(按现价计算)的高速公路货物周转量 337.87 吨公里。

(3)全国平均每人高速公路乘车次数 13.232 2 人次。

(4)全国平均每人高速公路乘行距离 1 062.741 8 公里。

2.2　高速公路基础设施

(1)通车里程 123 521 公里。

(2)车道里程 548 419 公里。

(3)平均车道数 4.439 8 条。

2015 年部分省(市)高速公路平均车道数见表 2.1。

2015 年部分省(市)高速公路平均车道数　　表 2.1

区　域	平均车道数	区　域	平均车道数
上海	5.738 2	河北	4.829 8
天津	5.548 7	浙江	4.697 7
河南	5.258 7	辽宁	4.632 9
广东	5.175 3	陕西	4.597 8
北京	5.158 9	福建	4.527 5
江苏	5.004 6	云南	4.401 4

2.3　高速公路交通状况

(1)行驶量 5 277.28 亿车公里,同比增长 9.33%。

(2)货车在行驶量中的比重为 30.04%,同比下降 2.00 个百分点。

2015 年各省(区、市)高速公路行驶量见表 2.2,部分省(区、市)高速公路客货车交通量见表 2.3、表 2.4。

2015 年各省(区、市)高速公路行驶量(亿车公里)　　表 2.2

区　域	货　车	客　车	合　计	区　域	货　车	客　车	合　计
北京	26.231 4	87.586 2	113.817 5	吉林	15.230 3	32.111 6	47.342 0
天津	23.053 7	38.025 1	61.078 8	黑龙江	18.777 1	51.463 6	70.240 6
河北	107.936 5	164.982 1	272.918 6	上海	24.727 4	69.902 6	94.630 0
山西	51.687 1	98.465 7	150.152 8	江苏	109.949 3	301.306 6	411.256 0
内蒙古	35.800 5	49.003 8	84.804 3	浙江	99.845 7	219.454 5	319.300 1
辽宁	51.540 4	98.771 0	150.311 5	安徽	52.675 8	128.256 4	180.932 2

续上表

区域	货车	客车	合计	区域	货车	客车	合计
福建	44.878 4	101.900 1	146.778 4	重庆	37.266 3	127.966 7	165.233 0
江西	65.111 3	117.606 2	182.717 5	四川	77.213 1	222.746 9	299.960 0
山东	120.969 9	198.347 3	319.317 3	贵州	30.372 3	103.066 6	133.439 0
河南	83.321 0	197.132 3	280.453 3	云南	36.951 3	137.145 3	174.096 6
湖北	59.953 0	107.842 4	167.795 4	陕西	61.140 4	111.710 3	172.850 8
湖南	64.304 6	167.356 4	231.661 0	甘肃	36.484 0	58.316 8	94.800 8
广东	157.539 2	508.989 1	666.528 3	宁夏	12.816 6	24.210 4	37.027 0
广西	41.598 7	89.526 9	131.125 7	青海	6.768 2	17.000 1	23.768 3
海南	15.390 8	31.808 7	47.199 5	新疆	15.620 5	30.126 1	45.746 5

2015 年部分省(区、市)高速公路客车交通量(万辆次) 表 2.3

区域交通量		穿越	到达	发送	省内	合计
北京	自然交通量	96	2 008	2 127	29 852	34 083
	折算交通量	98	2 039	2 159	30 138	34 434
天津	自然交通量	554	1 430	1 483	3 364	6 831
	折算交通量	560	1 458	1 508	3 401	6 927
河北	自然交通量	894	2 420	2760	15 311	21 385
	折算交通量	907	2 447	2 785	15 391	21 530
山西	自然交通量	67	600	710	10 722	12 099
	折算交通量	69	613	723	10 854	12 258
辽宁	自然交通量	55	405	467	11 669	12 596
	折算交通量	55	412	474	11 778	12 719
吉林	自然交通量	63	196	203	3 207	3 670
	折算交通量	63	200	204	3 212	3 679
黑龙江	自然交通量	0	130	131	5 542	5 803
	折算交通量	0	132	133	5 653	5 918
上海	自然交通量	69	4 053	4 452	17 515	26 089
	折算交通量	69	4 142	4 539	17 767	26 518
江苏	自然交通量	660	4 442	4 890	32 050	42 042
	折算交通量	685	4 573	5 026	32 894	43 178
浙江	自然交通量	449	2 655	2 821	26 106	32 030
	折算交通量	463	2 744	2 910	26 602	32 719
安徽	自然交通量	807	1 833	2 280	9 877	14 797
	折算交通量	841	1 909	2 356	10 125	15 231
福建	自然交通量	33	394	479	17 205	18 110
	折算交通量	34	412	497	17 475	18 418
江西	自然交通量	197	833	1 039	9 221	11 289
	折算交通量	209	871	1 075	9 384	11 539
山东	自然交通量	202	1 285	1 273	20 874	23 635
	折算交通量	207	1 318	1 306	21 277	24 108

续上表

区域交通量		穿越	到达	发送	省内	合计
河南	自然交通量	365	1 156	1 435	23 370	26 326
	折算交通量	375	1 203	1 485	23 782	26 845
湖北	自然交通量	191	750	907	13 189	15 037
	折算交通量	221	867	839	13 407	15 334
湖南	自然交通量	224	1 123	1 370	16 649	19 367
	折算交通量	285	1 385	1 380	16 922	19 972
广西	自然交通量	99	572	566	8 475	9 712
	折算交通量	101	625	617	8 735	10 077
重庆	自然交通量	87	1 010	1 237	13 557	15 891
	折算交通量	90	1 038	1 263	13 684	16 074
四川	自然交通量	93	1 066	1 104	34 334	36 597
	折算交通量	94	1 085	1 125	34 511	36 814
贵州	自然交通量	40	519	622	14 081	15 262
	折算交通量	41	538	642	14 306	15 527
云南	自然交通量	1	430	501	23 272	24 204
	折算交通量	1	442	513	23 627	24 583
陕西	自然交通量	82	562	715	17 233	18 592
	折算交通量	83	577	729	17 486	18 875
甘肃	自然交通量	33	333	345	5 214	5 926
	折算交通量	34	340	352	5 348	6 074
宁夏	自然交通量	37	265	274	2 518	3 094
	折算交通量	38	270	279	2 564	3 151
青海	自然交通量	0	87	132	4 122	4 341
	折算交通量	0	89	134	4 175	4 398

2015 年部分省(区、市)高速公路货车交通量(万辆次) 表 2.4

区域交通量		穿越	到达	发送	省内	合计
北京	自然交通量	74	630	884	7 136	8 724
	折算交通量	90	1 745	1 873	25 811	29 518
天津	自然交通量	551	774	761	1 108	3 194
	折算交通量	1 413	1 870	1 859	2 272	7 414
河北	自然交通量	1 052	2 330	2 119	6 679	12 180
	折算交通量	2 987	7 526	6 893	18 274	35 681
山西	自然交通量	224	889	938	3 743	5 794
	折算交通量	910	3 645	2 989	10 158	17 702
辽宁	自然交通量	96	452	348	3 003	3 899
	折算交通量	333	1 405	1 093	6 426	9 257
吉林	自然交通量	98	174	208	844	1 325
	折算交通量	339	550	664	1 981	3 533

续上表

区域交通量		穿越	到达	发送	省内	合计
黑龙江	自然交通量	2	137	124	1 542	1 805
	折算交通量	9	453	408	3 415	4 285
上海	自然交通量	49	1 248	1 314	4 640	7 251
	折算交通量	111	2 148	2 350	8 611	13 220
江苏	自然交通量	447	1 981	1 858	7 129	11 414
	折算交通量	1 389	5 086	4 724	15 676	26 876
浙江	自然交通量	275	1 489	1 459	8 647	11 870
	折算交通量	870	3 917	3 811	17 289	25 887
安徽	自然交通量	570	783	784	2 661	4 798
	折算交通量	1 786	2 073	2 069	6 234	12 161
福建	自然交通量	41	374	375	4 694	5 485
	折算交通量	138	1 038	1 043	8 629	10 849
江西	自然交通量	206	551	575	2 635	3 966
	折算交通量	642	1 477	1 522	5 108	8 749
山东	自然交通量	351	1 240	1 333	7 420	10 345
	折算交通量	1 228	3 876	4 158	18 340	27 603
河南	自然交通量	553	872	905	4 801	7 131
	折算交通量	1 886	2 567	2 676	11 078	18 208
湖北	自然交通量	460	648	629	3 633	5 369
	折算交通量	1 590	1 882	1 822	7 332	12 627
湖南	自然交通量	317	527	527	3 292	4 662
	折算交通量	1 087	1 438	1 430	5 974	9 929
广西	自然交通量	64	445	416	2 808	3 733
	折算交通量	228	1 277	1 175	5 683	8 363
重庆	自然交通量	110	425	416	3 402	4 353
	折算交通量	344	1 057	1 032	5 847	8 280
四川	自然交通量	89	543	544	7 266	8 442
	折算交通量	256	1 401	1 400	13 249	16 307
贵州	自然交通量	91	252	259	2 881	3 483
	折算交通量	298	601	632	4 353	5 884
云南	自然交通量	3	218	222	4 319	4 762
	折算交通量	11	551	563	7733	8 858
陕西	自然交通量	282	670	691	4 264	5 908
	折算交通量	1 020	2 192	2 264	10 702	16 179
甘肃	自然交通量	75	314	327	1 550	2 266
	折算交通量	276	1 003	1 038	3 009	5 326
宁夏	自然交通量	72	269	306	773	1 419
	折算交通量	258	893	1 007	1 814	3 973
青海	自然交通量	0	79	87	1 004	1 170
	折算交通量	0	237	262	2 129	2 628

2.4　高速公路旅客运输

(1)客运量181.89亿人次,同比增长8.71%。2015年部分省(区、市)高速公路客运量见表2.5。

2015年部分省(区、市)高速公路客运量(万人)　　表2.5

省(区、市)	穿越旅客数	进省旅客数	出省旅客数	省内旅客数	合计
天津	1 907	5 131	5 318	10 904	23 261
河北	3 585	9 037	9 912	51 088	73 623
山西	219	2 059	2 330	32 313	36 921
辽宁	198	1 625	1 798	42 112	45 733
吉林	238	926	796	11 714	13 674
黑龙江	2	530	530	24 384	25 446
上海	198	15 820	16 756	57 611	90 385
江苏	2 546	15 276	16 474	106 068	140 364
浙江	1 936	11 555	11 917	86 754	112 162
安徽	4 096	9 288	10 478	38 932	62 794
福建	143	2 088	2 339	61 996	66 565
江西	1 314	4 463	4 940	32 562	43 279
山东	771	5 063	5 046	71 195	82 075
河南	1 365	5 212	5 966	74 154	86 697
湖北	1 104	3 806	4 276	49 751	58 936
湖南	2 846	9 761	10 628	70 584	93 819
广东	24	4 207	5 207	31 4072	323 510
广西	378	4 517	4 394	36 147	45 436
重庆	401	4 482	5 052	45 446	55 380
四川	415	5 074	5 323	124 680	135 492
贵州	142	2 427	2 678	48 294	53 540
云南	3	1 666	1 805	75 310	78 784
陕西	304	2 297	2 674	59 172	64 447
甘肃	116	1 290	1 336	21 467	24 209
宁夏	138	1 093	1 082	10 136	12 449
青海	0	346	468	13 912	14 727

注:河北省不含京津塘高速河北段、京承高速,江苏省为联网路段,湖南省不含绕城高速段、机场高速段,重庆市不含绕城高速段,陕西省不含铜川—西安路段。

(2)旅客周转量14608.66亿人公里,同比下降0.59%。2015年各省(区、市)高速公路旅客周转量见表2.6。

2015年各省(区、市)高速公路旅客周转量(亿人公里)　　表2.6

省(区、市)	旅客周转量	省(区、市)	旅客周转量
北京	305.302 1	内蒙古	181.919 9
天津	121.145 4	辽宁	375.274 4
河北	597.130 0	吉林	121.096 3
山西	308.612 9	黑龙江	234.815 0

续上表

省(区、市)	旅客周转量	省(区、市)	旅客周转量
上海	241.773 4	广西	464.423 8
江苏	1 077.005 5	海南	237.213 7
浙江	858.743 6	重庆	446.614 9
安徽	586.457 7	四川	874.555 1
福建	412.482 2	贵州	390.022 5
江西	521.680 9	云南	516.407 0
山东	762.193 0	陕西	430.989 9
河南	705.456 9	甘肃	236.913 9
湖北	481.686 9	宁夏	99.537 3
湖南	1 125.504 8	青海	58.908 5
广东	1 711.145 7	新疆	123.648 5

(3)客运密度 1 224.62 万人公里/公里,同比下降 6.72%。

(4)旅客平均行程 80.32 公里,同比下降 8.45%。

(5)省(区、市)内旅客平均行程 59.70 公里,同比下降 11.44%。

(6)跨省(区、市)的旅客平均行程 327.42 公里,同比增长 14.31%。

(7)客车平均速度 84.95 公里/小时,同比下降 0.97%。

2015 年各车型客车平均速度见表 2.7。

2015 年各车型客车平均速度　　表 2.7

车　型	座 位 数	平均速度(公里/小时)	样本数(万辆)
Ⅰ	≤7	85.27	26282 7
Ⅱ	8～19	78.03	5 362
Ⅲ	20～39	79.87	5 599
Ⅳ	≥40	81.00	4 612

与 2014 年相比,Ⅰ、Ⅱ型客车速度稍有下降,Ⅲ、Ⅳ型客车速度略有上升。

(8)高速公路客运结构分析如下:

①≤7 座客运车辆在客车车数中的比重为 94.67%,同比增长 1.08 个百分点;

②乘坐≤7 座客运车辆人数在客运量中的比重为 66.78%,同比下降 1.46 个百分点;

③≤7 座客运车辆完成的周转量在旅客周转量中的比重为 54.37%,同比下降 4.81 个百分点;

④客运车辆平均座位数和乘坐率见表 2.8;

⑤轿车平均乘坐人数 2.39 人。

各型客车平均座位数和乘坐率　　表 2.8

车　型	座 位 数	平均座位数	乘 坐 率 (%)
Ⅰ	≤7	5.242	45.62
Ⅱ	8～19	12.255	48.17
Ⅲ	20～39	35.326	61.14
Ⅳ	≥40	50.978	56.44

2.5　高速公路货物运输

(1)货运量 127.01 亿吨,同比增长 10.47%。其中部分省(区、市)高速公路货运量,见表 2.9。

2015年部分省(区、市)高速公路货运量(万吨) 表2.9

省(区、市)	穿越货物量	进省货物量	出省货物量	省内货物量	合 计
天津	11 632	12 152	9 115	8 470	41 369
河北	22 671	37 572	30 726	63 498	154 467
山西	3 789	18 159	15 273	43 809	81 030
辽宁	2 136	8 682	6 656	21 701	39 175
吉林	2 318	3 443	3 964	8 378	18 103
黑龙江	65	2 882	2 838	10 894	16 679
上海	595	11 249	12 179	46 356	70 379
江苏	8 005	24 114	21 193	54 871	108 183
浙江	4 830	20 169	15 553	56 046	96 598
安徽	11 039	11 877	10 321	28 871	62 108
福建	898	5 658	6 050	24 183	36 789
江西	4 215	9 131	10 342	26 493	50 181
山东	8 175	21 371	25 167	71 363	126 076
河南	12 373	16 097	14 403	45 420	88 293
湖北	10 669	10 766	10 429	26 146	58 010
湖南	7 766	9 360	8 079	20 283	45 488
广东	357	16 458	16 384	174 769	207 968
广西	1 548	7 362	7 939	22 338	39 187
重庆	110	5 504	4 932	21 370	31 916
四川	1 609	8 000	6 511	32 333	48 453
贵州	2 008	3 243	2 885	12 164	20 300
陕西	7 722	12 085	16 864	44 669	81 340
甘肃	1 897	6 716	7 093	12 036	27 742
宁夏	1 615	5 268	5 329	8 400	20 612
青海	0	1 714	1 390	9 816	12 920

注:河北省不含京津塘高速河北段、京承高速,江苏省为联网路段,湖南省不含绕城高速段、机场高速段,重庆市不含绕城高速段,陕西省不含铜川—西安路段。

(2)货物周转量22863.67亿吨公里,同比下降1.68%。其中各省(区、市)高速公路货物周转量见表2.10。

2015年各省(区、市)高速公路货物周转量(亿吨公里) 表2.10

省(区、市)	货物周转量	省(区、市)	货物周转量
北京	239.94	江苏	1 352.56
天津	352.77	浙江	1 259.46
河北	1 680.48	安徽	854.33
山西	626.02	福建	522.80
内蒙古	709.18	江西	1 137.10
辽宁	884.53	山东	1 943.27
吉林	259.04	河南	1 360.67
黑龙江	254.94	湖北	961.28
上海	270.58	湖南	1 065.06

续上表

省(区、市)	货物周转量	省(区、市)	货物周转量
广东	2 152.93	云南	458.34
广西	609.90	陕西	1 076.95
海南	136.96	甘肃	706.83
重庆	375.76	宁夏	196.44
四川	788.19	青海	98.87
贵州	320.74	新疆	207.77

(3)货运密度 1 937.51 万吨公里/公里,同比下降 6.73%。

(4)货物平均运距 180.01 公里,同比下降 11.03%。

(5)省(区、市)内货物平均运距 78.94 公里,同比下降 14.16%。

(6)跨省(区、市)货物平均运距 512.95 公里,同比下降 5.84%。

(7)货车平均速度 61.93 公里/小时,同比增长 1.74%。

2015 年各型货车平均速度见表 2.11。与 2014 年相比,各轴型货车平均速度均有所上升。

2015 年各型货车平均速度 表 2.11

车型	轴型	平均速度(公里/小时)	样本数(万辆)
单车	2 轴 4 胎	72.30	9 414
	2 轴 6 胎	63.41	26 775
	3 轴和 4 轴	60.13	11 562
半挂列车	3～6 轴	58.12	30 609

(8)高速公路路网货运分析如下:

①货车轴型构成如表 2.12 所示。

2015 年高速公路货车主要轴型 表 2.12

轴型		车数比重(%)	行驶量比重(%)	周转量比重(%)
2 轴 4 胎	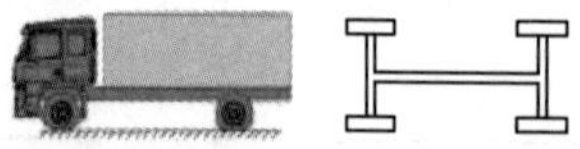	11.95	6.86	0.23
2 轴 6 胎	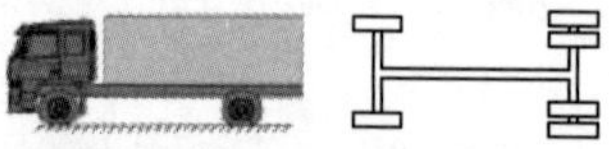	33.51	25.99	5.91
3 轴、4 轴单车	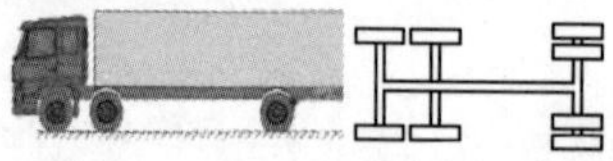	5.25	6.13	2.42
		1.41	0.94	0.47
		7.89	7.50	7.10
半挂列车		0.15	0.20	0.16
		0.04	0.06	0.05

续上表

轴　　型		车数比重(%)	行驶量比重(%)	周转量比重(%)
半挂列车	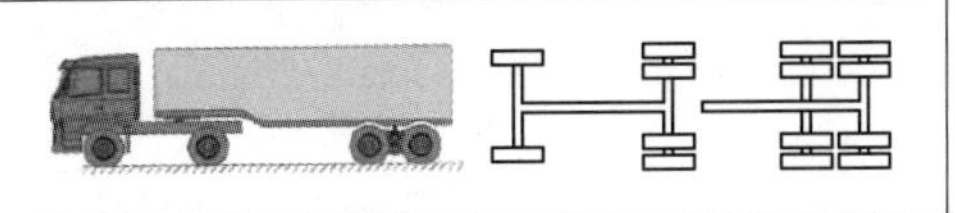	1.73	1.59	1.27
	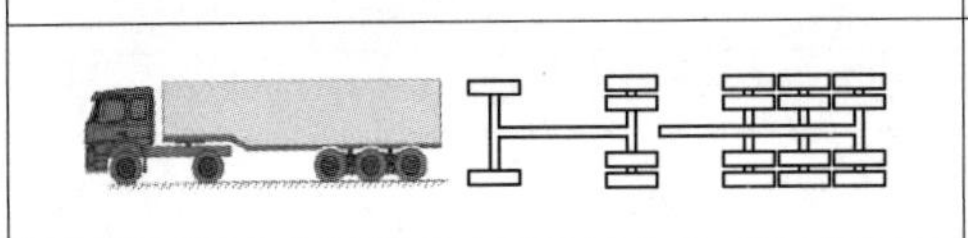	1.54	1.68	1.68
	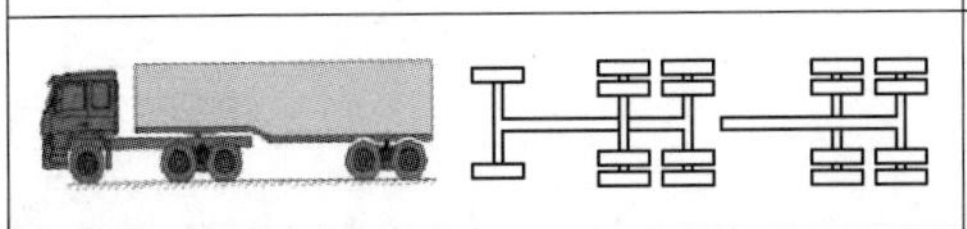	0.29	0.34	0.32
	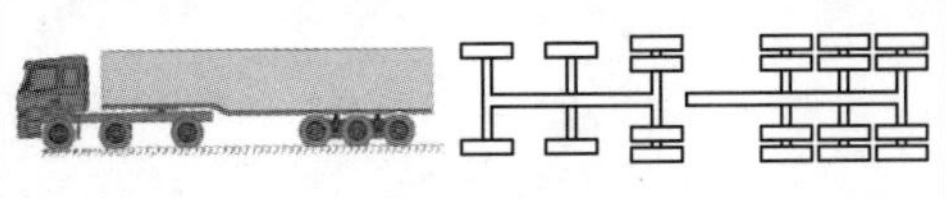	17.68	21.66	36.57
	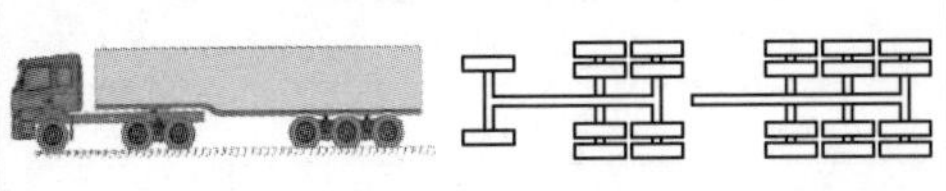	18.56	27.05	43.82

注:表中比重由天津、河北、山西、黑龙江、江苏、江西、安徽、福建、山东、河南、湖北、湖南、重庆、贵州、陕西、宁夏、青海合计17个省(区、市)数据整理所得。这些省(区、市)高速公路里程占全国高速公路通车里程的61.48%。

同2014年相比,3轴和3轴以上货车行驶量比重为67.14%,同比下降了1.99个百分点(见表2.13和表2.14);完成的货物周转量比重达到93.86%,同比增长了1.69个百分点(表2.15)。

高速公路货车车数比重的变化(%)　　表2.13

轴　　型	2008年	2009年	2010年	2011年	2012年	2013年	2014年	2015年
2轴4胎	10.28	13.39	11.43	11.44	12.40	12.84	13.28	11.95
2轴6胎	35.36	33.31	31.00	30.84	30.34	31.16	29.17	33.50
3轴、4轴单车	19.68	15.97	15.76	15.17	14.78	15.24	15.65	14.56
半挂列车	34.68	37.33	41.81	42.55	42.47	40.76	41.90	39.99

注:表列数据来源同表2.12。

高速公路货车行驶量比重的变化(%)　　表2.14

轴　　型	2008年	2009年	2010年	2011年	2012年	2013年	2014年	2015年
2轴4胎	6.84	7.82	6.84	6.76	7.30	7.47	7.74	6.86
2轴6胎	27.84	24.93	22.62	22.49	23.57	24.01	23.13	25.99
3轴、4轴单车	18.07	17.22	15.54	14.74	13.94	14.19	15.11	14.57
半挂列车	47.25	50.03	55.00	56.01	55.19	54.33	54.02	52.58

注:表列数据来源同表2.12。

高速公路货车完成的货物周转量比重的变化(%)　　表2.15

轴　　型	2008年	2009年	2010年	2011年	2012年	2013年	2014年	2015年
2轴4胎	0.57	1.12	0.78	0.69	0.71	0.64	0.58	0.23
2轴6胎	9.87	7.47	5.83	5.54	7.76	7.47	7.25	5.91
3轴、4轴单车	18.07	15.27	12.44	11.46	11.07	10.88	10.67	9.99
半挂列车	71.49	76.14	80.95	82.31	80.46	81.01	81.50	83.87

注:表列数据来源同表2.12。

②货车空驶状况如表2.16所示。

高速公路路网空车走行率为17.70%,同比下降8.31%。

高速公路空车走行率及其变化 表2.16

轴 型	年 度	省内运输(%)	跨省运输(%)	总 量 (%)
2轴单车	2015	48.96	29.98	41.88
	2014	45.30	29.67	39.73
	2013	41.39	28.34	36.78
	2012	33.92	21.41	29.37
	2011	35.30	26.13	31.65
	2010	37.60	29.10	33.30
	2009	34.77	24.95	30.48
	2008	32.78	18.84	26.33
	2007	36.17	15.03	24.95
	2006	36.01	15.87	26.52
3轴、4轴单车	2015	36.14	14.42	22.29
	2014	48.18	21.91	32.09
	2013	42.14	17.66	26.96
	2012	37.64	13.04	22.61
	2011	34.44	12.30	20.23
	2010	34.17	12.42	17.93
	2009	35.03	9.46	16.95
	2008	36.40	10.81	18.05
	2007	33.24	8.38	15.00
	2006	32.82	9.38	17.73
半挂列车	2015	27.53	5.73	10.66
	2014	37.17	10.85	18.55
	2013	36.51	10.88	17.59
	2012	35.34	10.15	17.04
	2011	43.27	10.84	18.48
	2010	31.34	13.14	14.90
	2009	34.14	7.90	14.73
	2008	42.67	10.16	18.37
	2007	28.74	10.37	15.28
	2006	35.02	9.28	13.93
合计	2015	36.45	9.08	17.70
	2014	42.11	15.34	26.01
	2013	39.54	14.57	24.15
	2012	35.00	12.41	21.22
	2011	38.33	13.55	22.24
	2010	34.42	16.37	20.05
	2009	34.56	11.68	19.84
	2008	36.71	12.37	20.97
	2007	33.30	11.37	18.93
	2006	35.33	10.97	20.13

注:1.空车走行率=空车行驶量/重车行驶量;

2.表列数据来源同表2.12。

③货车超限运输状况如表 2.17 所示。

2015 年高速公路各类货车车数比重(%) 表 2.17

	空车	不超限重车	超限0~30%	超限30%~50%	超限50%~100%	超限>100%	超限合计
按 GB 1589 标准	31.84	44.89	20.89	1.41	0.88	0.10	100.00
按路政治超标准	31.84	62.93	4.49	0.51	0.18	0.05	100.00

注:表列数据来源同表 2.12。

按国家强制标准《道路车辆外廓尺寸、轴荷及质量限值》(GB 1589—2004)规定的限值,超限率(超限车数/货车总数)为 23.27%,比 2014 年下降 1.71 个百分点;其中超限 30%以上的货车比重为 2.38%,比 2014 年下降 0.47 个百分点。

按路政部门治超规定的限值,超限率为 5.23%,同比下降 3.58 个百分点;超限 30%以上的货车比重为 0.74%,同比下降 0.39 个百分点。

2.6 县乡区域发送客货比重

县乡区域发送货物量占发送货物总量的 67.02%,同比下降 3.97 个百分点。

县乡区域发送旅客量占发送旅客总量的 58.88%,同比下降 2.73 个百分点。

2.7 省(区、市)的穿越车流状况

2015 年部分省份和地区穿越货车车流见表 2.18。

2015 年部分省份和地区穿越货车车流 表 2.18

省份或地区	穿越货车行驶量(万车公里)	货车总行驶量(万车公里)	穿越货车比重(%)
河南	238 432	833 210	28.62
冀南和冀西北	169 158	809 982	20.88
湖南	168 665	643 046	26.23
冀东	44 474	269 383	16.51
湖北	197 505	599 530	32.94
山西	83 300	516 871	16.12
吉林	27 551	152 303	18.09
江西	118 380	651 113	18.18
安徽	102 908	526 758	19.54
贵州	47 441	303 723	15.62

第 3 章　部分高速公路干线运输密度

3.1　京哈高速公路(G1)运输密度

3.1.1　客运密度分布如表 3.1 和图 3.1 所示。

2015 年京哈高速公路(G1)客运密度　　表 3.1

路　段	路段起止点	客运密度(人公里/公里)	路段起止点	客运密度(人公里/公里)
北京段	六环—香河	57 883	香河—六环	57 134
河北段	香河—丰润	45 605	丰润—香河	45 359
	丰润—秦皇岛	43 605	秦皇岛—丰润	43 724
	秦皇岛—万家主线(冀辽界)	18 837	万家主线(冀辽界)—秦皇岛	29 632
辽宁段	万家主线(辽冀界)—葫芦岛	23 153	葫芦岛—万家主线(冀辽界)	20 437
	葫芦岛—锦州	27 697	锦州—葫芦岛	25 939
	锦州—沈阳	30 660	沈阳—锦州	28 406
	沈阳—毛家店(辽吉界)	20 121	毛家店(辽吉界)—沈阳	21 563
吉林段	五里坡(吉辽界)—长春	16 806	长春—五里坡(吉辽界)	18 801
	长春—拉林河(吉黑界)	15 344	拉林河(吉黑界)—长春	16 622
黑龙江	拉林河(黑吉界)—哈尔滨	11 143	哈尔滨—拉林河(黑吉界)	11 075

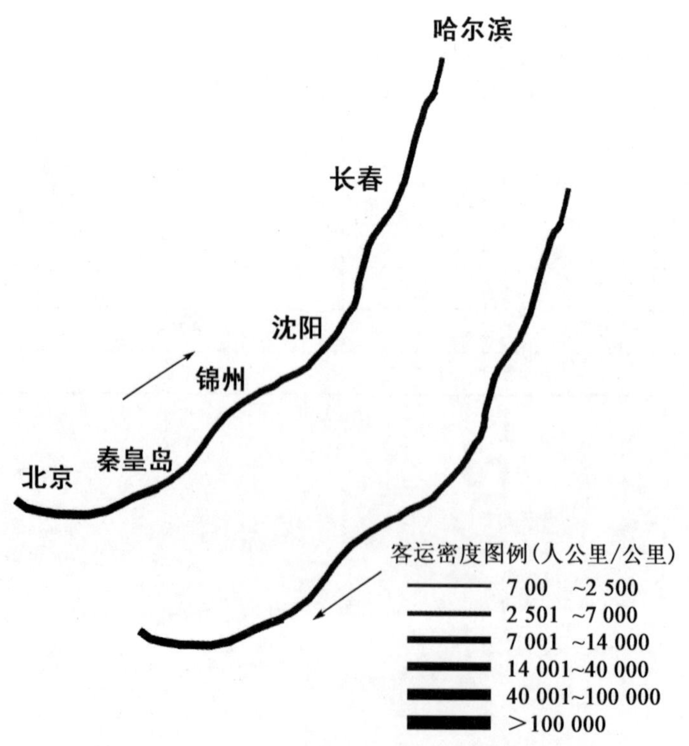

图 3.1　2015 年京哈高速公路(G1)日均客运密度

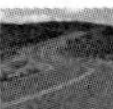

3.1.2　货运密度分布如表 3.2 和图 3.2 所示。

2015 年京哈高速公路(G1)货运密度　　表 3.2

路　段	路段起止点	货运密度(吨公里/公里)	路段起止点	货运密度(吨公里/公里)
北京段	六环—香河	80 406	香河—六环	73 632
河北段	香河—丰润	107 051	丰润—香河	109 829
	丰润—秦皇岛	177 773	秦皇岛—丰润	140 301
	秦皇岛—万家主线(冀辽界)	152 230	万家主线(冀辽界)—秦皇岛	234 369
辽宁段	万家主线(辽冀界)—葫芦岛	231 079	葫芦岛—万家主线(冀辽界)	212 543
	葫芦岛—锦州	237 642	锦州—葫芦岛	221 857
	锦州—沈阳	181 720	沈阳—锦州	154 838
	沈阳—毛家店(辽吉界)	125 258	毛家店(辽吉界)—沈阳	130 675
吉林段	五里坡(吉辽界)—长春	121 704	长春—五里坡(吉辽界)	117 969
	长春—拉林河(吉黑界)	66 454	拉林河(吉黑界)—长春	66 560
黑龙江	拉林河(黑吉界)—哈尔滨	51 300	哈尔滨—拉林河(黑吉界)	49 887

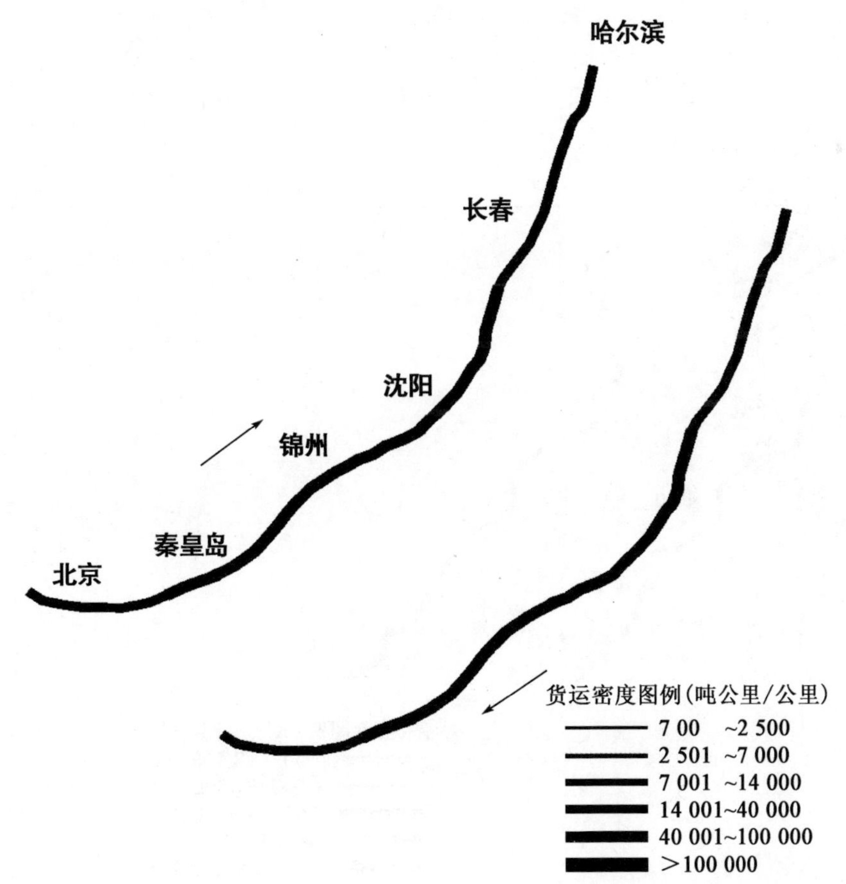

图 3.2　2015 年京哈高速公路(G1)日均货运密度

3.2 京沪高速公路(G2)运输密度

3.2.1 客运密度分布如表3.3和图3.3所示。

2015年京沪高速公路(G2)客运密度 表3.3

路　段	路段起止点	客运密度（人公里/公里）	路段起止点	客运密度（人公里/公里）
北京段	大羊坊—廊坊	52 075	廊坊—大羊坊	52 889
河北段	廊坊—泗村店	26 174	泗村店—廊坊	26 272
天津段	泗村店—汉沽	42 529	汉沽—泗村店	42 146
	汉沽—独流	37 315	独流—汉沽	35 993
	独流—九宣闸(津冀界)	17 274	九宣闸(津冀界)—独流	16 214
河北段	青县主线(冀津界)—沧州	31 456	沧州—青县主线(冀津界)	29 079
	沧州—吴桥(冀鲁界)	19 543	吴桥(冀鲁界)—沧州	18 431
山东段	京福鲁冀(德州)—齐河	28 948	齐河—京福鲁冀(德州)	30 042
	齐河—济南	48 370	济南—齐河	56 136
	济南—泰安	52 440	泰安—济南	49 136
	泰安—京沪鲁苏	24 028	京沪鲁苏—泰安	23 161
江苏段	苏鲁省界—淮安	20 414	淮安—苏鲁省界	20 660
	淮安—江都	52 728	江都—淮安	52 565
	江都—江阴	30 509	江阴—江都	30 752
	江阴—无锡	34 666	无锡—江阴	35 623
	无锡—苏州北	148 181	苏州北—无锡	146 508
	苏州北—花桥主线(苏沪界)	102 018	花桥主线(苏沪界)—苏州北	103 304
上海段	安亭主线(沪苏界)—江桥	136 710	江桥—安亭主线(沪苏界)	140 983

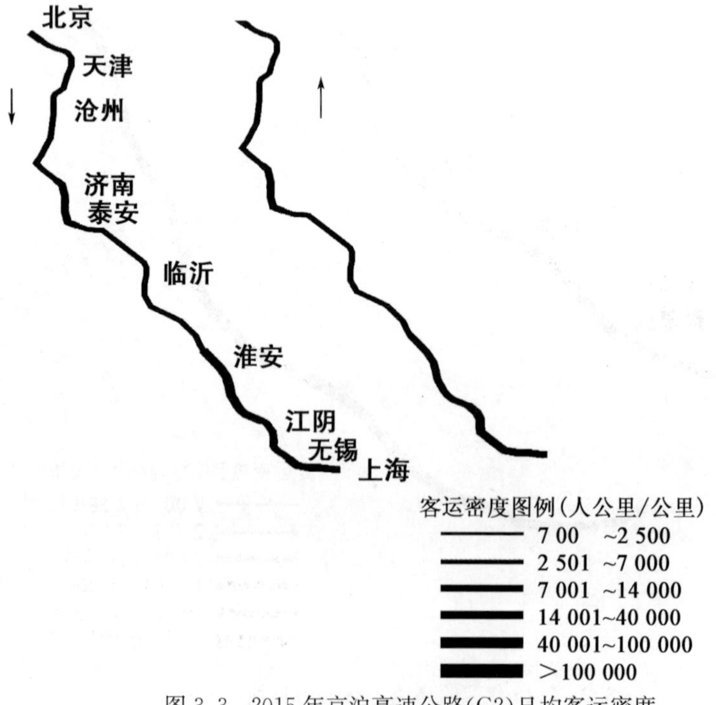

图3.3 2015年京沪高速公路(G2)日均客运密度

3.2.2　货运密度分布如表 3.4 和图 3.4 所示。

2015 年京沪高速公路(G2)货运密度　　表 3.4

路　段	路段起止点	货运密度（吨公里/公里）	路段起止点	货运密度（吨公里/公里）
北京段	大羊坊—廊坊	59 475	廊坊—大羊坊	58 868
河北段	廊坊—泗村店	62 972	泗村店—廊坊	53 200
天津段	泗村店—汉沽	56 325	汉沽—泗村店	68 520
	汉沽—独流	61 263	独流—汉沽	65 659
	独流—九宣闸(津冀界)	18 587	九宣闸(津冀界)—独流	19 751
河北段	青县主线(冀津界)—沧州	92 143	沧州—青县主线(冀津界)	75 070
	沧州—吴桥(冀鲁界)	67 313	吴桥(冀鲁界)—沧州	46 954
山东段	京福鲁冀(德州)—齐河	133 460	齐河—京福鲁冀(德州)	108 304
	齐河—济南	230 269	济南—齐河	168 841
	济南—泰安	186 366	泰安—济南	137 465
	泰安—京沪鲁苏	141 951	京沪鲁苏—泰安	114 089
江苏段	苏鲁省界—淮安	98 349	淮安—苏鲁省界	132 061
	淮安—江都	78 865	江都—淮安	90 379
	江都—江阴	21 853	江阴—江都	23 536
	江阴—无锡	13 195	无锡—江阴	20 690
	无锡—苏州北	135 630	苏州北—无锡	146 610
	苏州北—花桥主线(苏沪界)	63 982	花桥主线(苏沪界)—苏州北	66 913
上海段	安亭主线(沪苏界)—江桥	56 381	江桥—安亭主线(沪苏界)	57 763

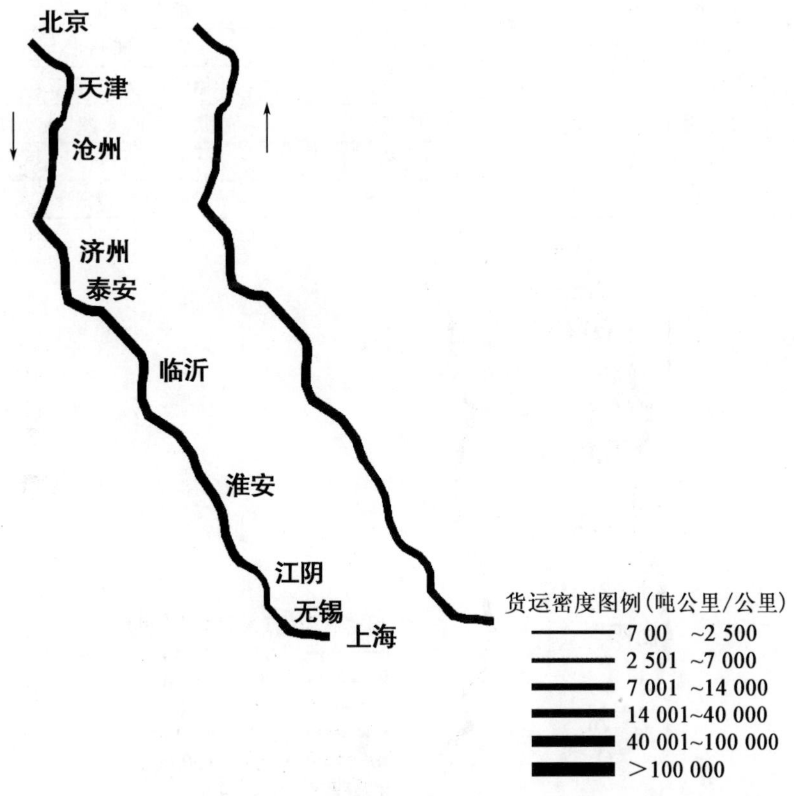

图 3.4　2015 年京沪高速公路(G2)日均货运密度

3.3 京港澳高速(G4)运输密度

3.3.1 客运密度分布如表3.5和图3.5所示。

2015年京港澳高速公路(G4)客运密度　　表3.5

路　段	路段起止点	客运密度(人公里/公里)	路段起止点	客运密度(人公里/公里)
北京段	六环—琉璃河南(京冀界)	83 724	琉璃河南(京冀界)—六环	75 248
河北段	涿州北(冀京界)—保定	40 051	保定—涿州北(冀京界)	38 429
	保定—石家庄	36 065	石家庄—保定	35 904
	石家庄—栾城	42 726	栾城—石家庄	42 669
	栾城—临漳(冀豫界)	24 062	临漳(冀豫界)—栾城	24 089
河南段	京港澳豫冀界—鹤壁	21 052	鹤壁—京港澳豫冀界	21 260
	鹤壁—新乡	39 146	新乡—鹤壁	39 671
	新乡—郑州	55 954	郑州—新乡	56 690
	郑州—许昌	61 557	许昌—郑州	59 132
	许昌—漯河	36 428	漯河—许昌	36 047
	漯河—驻马店	25 706	驻马店—漯河	25 429
	驻马店—京港澳豫鄂界	12 797	京港澳豫鄂界—驻马店	12 701
湖北段	豫鄂界—武汉北	13 589	武汉北—豫鄂界	13 502
	武汉北—鄂南(鄂湘界)	19 865	鄂南(鄂湘界)—武汉北	19 937
湖南段	羊楼司(湘鄂界)—岳阳	27 089	岳阳—羊楼司(湘鄂界)	25 460
	岳阳—长沙	64 572	长沙—岳阳	64 761
	长沙—湘潭	81 320	湘潭—长沙	79 000
	湘潭—衡阳	72 772	衡阳—湘潭	74 648
	衡阳—郴州	68 514	郴州—衡阳	69 567
	郴州—宜章	69 252	宜章—郴州	69 584
	宜章—小塘(湘粤界)	65 924	小塘(湘粤界)—宜章	64 690
广东段	粤北(粤湘界)—广州	13 774	广州—粤北(粤湘界)	14 543
	广州—太平	137 873	太平—广州	139 384
	太平—深圳皇岗	116 948	深圳皇岗—太平	108 208

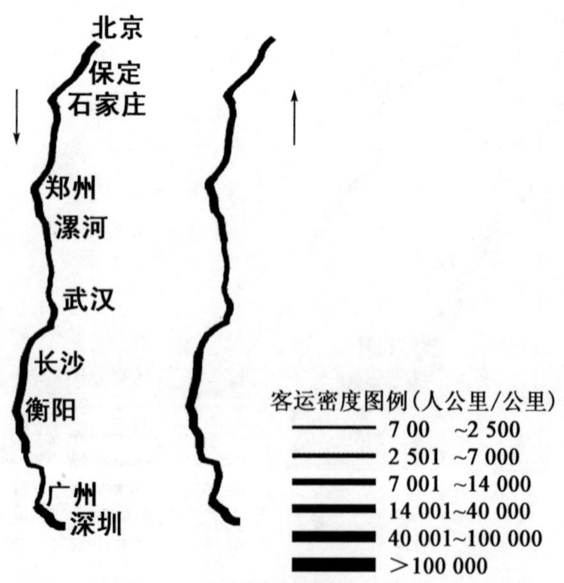

图3.5　2015年京港澳高速公路(G4)日均客运密度

3.3.2　货运密度分布如表 3.6 和图 3.6 所示。

2015 年京港澳高速公路(G4)货运密度　　表 3.6

路　段	路段起止点	货运密度(吨公里/公里)	路段起止点	货运密度(吨公里/公里)
北京段	六环—琉璃河南(京冀界)	52 689	琉璃河南(京冀界)—六环	43 361
河北段	涿州北(冀京界)—保定	37 707	保定—涿州北(冀京界)	41 887
	保定—石家庄	42 364	石家庄—保定	57 275
	石家庄—栾城	27 682	栾城—石家庄	29 709
	栾城—临漳(冀豫界)	40 901	临漳(冀豫界)—栾城	38 143
河南段	京港澳豫冀界—鹤壁	54 805	鹤壁—京港澳豫冀界	47 960
	鹤壁—新乡	68 112	新乡—鹤壁	59 117
	新乡—郑州	132 669	郑州—新乡	84 951
	郑州—许昌	90 429	许昌—郑州	80 208
	许昌—漯河	106 483	漯河—许昌	79 106
	漯河—驻马店	113 669	驻马店—漯河	92 031
	驻马店—京港澳豫鄂界	106 095	京港澳豫鄂界—驻马店	91 870
湖北段	豫鄂界—武汉北	95 440	武汉北—豫鄂界	72 309
	武汉北—鄂南(鄂湘界)	109 416	鄂南(鄂湘界)—武汉北	93 895
湖南段	羊楼司(湘鄂界)—岳阳	106 555	岳阳—羊楼司(湘鄂界)	90 308
	岳阳—长沙	179 186	长沙—岳阳	139 084
	长沙—湘潭	139 748	湘潭—长沙	120 421
	湘潭—衡阳	142 505	衡阳—湘潭	142 911
	衡阳—郴州	107 519	郴州—衡阳	102 971
	郴州—宜章	103 656	宜章—郴州	99 418
	宜章—小塘(湘粤界)	103 031	小塘(湘粤界)—宜章	97 902
广东段	粤北(粤湘界)—广州	46 755	广州—粤北(粤湘界)	44 389
	广州—太平	106 920	太平—广州	79 174
	太平—深圳皇岗	52 152	深圳皇岗—太平	33 628

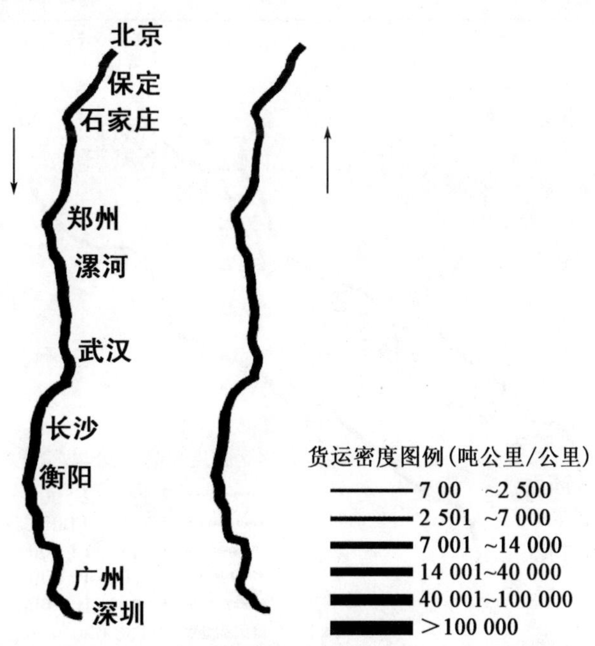

图 3.6　2015 年京港澳高速公路(G4)日均货运密度

3.4 京昆高速公路(G5)运输密度

3.4.1 客运密度分布如表3.7和图3.7所示。

2015年京昆高速公路(G5)客运密度 表3.7

路 段	路段起止点	客运密度(人公里/公里)	路段起止点	客运密度(人公里/公里)
北京段	六环—琉璃河南(京冀界)	83 724	琉璃河南(京冀界)—六环	75 248
河北段	涿州—满城	15 661	满城—涿州	16 012
	满城—石家庄	10 977	石家庄—满城	11 580
	石家庄—井陉西(冀晋界)	13 692	井陉西(冀晋界)—石家庄	14 857
山西段	旧关(晋冀界)—阳泉	10 203	阳泉—旧关(晋冀界)	13 020
	阳泉—太原	16 655	太原—阳泉	17 607
	太原—罗城	19 472	罗城—太原	17 611
	罗城—交城	46 382	交城—罗城	45 458
	交城—侯马	18 748	侯马—交城	17 892
	侯马—龙门大桥(晋陕界)	8 081	龙门大桥(晋陕界)—侯马	7 402
陕西段	禹门口(陕晋界)—西安	22 368	西安—禹门口(陕晋界)	21 696
	西安—汉中	21 586	汉中—西安	21 649
	汉中—棋盘关(陕川界)	10 869	棋盘关(陕川界)—汉中	10 937
四川段	棋盘关—广元	9 900	广元—棋盘关	9 703
	广元—绵阳	16 362	绵阳—广元	17 076
	绵阳—德阳	26 249	德阳—绵阳	27 342
	德阳—成都	45 836	成都—德阳	48 301
	成都—青龙	82 903	青龙—成都	76 606
	青龙—雅安东	21 866	雅安东—青龙	23 366
	雅安东—西昌	16 002	西昌—雅安东	15 463
	西昌—攀枝花	8 152	攀枝花—西昌	8 016

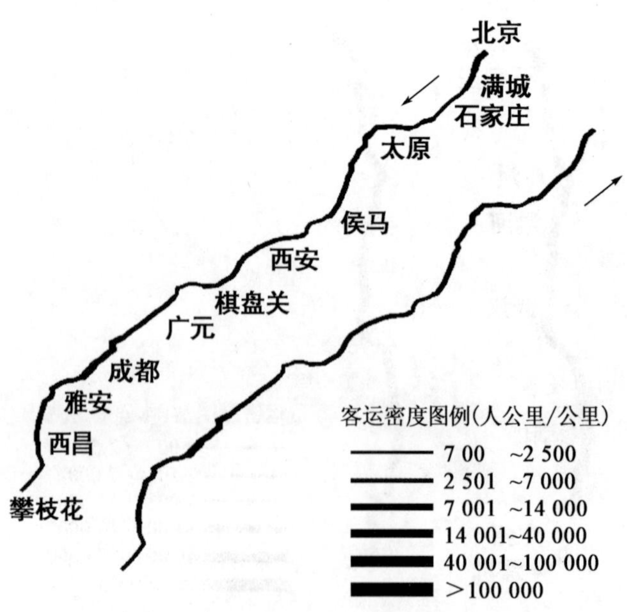

图3.7 2015年京昆高速公路(G5)客运密度

3.4.2 货运密度分布如表 3.8 和图 3.8 所示。

2015 年京昆高速公路(G5)货运密度 表 3.8

路段	路段起止点	货运密度(吨公里/公里)	路段起止点	货运密度(吨公里/公里)
北京段	六环—琉璃河南(京冀界)	52 689	琉璃河南(京冀界)—六环	43 361
河北段	涿州—满城	21 712	满城—涿州	61 647
	满城—石家庄	15 866	石家庄—满城	19 351
	石家庄—井陉西(冀晋界)	74 207	井陉西(冀晋界)—石家庄	120 580
山西段	旧关(晋冀界)—阳泉	71 058	阳泉—旧关(晋冀界)	123 639
	阳泉—太原	49354	太原—阳泉	66361
	太原—罗城	33184	罗城—太原	29205
	罗城—交城	38312	交城—罗城	42582
	交城—侯马	16690	侯马—交城	20239
	侯马—龙门大桥(晋陕界)	21354	龙门大桥(晋陕界)—侯马	12721
陕西段	禹门口(陕晋界)—西安	20 511	西安—禹门口(陕晋界)	35 654
	西安—汉中	48 783	汉中—西安	56 667
	汉中—棋盘关(陕川界)	82 110	棋盘关(陕川界)—汉中	59 451
四川段	棋盘关—广元	88 902	广元—棋盘关	47 215
	广元—绵阳	81 720	绵阳—广元	53 317
	绵阳—德阳	49 386	德阳—绵阳	34 730
	德阳—成都	27 392	成都—德阳	21 423
	成都—青龙	34 607	青龙—成都	44 070
	青龙—雅安东	5 997	雅安东—青龙	8 580
	雅安东—西昌	18 649	西昌—雅安东	19 344
	西昌—攀枝花	11 972	攀枝花—西昌	14 842

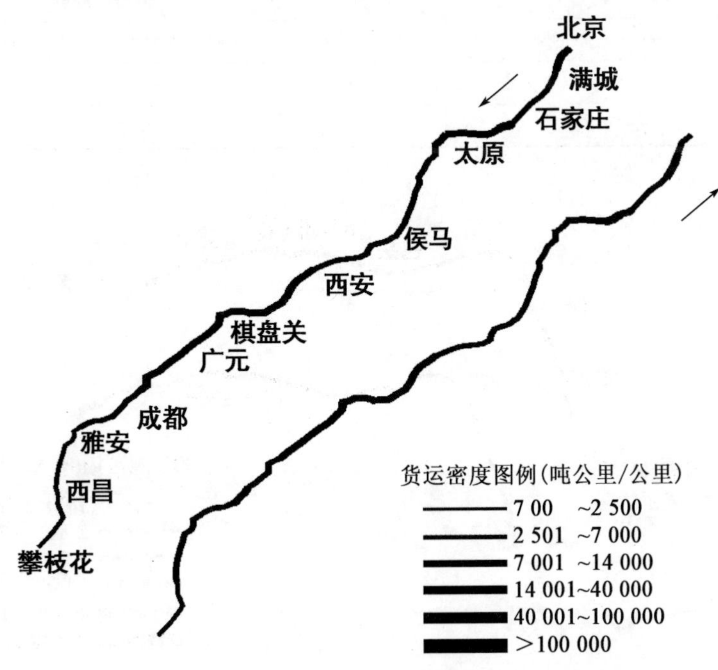

图 3.8 2015 年京昆高速公路(G5)货运密度

3.5 京藏高速公路(G6)运输密度

3.5.1 客运密度分布如表3.9和图3.9所示。

2015年京藏高速公路(G6)客运密度

表3.9

路　段	路段起止点	客运密度(人公里/公里)	路段起止点	客运密度(人公里/公里)
北京段	六环—居庸关	73 053	居庸关—六环	93 073
	居庸关—市界	39 424	市界—居庸关	43 810
河北段	东花园—宣化主线	19 502	宣化主线—东花园	19 745
	宣化主线—东洋河	10 085	东洋河—宣化主线	9 766
内蒙古段	蒙冀界—乌兰察布	8 180	乌兰察布—蒙冀界	7 732
	乌兰察布—呼和浩特	12 407	呼和浩特—乌兰察布	12 225
	呼和浩特—包头	19 156	包头—呼和浩特	18 669
	包头—临河	6 893	临河—包头	6 566
	临河—磴口	4 400	磴口—临河	4 372
	磴口—蒙宁界	4 611	蒙宁界—磴口	4 465
宁夏段	惠农主线(宁蒙界)—姚伏	8 878	姚伏—惠农主线(宁蒙界)	8 668
	姚伏—银川	19 578	银川—姚伏	19 609
	银川—吴忠	24 140	吴忠—银川	23 918
	吴忠—中宁	14 422	中宁—吴忠	14 298
	中宁—桃山	5 876	桃山—中宁	6 125
	桃山—兴仁主线(宁甘界)	4 240	兴仁主线(宁甘界)—桃山	4 921
甘肃段	刘家寨主线(甘宁界)—白银	8 180	白银—刘家寨主线(甘宁界)	7 429
	白银—树屏	21 828	树屏—白银	20 694
	树屏—河口	21 072	河口—树屏	19 693
	河口—海石湾主线(甘青界)	12 604	海石湾主线(甘青界)—河口	11 799
青海段	马场垣主线(青甘界)—平安	22 789	平安—马场垣主线(青甘界)	13 604
	平安—西宁	47 238	西宁—平安	37 106

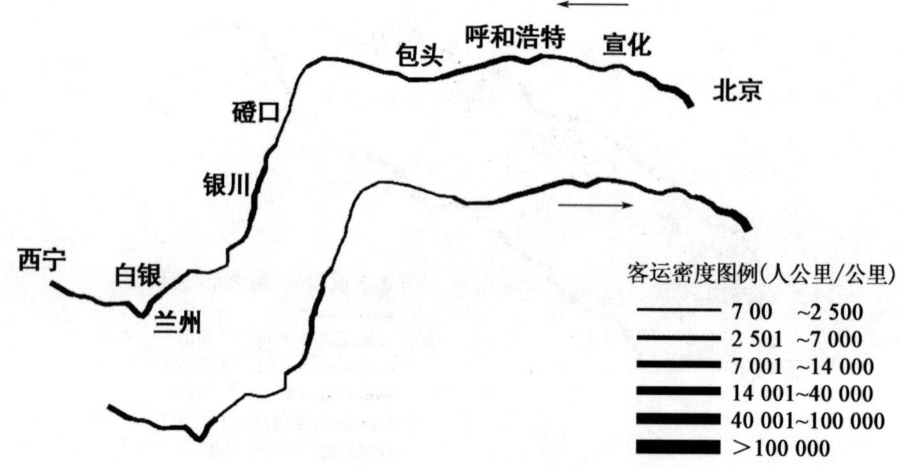

图3.9 2015年京藏高速公路(G6)客运密度

3.5.2　货运密度分布如表 3.10 和图 3.10 所示。

2015 年京藏高速公路(G6)货运密度　　表 3.10

路　段	路段起止点	货运密度（吨公里/公里）	路段起止点	货运密度（吨公里/公里）
北京段	六环—居庸关	100 218	居庸关—六环	26 533
	居庸关—市界	107 297	市界—居庸关	3 618
河北段	东花园—宣化主线	37 384	宣化主线—东花园	26 297
	宣化主线—东洋河	22 420	东洋河—宣化主线	34 604
内蒙古段	蒙冀界—乌兰察布	62 935	乌兰察布—蒙冀界	85 622
	乌兰察布—呼和浩特	59 681	呼和浩特—乌兰察布	91 862
	呼和浩特—包头	47 910	包头—呼和浩特	70 287
	包头—临河	28 331	临河—包头	30 992
	临河—磴口	10 123	磴口—临河	13 955
	磴口—蒙宁界	26 414	蒙宁界—磴口	2 3091
宁夏段	惠农主线(宁蒙界)—姚伏	23 515	姚伏—惠农主线(宁蒙界)	10 942
	姚伏—银川	36 709	银川—姚伏	17 261
	银川—吴忠	16 603	吴忠—银川	10 201
	吴忠—中宁	12 727	中宁—吴忠	10 225
	中宁—桃山	18 542	桃山—中宁	12 671
	桃山—兴仁主线(宁甘界)	19 009	兴仁主线(宁甘界)—桃山	11 313
甘肃段	刘家寨主线(甘宁界)—白银	28 007	白银—刘家寨主线(甘宁界)	17 084
	白银—树屏	31 708	树屏—白银	21 140
	树屏—河口	50 356	河口—树屏	42 068
	河口—海石湾主线(甘青界)	42 687	海石湾主线(甘青界)—河口	35 526
青海段	马场垣主线(青甘界)—平安	45 440	平安—马场垣主线(青甘界)	75 694
	平安—西宁	55 559	西宁—平安	30 574

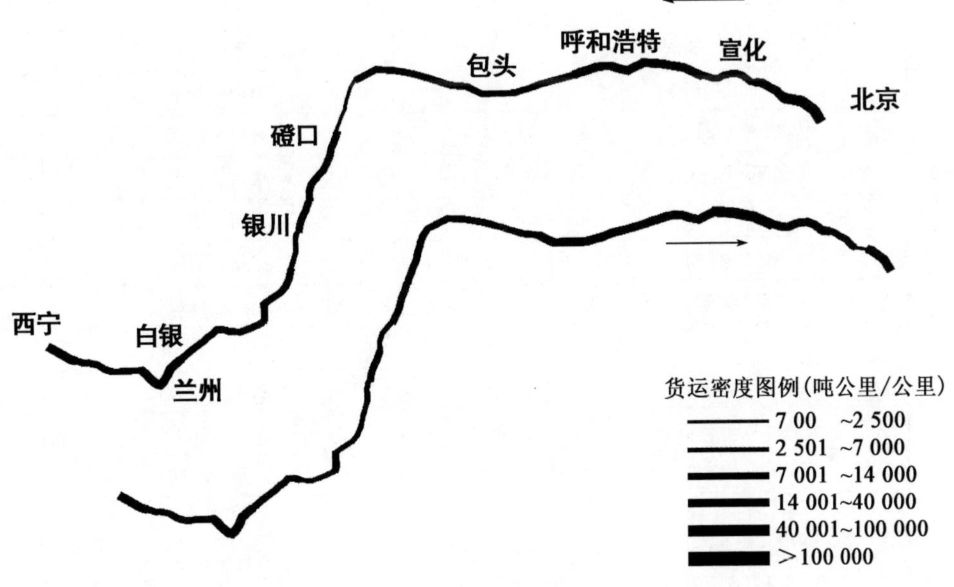

图 3.10　2015 年京藏高速公路(G6)货运密度

3.6 沈海高速公路(G15)运输密度

3.6.1 客运密度分布如表3.11和图3.11所示。

2015年沈海高速公路(G15)客运密度 表3.11

路段	路段起止点	客运密度(人公里/公里)	路段起止点	客运密度(人公里/公里)
辽宁段	沈阳—鞍山	40 491	鞍山—沈阳	40 524
	鞍山—营口	31 795	营口—鞍山	32 171
	营口—鲅鱼圈	37 835	鲅鱼圈—营口	37 997
	鲅鱼圈—大连	36 061	大连—鲅鱼圈	35 737
山东段	烟台—栖霞	29 935	栖霞—烟台	30 330
	栖霞—青岛	11 479	青岛—栖霞	11 383
	青岛—沈海鲁苏	28 945	沈海鲁苏—青岛	28 301
江苏段	沈海苏鲁—南通	31 134	南通—沈海苏鲁	32 632
	南通—常熟	109 790	常熟—南通	114 689
	常熟—太仓主线(苏沪界)	91 424	太仓主线(苏沪界)—常熟	94 337
上海段	朱桥(沪苏界)—嘉浏	116 798	嘉浏—朱桥(沪苏界)	117 043
	嘉浏—新桥	60 451	新桥—嘉浏	63 672
	新桥—嘉金莘奉金立交	37 328	嘉金莘奉金立交—新桥	36 057
	嘉金莘奉金立交—金山卫	21 534	金山卫—嘉金莘奉金立交	20 948
	浙沪主线—宁波北	23 495	宁波北—浙沪主线	23 907
浙江段	宁波姜山—宁海	33 509	宁海—宁波姜山	33 419
	宁海—吴岙	21 754	吴岙—宁海	21 603
	吴岙—台州	38 538	台州—吴岙	37 975
	台州—温州	29 989	温州—台州	29 585
	温州—平阳	62 885	平阳—温州	62 510
	平阳—分水关(浙闽界)	24 702	分水关(浙闽界)—平阳	24 746
福建段	闽浙—福州	25 324	福州—闽浙	24 658
	福州—莆田	44 968	莆田—福州	42 538
	莆田—泉州	50 879	泉州—莆田	49 402
	泉州—厦门	69 362	厦门—泉州	69 538
	厦门—漳州	62 869	漳州—厦门	60 518
	漳州—闽粤界	25 132	闽粤界—漳州	22 902
广东段	汾水关—汕头	18 869	汕头—汾水关	19 482
	汕头—陆丰	18 490	陆丰—汕头	25 051
	陆丰—深圳	59 415	深圳—陆丰	56 052
	深圳—广州	133 090	广州—深圳	126 816
	广州—阳江	70 810	阳江—广州	66 046
	阳江—湛江	40 970	湛江—阳江	34 852
	湛江—徐闻	10 793	徐闻—湛江	12 309

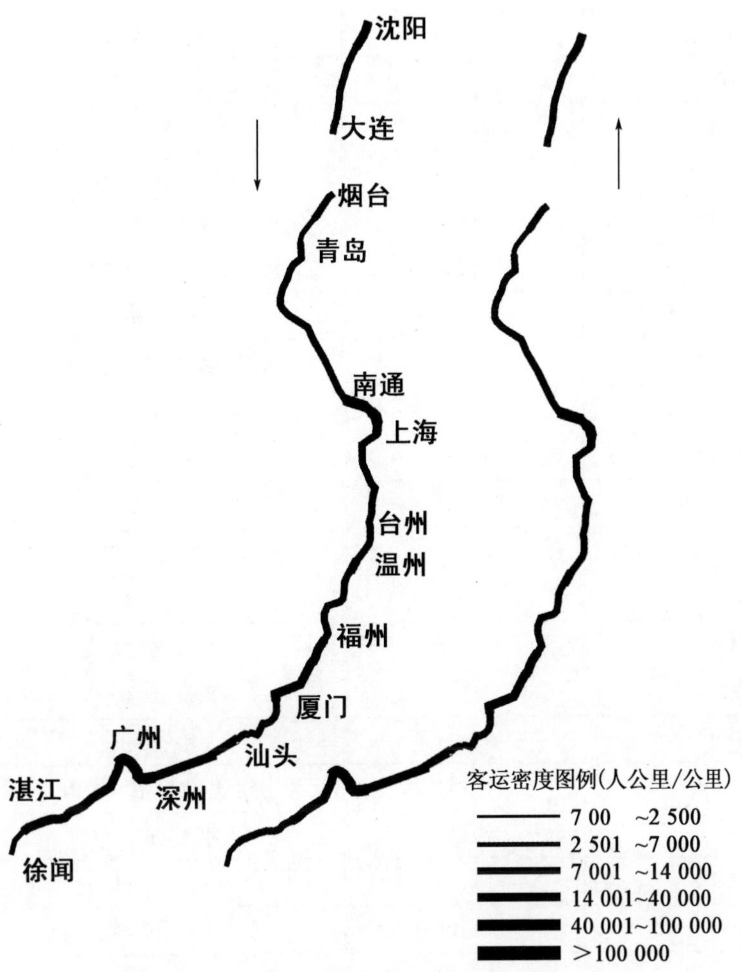

图 3.11　2015 年沈海高速公路(G15)客运密度

3.6.2 货运密度分布如表3.12和图3.12所示。

2015年沈海高速公路(G15)货运密度 表3.12

路　段	货运密度（吨公里/公里）	路　段	货运密度（吨公里/公里）
沈阳—鞍山	35 548	鞍山—沈阳	37 210
鞍山—营口	49 825	营口—鞍山	50 625
营口—鲅鱼圈	76 794	鲅鱼圈—营口	66 034
鲅鱼圈—大连	49 705	大连—鲅鱼圈	36 686
烟台—栖霞	22 156	栖霞—烟台	24 019
栖霞—青岛	27 737	青岛—栖霞	24 771
青岛—沈海鲁苏	61 404	沈海鲁苏—青岛	52 725
沈海苏鲁—南通	55 139	南通—沈海苏鲁	59 855
南通—常熟	136 023	常熟—南通	124 475
常熟—太仓主线	82 203	太仓主线—常熟	79 830
朱桥(沪苏界)—嘉浏	99 990	嘉浏—朱桥(沪苏界)	96 293
嘉浏—新桥	107 182	新桥—嘉浏	96 304
新桥—嘉金莘奉金立交	43 703	嘉金莘奉金立交—新桥	39 105
嘉金莘奉金立交—金山卫(沪浙界)	45 393	金山卫(沪浙界)—嘉金莘奉金立交	47 279
浙沪主线—宁波北	38 733	宁波北—浙沪主线	35 400
宁波姜山—宁海	54 640	宁海—宁波姜山	32 643
宁海—吴岙	54 462	吴岙—宁海	31 431
吴岙—台州	80 368	台州—吴岙	50 476
台州—温州	52 926	温州—台州	36 593
温州—平阳	93 034	平阳—温州	76 265
平阳—分水关(浙闽界)	75 913	分水关(浙闽界)—平阳	66 141
闽浙—福州	72 963	福州—闽浙	77 857
福州—莆田	70 073	莆田—福州	74 000
莆田—泉州	76 722	泉州—莆田	80 899
泉州—厦门	74 943	厦门—泉州	78 868
厦门—漳州	59 682	漳州—厦门	71 815
漳州—闽粤界	41 674	闽粤界—漳州	38 001
汾水关—汕头	61 401	汕头—汾水关	55 735
汕头—陆丰	43 344	陆丰—汕头	44 399
陆丰—深圳	58 862	深圳—陆丰	56 998
深圳—广州	86 175	广州—深圳	119 312
广州—阳江	101 308	阳江—广州	95 382
阳江—湛江	75 159	湛江—阳江	61 774
湛江—徐闻	6 905	徐闻—湛江	36 158

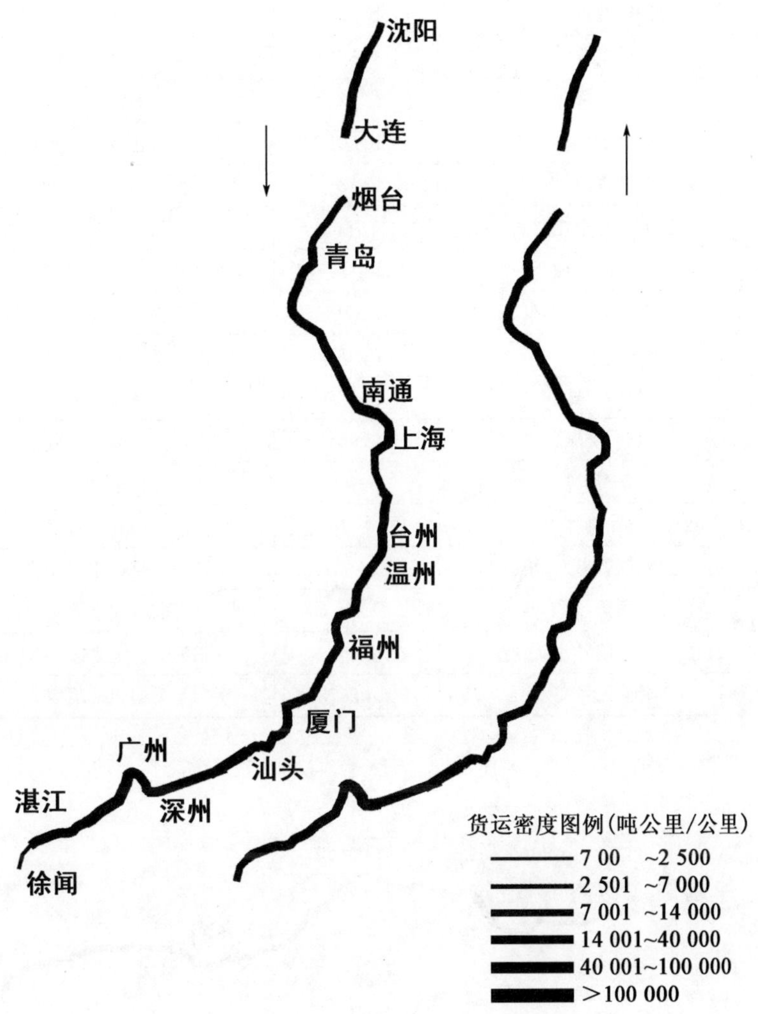

图 3.12　2015 年沈海高速公路(G15)货运密度

3.7 青银高速公路(G20)运输密度

3.7.1 客运密度分布如表3.13和图3.13所示。

2015年青银高速公路(G20)客运密度 表3.13

路段	路段起止点	客运密度(人公里/公里)	路段起止点	客运密度(人公里/公里)
山东段	青岛—胶州	21 370	胶州—青岛	20 116
	胶州—潍坊	14 164	潍坊—胶州	13 833
	潍坊—济南	32 550	济南—潍坊	25 577
	济南—齐河	15 760	齐河—济南	16 655
	齐河—青银鲁冀	12 001	青银鲁冀—齐河	10 700
河北段	清河(冀鲁界)—栾城	12 134	栾城—清河(冀鲁界)	12 708
	栾城—石家庄	7 760	石家庄—栾城	8 545
	石家庄—井陉西(冀晋界)	13 182	井陉西(冀晋界)—石家庄	14 484
山西段	旧关(晋冀界)—阳泉	10 203	阳泉—旧关(晋冀界)	13 020
	阳泉—太原	16 655	太原—阳泉	17 607
	太原—罗城	19 472	罗城—太原	17 611
	罗城—交城	46 382	交城—罗城	45 458
	交城—吕梁	16 706	吕梁—交城	16 471
	吕梁—柳林	10 719	柳林—吕梁	4 918
陕西段	吴堡主线(陕晋界)—靖边	2 793	靖边—吴堡主线(陕晋界)	2 709
	靖边—王圈梁(陕宁界)	7 271	王圈梁(陕宁界)—靖边	7 396
宁夏段	盐池主线(宁陕界)—临河	12 266	临河—盐池主线(宁陕界)	12 212
	临河—银川	44 267	银川—临河	49 760

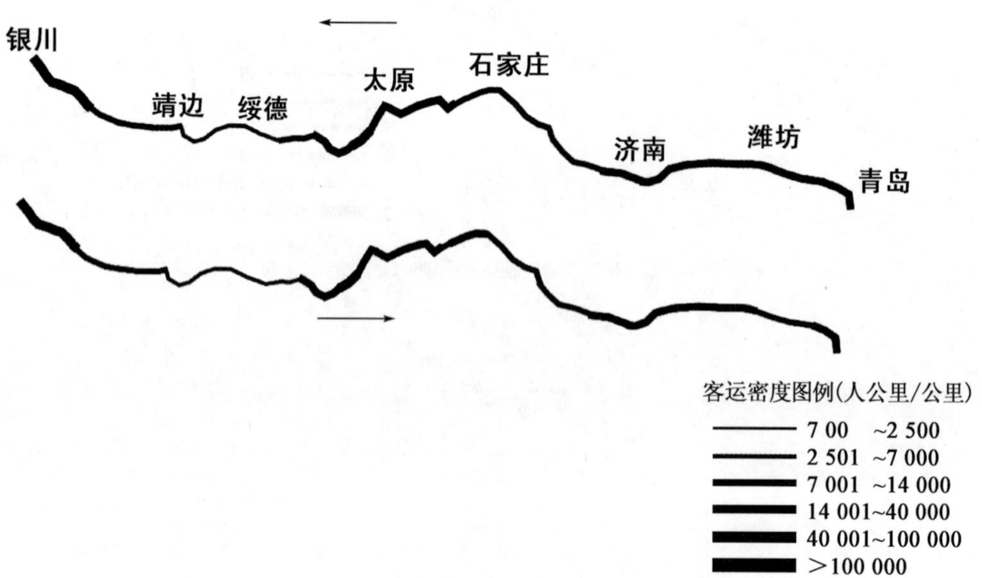

图3.13 2015年青银高速公路(G20)客运密度

3.7.2 货运密度分布如表 3.14 和图 3.14 所示。

2015 年青银高速公路(G20)货运密度　　表 3.14

路　段	路段起止点	货运密度（吨公里/公里）	路段起止点	货运密度（吨公里/公里）
山东段	青岛—胶州	17 676	胶州—青岛	21 930
	胶州—潍坊	15 840	潍坊—胶州	20 489
	潍坊—济南	71 342	济南—潍坊	68 216
	济南—齐河	95 532	齐河—济南	93 760
	齐河—青银鲁冀	103 710	青银鲁冀—齐河	70 921
河北段	清河(冀鲁界)—栾城	26 680	栾城—清河(冀鲁界)	42 891
	栾城—石家庄	24 951	石家庄—栾城	44 116
	石家庄—井陉西(冀晋界)	76 494	井陉西(冀晋界)—石家庄	134 935
山西段	旧关(晋冀界)—阳泉	71 058	阳泉—旧关(晋冀界)	123 639
	阳泉—太原	49 354	太原—阳泉	66 361
	太原—罗城	33 184	罗城—太原	29 205
	罗城—交城	38 312	交城—罗城	42 582
	交城—吕梁	32 706	吕梁—交城	45 123
	吕梁—柳林	60 375	柳林—吕梁	126 977
陕西段	吴堡主线(陕晋界)—靖边	70 583	靖边—吴堡主线(陕晋界)	53 371
	靖边—王圈梁(陕宁界)	44 256	王圈梁(陕宁界)—靖边	54 734
宁夏段	盐池主线(宁陕界)—临河	17 437	临河—盐池主线(宁陕界)	15 874
	临河—银川	39 710	银川—临河	55 059

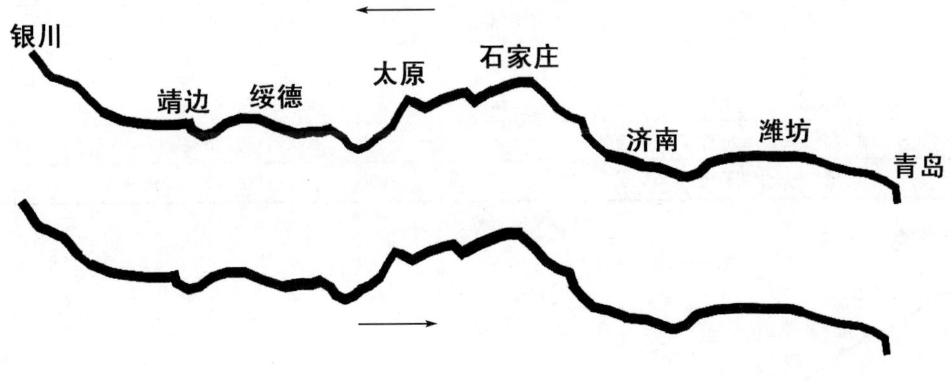

货运密度图例(吨公里/公里)
7 00　~2 500
2 501　~7 000
7 001　~14 000
14 001~40 000
40 001~100 000
>100 000

图 3.14　2015 年青银高速公路(G20)货运密度

3.8 连霍高速公路(G30)运输密度

3.8.1 客运密度分布如表3.15和图3.15所示。

2015年连霍高速公路(G30)客运密度　　表3.15

路　段	路段起止点	客运密度(人公里/公里)	路段起止点	客运密度(人公里/公里)
江苏段	连云港—徐州	11 272	徐州—连云港	11 274
	徐州—苏皖省界	19 782	苏皖省界—徐州	19 106
安徽段	皖苏—皖豫	19 676	皖豫—皖苏	20 265
河南段	连霍豫皖界—商丘	20 987	商丘—连霍豫皖界	21 780
	商丘—开封	30 846	开封—商丘	31 508
	开封—郑州	58 149	郑州—开封	58 727
	郑州—洛阳	39 680	洛阳—郑州	38 753
	洛阳—三门峡	19 817	三门峡—洛阳	19 844
	三门峡—连霍豫陕界	13 290	连霍豫陕界—三门峡	13 190
陕西段	潼关(陕豫界)—西安	23 919	西安—潼关(陕豫界)	22 870
	西安—咸阳	57 057	咸阳—西安	53 198
	咸阳—杨凌	44 993	杨凌—咸阳	41 650
	杨凌—宝鸡	27 106	宝鸡—杨凌	26 423
	宝鸡—陈仓(陕甘界)	8 337	陈仓(陕甘界)—宝鸡	8 124
甘肃段	陈仓(甘陕界)—天水	5 234	天水—陈仓(甘陕界)	5 678
	天水—定西	8 826	定西—天水	8 753
	定西—兰州	30 686	兰州—定西	30 009
	兰州—龙泉寺	24 031	龙泉寺—兰州	25 292
	龙泉寺—华藏寺	9 970	华藏寺—龙泉寺	9 946
	华藏寺—双塔	9 219	双塔—华藏寺	9 090
	双塔—武威	12 460	武威—双塔	12 632
	武威—张掖	5 545	张掖—武威	5 469
	张掖—清水主线	5 703	清水主线—张掖	5 325
	清水主线—嘉峪关	5 993	嘉峪关—清水主线	5 862
	嘉峪关—瓜州站	6 215	瓜州站—嘉峪关	6 455
	瓜州站—柳园北	2 502	柳园北主线(甘疆界)—瓜州站	2 234

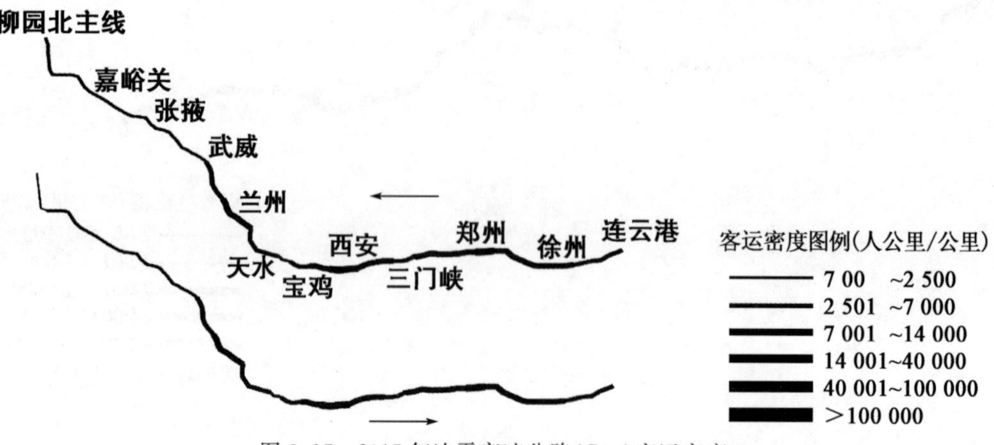

图3.15　2015年连霍高速公路(G30)客运密度

3.8.2　货运密度分布如表 3.16 和图 3.16 所示。

2015 年连霍高速公路(G30)货运密度　　表 3.16

路　　段	路段起止点	货运密度（吨公里/公里）	路段起止点	货运密度（吨公里/公里）
江苏段	连云港—徐州	19 785	徐州—连云港	17 133
	徐州—苏皖省界	62 126	苏皖省界—徐州	106 648
安徽段	皖苏—皖豫	37438	皖豫—皖苏	25005
河南段	连霍豫皖界—商丘	19 568	商丘—连霍豫皖界	17 980
	商丘—开封	30 835	开封—商丘	38 208
	开封—郑州	71 101	郑州—开封	69 821
	郑州—洛阳	73 574	洛阳—郑州	68 331
	洛阳—三门峡	11 1722	三门峡—洛阳	86 366
	三门峡—连霍豫陕界	114 665	连霍豫陕界—三门峡	90 260
陕西段	潼关(陕豫界)—西安	68 973	西安—潼关(陕豫界)	98 527
	西安—咸阳	38 125	咸阳—西安	25 199
	咸阳—杨凌	51 776	杨凌—咸阳	37 097
	杨凌—宝鸡	41 961	宝鸡—杨凌	39 975
	宝鸡—陈仓(陕甘界)	37 306	陈仓(陕甘界)—宝鸡	29 774
甘肃段	陈仓(甘陕界)—天水	19 187	天水—陈仓(甘陕界)	25 240
	天水—定西	6 846	定西—天水	10 119
	定西—兰州	46 869	兰州—定西	47 806
	兰州—龙泉寺	37 493	龙泉寺—兰州	32 842
	龙泉寺—华藏寺	17 648	华藏寺—龙泉寺	19 251
	华藏寺—双塔	24 404	双塔—华藏寺	19 005
	双塔—武威	45 223	武威—双塔	44 055
	武威—张掖	41 240	张掖—武威	41 103
	张掖—清水主线	38 329	清水主线—张掖	34 999
	清水主线—嘉峪关	42 640	嘉峪关—清水主线	42 612
	嘉峪关—瓜州站	50 486	瓜州站—嘉峪关	51 702
	瓜洲站—柳园北主线(甘疆界)	47 059	柳园北主线(甘疆界)—瓜洲站	43 188

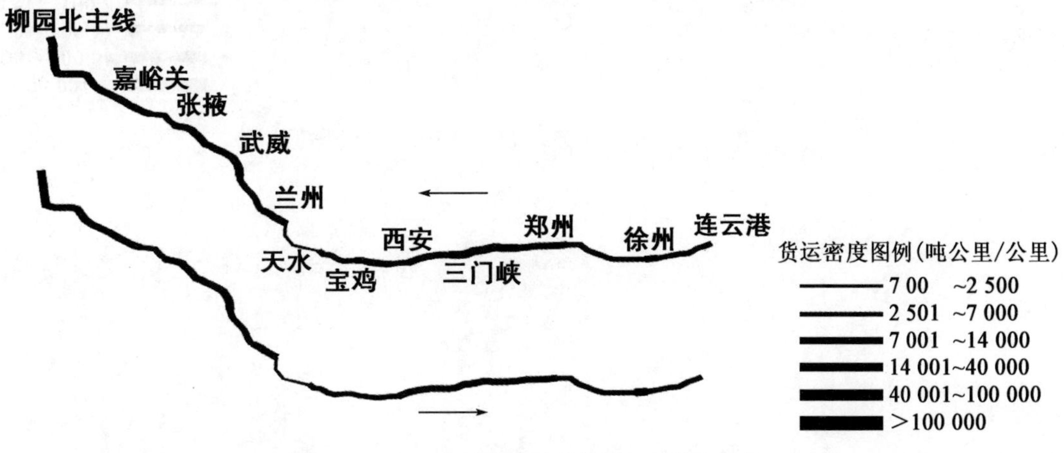

图 3.16　2015 年连霍高速公路(G30)货运密度

3.9 宁洛高速公路(G36)运输密度

3.9.1 客运密度分布如表3.17和图3.17所示。

2015年宁洛高速公路(G36)客运密度 表3.17

路　段	路段起止点	客运密度（人公里/公里）	路段起止点	客运密度（人公里/公里）
安徽段	曹庄(皖苏界)—滁州	56 186	滁州—曹庄(皖苏界)	53 689
	滁州—蚌埠	51 694	蚌埠—滁州	48 927
	蚌埠—界首(皖豫界)	29 194	界首(皖豫界)—蚌埠	27 499
河南段	宁洛豫皖界—漯河	21 687	漯河—宁洛豫皖界	21 313
	漯河—平顶山	15 438	平顶山—漯河	15 363
	平顶山—洛阳	13 722	洛阳—平顶山	13 803

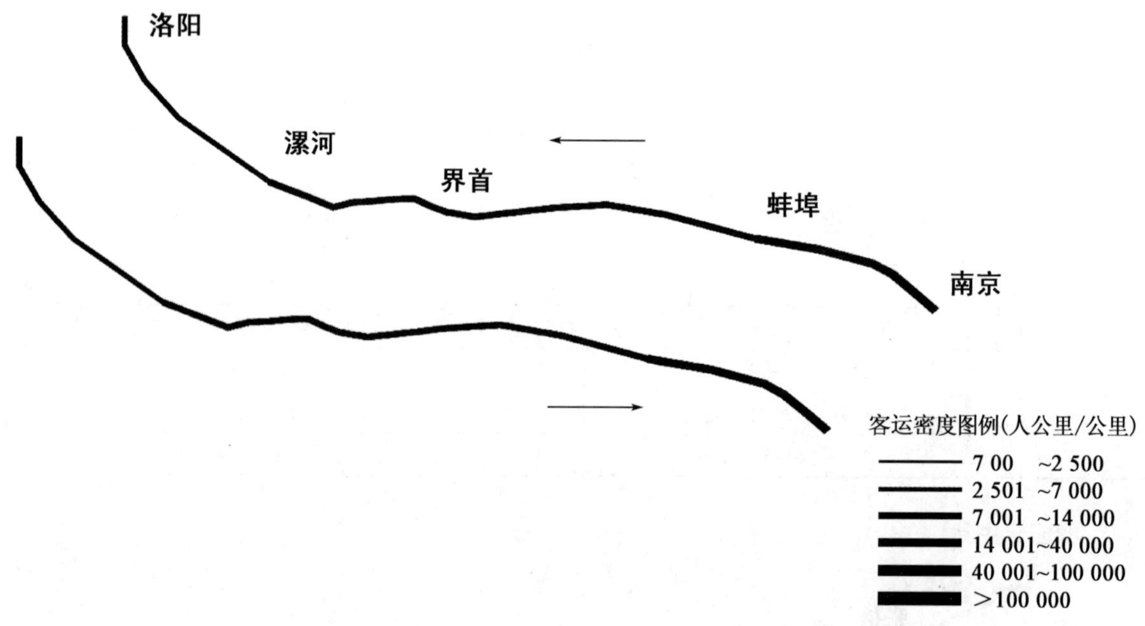

图3.17 2015年宁洛高速公路(G36)客运密度

3.9.2　货运密度分布如表 3.18 和图 3.18 所示。

2015 年宁洛高速公路(G36)货运密度　　表 3.18

路　段	路段起止点	货运密度（吨公里/公里）	路段起止点	货运密度（吨公里/公里）
安徽段	曹庄(皖苏界)—滁州	61 909	滁州—曹庄(皖苏界)	78 615
	滁州—蚌埠	57 410	蚌埠—滁州	76 135
	蚌埠—界首(皖豫界)	44 384	界首(皖豫界)—蚌埠	50 205
河南段	宁洛豫皖界—漯河	34 084	漯河—宁洛豫皖界	41 869
	漯河—平顶山	25 903	平顶山—漯河	37 821
	平顶山—洛阳	28 775	洛阳—平顶山	45 898

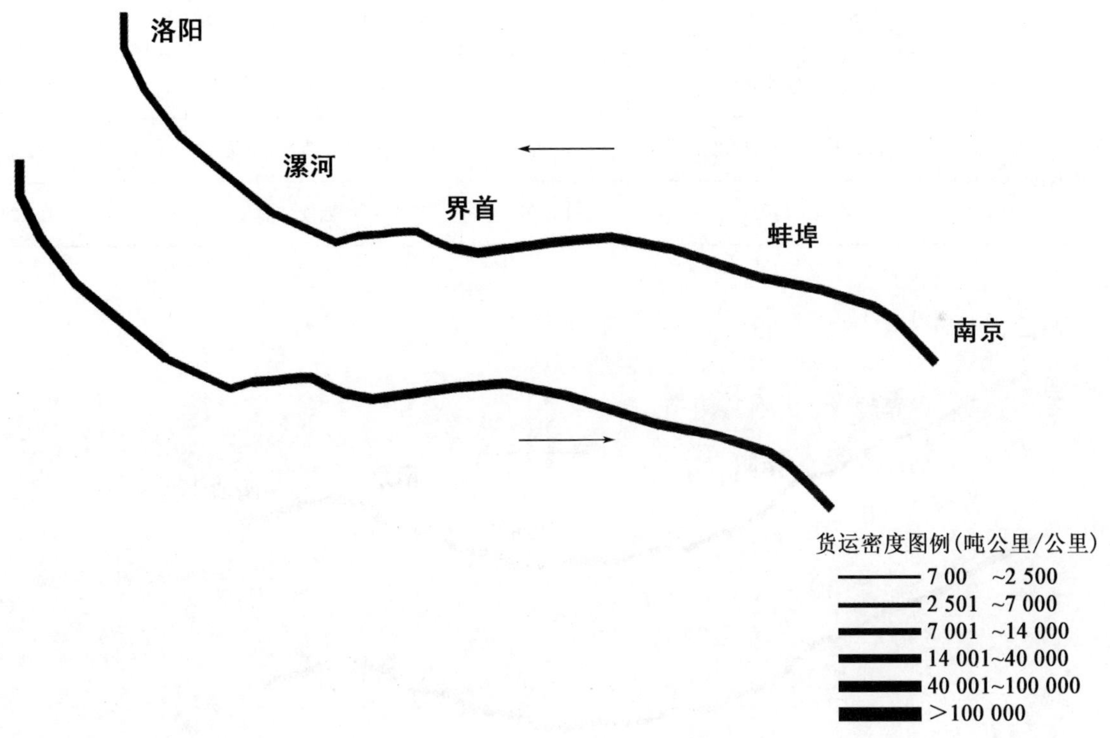

图 3.18　2015 年宁洛高速公路(G36)货运密度

3.10 沪陕高速公路(G40)运输密度

3.10.1 客运密度分布如表3.19和图3.19所示。

2015年沪陕高速公路(G40)客运密度 表3.19

路　段	路段起止点	客运密度（人公里/公里）	路段起止点	客运密度（人公里/公里）
江苏段	南通—广陵	32 938	广陵—南通	35 767
	广陵—南京	45 307	南京—广陵	46 097
	南京—皖苏界	34 314	皖苏界—南京	8 467
安徽段	吴庄(皖苏界)—合肥	43 650	合肥—吴庄(皖苏界)	44 641
	合肥—叶集(皖豫界)	39 801	叶集(皖豫界)—合肥	38 434
河南段	沪陕豫皖界—南阳	13 396	南阳—沪陕豫皖界	13 148
	南阳—沪陕豫陕界	10 807	沪陕豫陕界—南阳	10 562
陕西段	界牌(陕豫界)—商洛	7 000	商洛—界牌(陕豫界)	7 085
	商洛—西安	18 807	西安—商洛	19 129

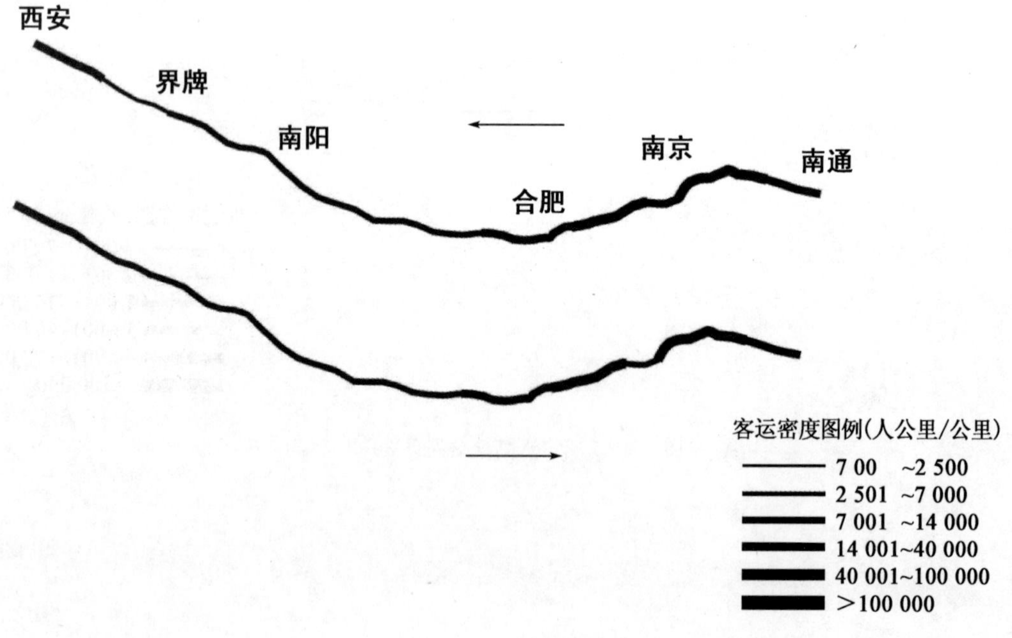

图3.19 2015年沪陕高速公路(G40)客运密度

3.10.2　货运密度分布如表3.20和图3.20所示。

2015年沪陕高速公路(G40)货运密度　　表3.20

路　段	路段起止点	货运密度（吨公里/公里）	路段起止点	货运密度（吨公里/公里）
江苏段	南通—广陵	14 658	广陵—南通	17 550
	广陵—南京	31 666	南京—广陵	36 676
	南京—皖苏界	59 371	皖苏界—南京	20 488
安徽段	吴庄(皖苏界)—合肥	5 1791	合肥—吴庄(皖苏界)	40 380
	合肥—叶集(皖豫界)	78 786	叶集(皖豫界)—合肥	80 566
河南段	沪陕豫皖界—南阳	14 929	南阳—沪陕豫皖界	17 703
	南阳—沪陕豫陕界	15 420	沪陕豫陕界—南阳	19 492
陕西段	界牌(陕豫界)—商洛	95 352	商洛—界牌(陕豫界)	51 830
	商洛—西安	98 819	西安—商洛	58 160

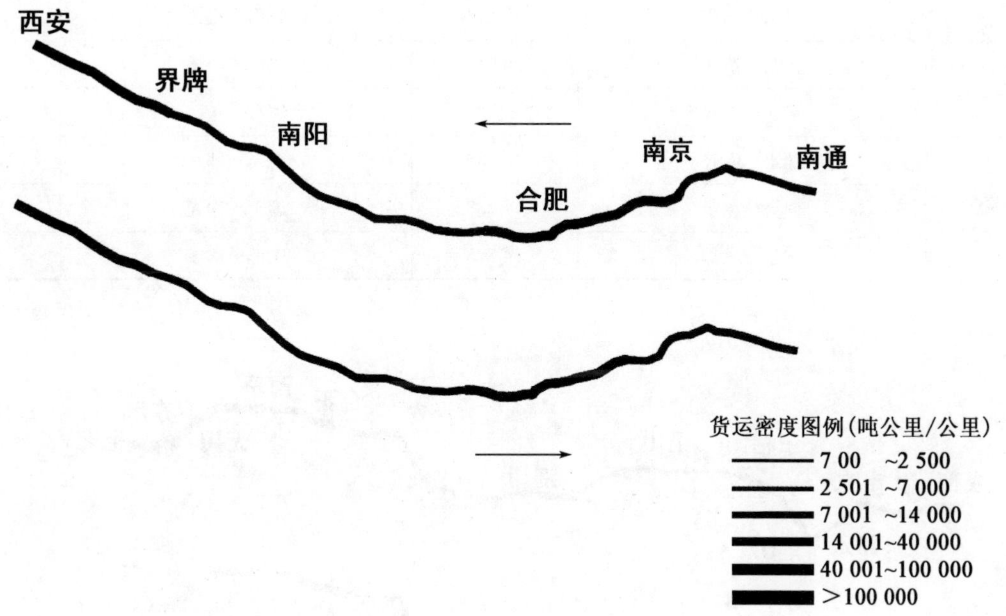

图3.20　2015年沪陕高速公路(G40)货运密度

3.11 沪蓉高速公路(G42)运输密度

3.11.1 客运密度分布如表3.21和图3.21所示。

2015年沪蓉高速公路(G42)客运密度 表3.21

路段	路段起止点	客运密度(人公里/公里)	路段起止点	客运密度(人公里/公里)
上海段	江桥—安亭主线(沪苏界)	140 983	安亭主线(沪苏界)—江桥	136 710
江苏段	花桥主线(苏沪界)—苏州北	103 304	苏州北—花桥主线(苏沪界)	102 018
	苏州北—无锡	146 508	无锡—苏州北	148 181
	无锡—南京	98 703	南京—无锡	93 183
	南京—苏皖界	34 314	苏皖界—南京	8 467
安徽段	吴庄(皖苏界)—合肥	43 650	合肥—吴庄(皖苏界)	44 641
	合肥—六安	48 215	六安—合肥	46 321
	六安—长岭关(皖鄂界)	19 340	长岭关(皖鄂界)—六安	18 643
湖北段	麻城—武汉	16 386	武汉—麻城	16 386
	武汉—荆门	15 476	荆门—武汉	15 476
	荆门—宜昌	13 253	宜昌—荆门	13 253
	宜昌—神农溪	9 394	神农溪—宜昌	9 394
重庆段	巫山—云阳	11 246	云阳—巫山	11 904
	云阳—垫江	20 117	垫江—云阳	20 637
	垫江—邻水	7 732	邻水—垫江	7 336
四川段	邻水—南充	13 730	南充—邻水	13 631
	南充—遂宁	17 738	遂宁—南充	17 254
	遂宁—成都	34 225	成都—遂宁	32 556

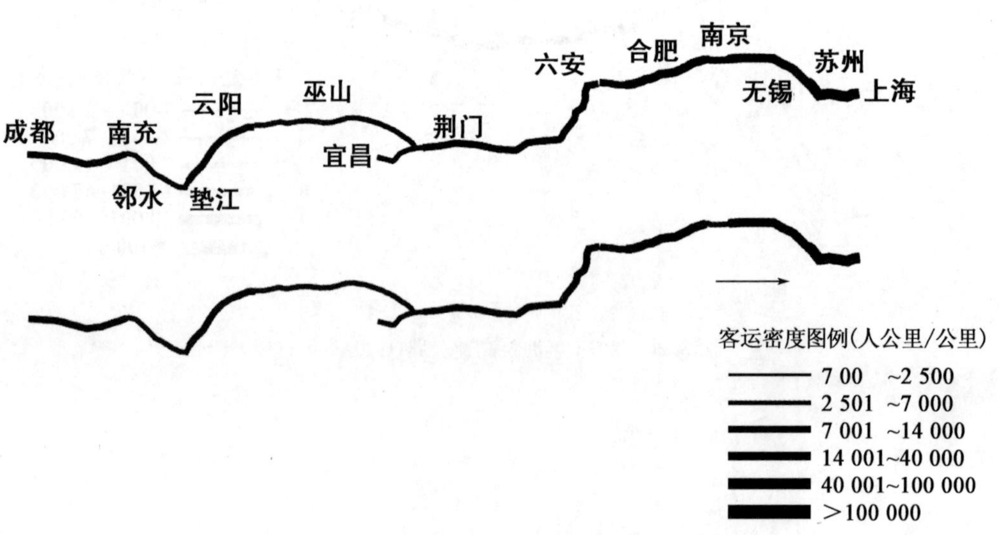

图3.21 2015年沪蓉高速公路(G42)客运密度

3.11.2　货运密度分布如表 3.22 和图 3.22 所示。

2015 年沪蓉高速公路(G42)货运密度　　表 3.22

路　段	路段起止点	货运密度（吨公里/公里）	路段起止点	货运密度（吨公里/公里）
上海段	江桥—安亭主线(沪苏界)	57 763	安亭主线(沪苏界)—江桥	56 381
江苏段	花桥主线(苏沪界)—苏州北	66 913	苏州北—花桥主线(苏沪界)	63 982
	苏州北—无锡	146 610	无锡—苏州北	135 630
	无锡—南京	73 311	南京—无锡	76 855
	南京—苏皖界	59 371	苏皖界—南京	20 488
安徽段	吴庄(皖苏界)—合肥	51 791	合肥—吴庄(皖苏界)	40 380
	合肥—六安	86 597	六安—合肥	86 429
	六安—长岭关(皖鄂界)	66 759	长岭关(皖鄂界)—六安	54 635
湖北段	麻城—武汉	47 185	武汉—麻城	29 254
	武汉—荆门	7 801	荆门—武汉	11 042
	荆门—宜昌	34 844	宜昌—荆门	23 845
	宜昌—神农溪	4 453	神农溪—宜昌	3 309
重庆段	巫山—云阳	5 702	云阳—巫山	5 432
	云阳—垫江	7 174	垫江—云阳	10 693
	垫江—邻水	21 441	邻水—垫江	18 571
四川段	邻水—南充	11 182	南充—邻水	20 313
	南充—遂宁	18 445	遂宁—南充	12 163
	遂宁—成都	44 221	成都—遂宁	45 325

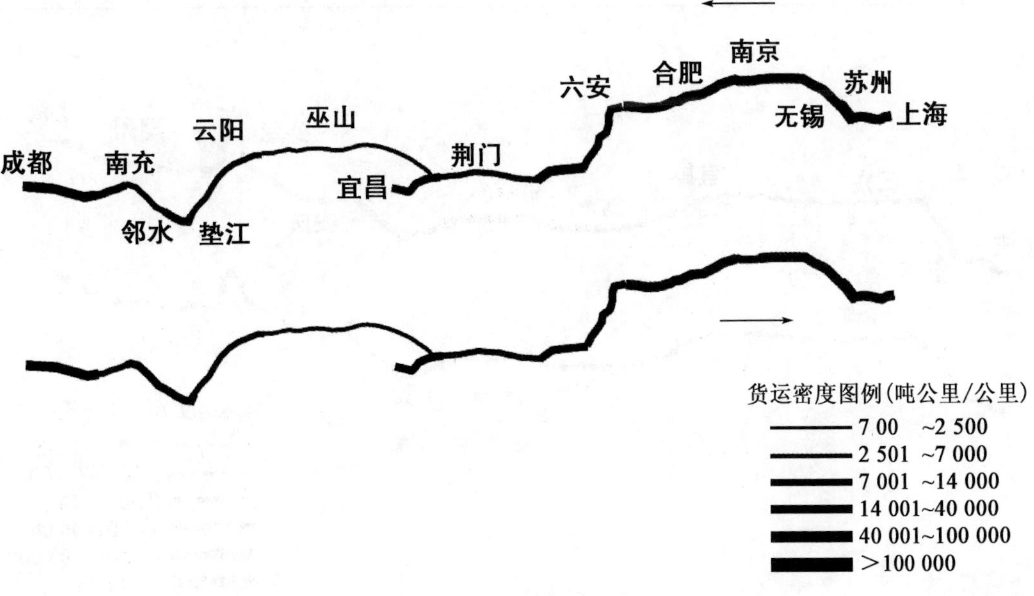

图 3.22　2015 年沪蓉高速公路(G42)货运密度

3.12 沪渝高速公路(G50)运输密度

3.12.1 客运密度分布如表3.23和图3.23所示。

2015年沪渝高速公路(G50)客运密度 表3.23

路段	路段起止点	客运密度(人公里/公里)	路段起止点	客运密度(人公里/公里)
上海段	徐泾—嘉松	129 060	嘉松—徐泾	114 991
	嘉松—G50沪苏(苏沪界)	57 206	G50沪苏(苏沪界)—嘉松	56 448
江苏段	苏沪主线—苏浙省界	38 111	苏浙省界—苏沪主线	36 503
浙江段	浙苏主线—湖州	27 475	湖州—浙苏主线	26 389
	湖州—浙皖主线	32 531	浙皖主线—湖州	32 265
安徽段	广德(皖浙界)—宣城	36 527	宣城—广德(皖浙界)	36 090
	宣城—芜湖	25 505	芜湖—宣城	25 680
	芜湖—安庆	20 336	安庆—芜湖	20 011
	安庆—怀宁	20 873	怀宁—安庆	20 422
	怀宁—宿松(皖鄂界)	18 833	宿松(皖鄂界)—怀宁	18 707
湖北段	鄂皖界—黄梅	30 386	黄梅—鄂皖界	29 761
	黄梅—黄石	33 879	黄石—黄梅	33 927
	黄石—武汉	57 831	武汉—黄石	56 797
	武汉—荆州	35 494	荆州—武汉	33 911
	荆州—宜昌	21 804	宜昌—荆州	20 620
	宜昌—白羊塘(鄂渝界)	12 943	白羊塘(鄂渝界)—宜昌	12 038
重庆段	冷水(渝鄂界)—垫江	8 244	垫江—冷水(渝鄂界)	8 032
	垫江—长寿	37 461	长寿—垫江	38 749
	长寿—重庆	60 762	重庆—长寿	61 523

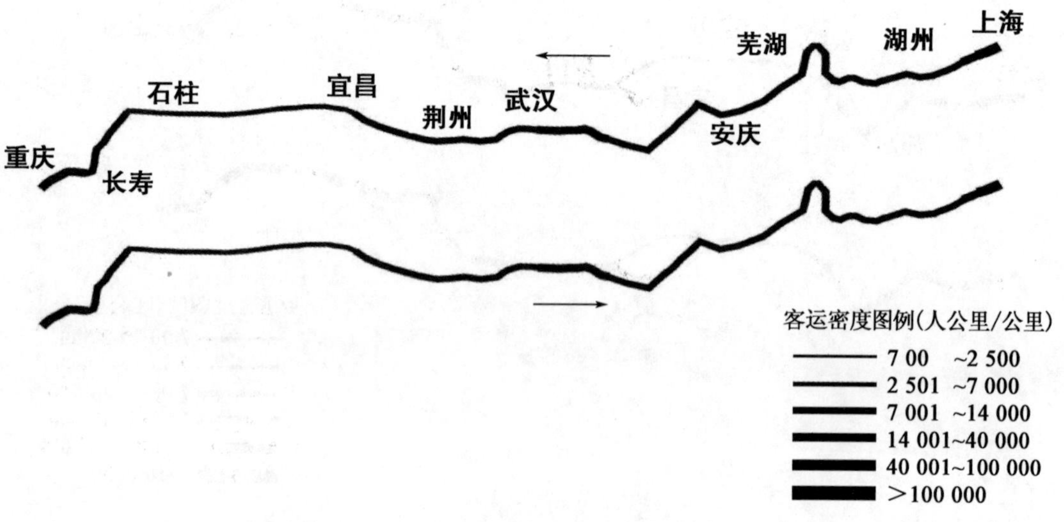

图3.23 2015年沪渝高速公路(G50)客运密度

3.12.2　货运密度分布如表 3.24 和图 3.24 所示。

2015 年沪渝高速公路(G50)货运密度　　表 3.24

路　段	路段起止点	货运密度（吨公里/公里）	路段起止点	货运密度（吨公里/公里）
上海段	徐泾—嘉松	40 375	嘉松—徐泾	31 807
	嘉松—G50 沪苏(苏沪界)	19 540	G50 沪苏(苏沪界)—嘉松	19 575
江苏段	苏沪主线—苏浙省界	18 565	苏浙省界—苏沪主线	15 711
浙江段	浙苏主线—湖州	14 641	湖州—浙苏主线	15 987
	湖州—浙皖主线	20 170	浙皖主线—湖州	21 627
安徽段	广德(皖浙界)—宣城	27 465	宣城—广德(皖浙界)	33 574
	宣城—芜湖	30 276	芜湖—宣城	37 866
	芜湖—安庆	23 194	安庆—芜湖	22 013
	安庆—怀宁	24 775	怀宁—安庆	25 831
	怀宁—宿松(皖鄂界)	56 427	宿松(皖鄂界)—怀宁	47 612
湖北段	鄂皖界—黄梅	44 574	黄梅—鄂皖界	51 888
	黄梅—黄石	41 753	黄石—黄梅	50 158
	黄石—武汉	45 991	武汉—黄石	49 180
	武汉—荆州	43 432	荆州—武汉	32 088
	荆州—宜昌	41 983	宜昌—荆州	27 156
	宜昌—白羊塘(鄂渝界)	37 797	白羊塘(鄂渝界)—宜昌	18 935
重庆段	冷水(渝鄂界)—垫江	21 989	垫江—冷水(渝鄂界)	16 037
	垫江—长寿	9 304	长寿—垫江	16 238
	长寿—重庆	37 821	重庆—长寿	35 319

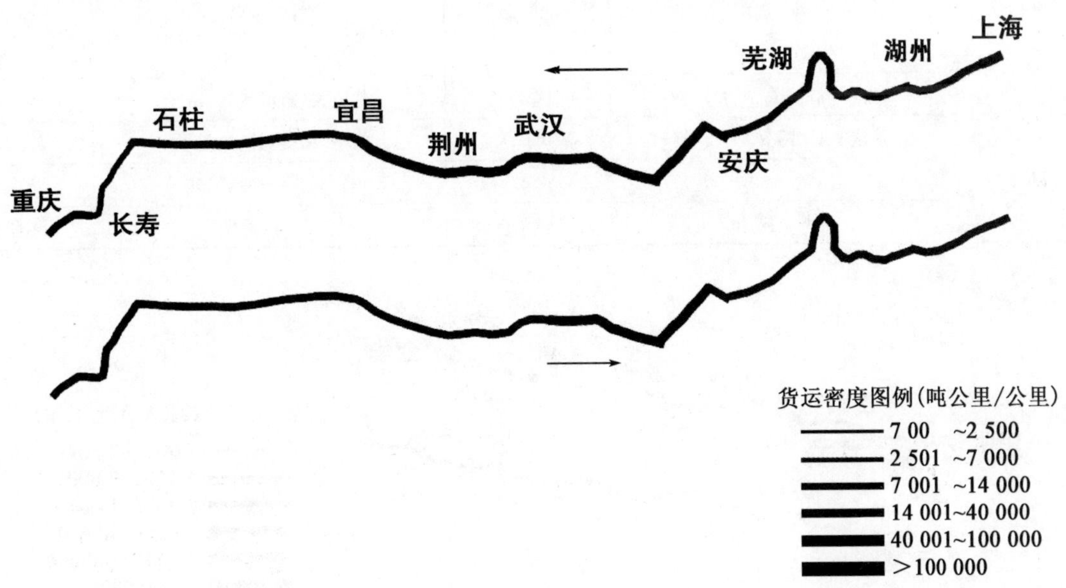

图 3.24　2015 年沪渝高速公路(G50)货运密度

3.13 沪昆高速公路(G60)运输密度

3.13.1 客运密度分布如表3.25和图3.25所示。

2015年沪昆高速公路(G60)客运密度

表3.25

路段	路段起止点	客运密度(人公里/公里)	路段起止点	客运密度(人公里/公里)
上海段	莘庄—新桥	204 568	新桥—莘庄	206 393
	新桥—大港	131 813	大港—新桥	136 901
	大港—枫泾(沪浙界)	91 811	枫泾(沪浙界)—大港	94 736
浙江段	大云(浙沪界)—嘉兴	74 204	嘉兴—大云(浙沪界)	74 222
	嘉兴—杭州	93 193	杭州—嘉兴	94 081
	杭州—金华	53 053	金华—杭州	53 064
	金华—龙游	34 847	龙游—金华	34 993
	龙游—浙赣界	46 390	浙赣界—龙游	44 101
江西段	浙赣界—上饶	33 934	上饶—浙赣界	32 408
	上饶—鹰潭	31 756	鹰潭—上饶	30 829
	鹰潭—南昌	28 705	南昌—鹰潭	27 824
	南昌—新余	32 328	新余—南昌	32 311
	新余—萍乡	25 900	萍乡—新余	25 377
	萍乡—赣湘界	23 213	赣湘界—萍乡	21 311
湖南段	赣湘界—株洲	51 989	株洲—赣湘界	51 418
	株洲—娄底	59 679	娄底—株洲	57 786
	娄底—邵阳	46 862	邵阳—娄底	43 374
	邵阳—怀化	74 762	怀化—邵阳	72 458
	怀化—新晃(湘黔界)	32 069	新晃(湘黔界)—怀化	29 739
贵州段	大龙主线(黔湘界)—麻江	23 984	麻江—大龙主线(黔湘界)	23 655
	麻江—贵阳	39 120	贵阳—麻江	39 154
	贵阳—镇宁	44 623	镇宁—贵阳	42 392
	镇宁—胜境关(黔滇界)	12 255	胜境关(黔滇界)—镇宁	12 286
云南段	胜境关(滇黔界)—曲靖	16 027	曲靖—胜境关(滇黔界)	14 451
	曲靖—嵩明	23 311	嵩明—曲靖	20 444
	嵩明—昆明	53 026	昆明—嵩明	46 312

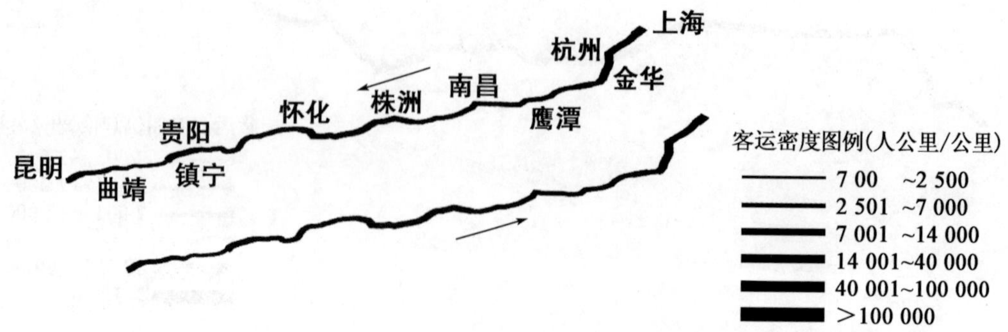

图3.25 2015年沪昆高速公路(G60)客运密度

3.13.2　货运密度分布如表 3.26 和图 3.26 所示。

2015 年沪昆高速公路(G60)货运密度　　　　表 3.26

路　段	路段起止点	货运密度（吨公里/公里）	路段起止点	货运密度（吨公里/公里）
上海段	莘庄—新桥	76 504	新桥—莘庄	78 258
	新桥—大港	52 856	大港—新桥	61 954
	大港—枫泾(沪浙界)	70 140	枫泾(沪浙界)—大港	74 103
浙江段	大云(浙沪界)—嘉兴	75 069	嘉兴—大云(浙沪界)	66 448
	嘉兴—杭州	134 449	杭州—嘉兴	95 486
	杭州—金华	83 699	金华—杭州	55 209
	金华—龙游	51 509	龙游—金华	69 019
	龙游—浙赣界	115 839	浙赣界—龙游	12 0181
江西段	浙赣界—上饶	87 261	上饶—浙赣界	94 564
	上饶—鹰潭	90 938	鹰潭—上饶	93 860
	鹰潭—南昌	74 980	南昌—鹰潭	80 139
	南昌—新余	78 719	新余—南昌	75 548
	新余—萍乡	50 441	萍乡—新余	43 876
	萍乡—赣湘界	68 637	赣湘界—萍乡	55 285
湖南段	赣湘界—株洲	61 764	株洲—赣湘界	58 067
	株洲—娄底	51 159	娄底—株洲	35 209
	娄底—邵阳	46 798	邵阳—娄底	25 242
	邵阳—怀化	54 473	怀化—邵阳	36 715
	怀化—新晃(湘黔界)	35 559	新晃(湘黔界)—怀化	23 802
贵州段	大龙主线(黔湘界)—麻江	33 228	麻江—大龙主线(黔湘界)	26 387
	麻江—贵阳	55 752	贵阳—麻江	53 325
	贵阳—镇宁	27 857	镇宁—贵阳	29 384
	镇宁—胜境关(黔滇界)	22 033	胜境关(黔滇界)—镇宁	27 849
云南段	胜境关(滇黔界)—曲靖	52 916	曲靖—胜境关(滇黔界)	61 908
	曲靖—嵩明	62 508	嵩明—曲靖	59 340
	嵩明—昆明	71 515	昆明—嵩明	56 437

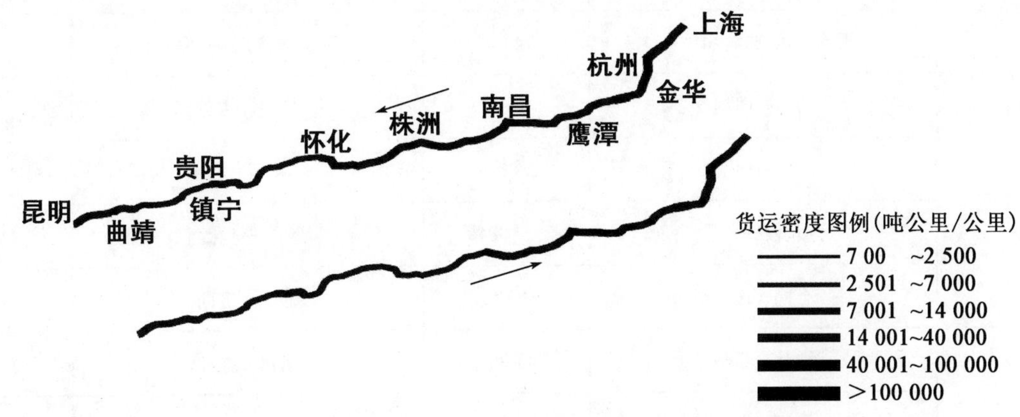

图 3.26　2015 年沪昆高速公路(G60)货运密度

3.14 包茂高速公路(G65)运输密度

3.14.1 客运密度分布如表3.27和图3.27所示。

2015年包茂高速公路(G65)客运密度 表3.27

路段	路段起止点	客运密度（人公里/公里）	路段起止点	客运密度（人公里/公里）
内蒙古段	包头—蒙陕界	5 794	蒙陕界—包头	5 503
陕西段	陕蒙界—榆林	5 311	榆林—陕蒙界	5 342
	榆林—靖边	10 358	靖边—榆林	10 449
	靖边—延安	10 081	延安—靖边	10 191
	延安—铜川	11 369	铜川—延安	11 861
	铜川—未央(西安)	9 036	未央(西安)—铜川	10 940
	西安—安康	13 969	安康—西安	13 404
	安康—巴山(陕川界)	6 661	巴山(陕川界)—安康	6 534
四川段	巴山(川陕界)—达州	7 073	达州—巴山(川陕界)	7 245
	达州—邻水	15 695	邻水—达州	16 467
	邻水—川渝界	20 600	川渝界—邻水	20 768
重庆段	草坝场(渝川界)—重庆	25 337	重庆—草坝场(渝川界)	25 134
	重庆—南川	33 974	南川—重庆	33 324
	南川—武隆	24 278	武隆—南川	24 092
	武隆—黔江	17 205	黔江—武隆	17 254
	黔江—濯水	14 892	濯水—黔江	14 837
	濯水—洪安(渝湘界)	14 623	洪安(渝湘界)—濯水	14 521
湖南	吉首—凤凰	48 110	凤凰—吉首	47 571
	凤凰—怀化西	50 239	怀化西—凤凰	49 044
	怀化西—会同	17 684	会同—怀化西	16 973
	会同—通道	3 831	通道—会同	3 309
广西	桂林—梧州	11 961	梧州—桂林	11 563
	梧州—岑溪	9 536	岑溪—梧州	9 900

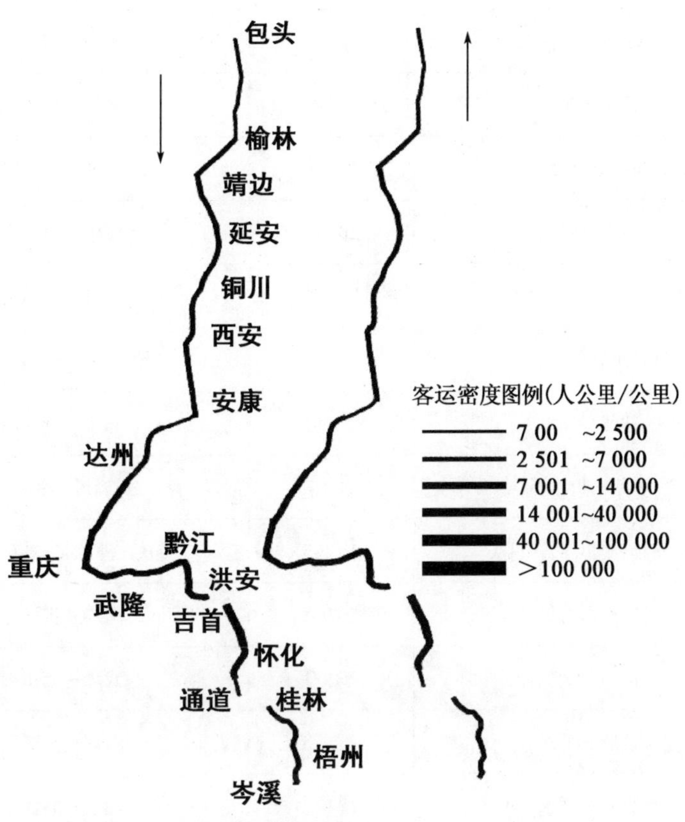

图 3.27　2015 年包茂高速公路(G65)客运密度

3.14.2 货运密度分布如表3.28和图3.28所示。

2015年包茂高速公路(G65)货运密度　　表3.28

路　段	路段起止点	货运密度（吨公里/公里）	路段起止点	货运密度（吨公里/公里）
内蒙古段	包头—蒙陕界	14 836	蒙陕界—包头	16 684
陕西段	陕蒙界—榆林	33 916	榆林—陕蒙界	14 178
	榆林—靖边	44 134	靖边—榆林	16 881
	靖边—延安	22 283	延安—靖边	43 120
	延安—铜川	24 793	铜川—延安	32 885
	铜川—未央(西安)	12 710	未央(西安)—铜川	31 106
	西安—安康	26 317	安康—西安	12 219
	安康—巴山(陕川界)	23 950	巴山(陕川界)—安康	13 338
四川段	巴山(川陕界)—达州	22 544	达州—巴山(川陕界)	12 546
	达州—邻水	27 264	邻水—达州	20 610
	邻水—川渝界	24 310	川渝界—邻水	17 831
重庆段	草坝场(渝川界)—重庆	18 455	重庆—草坝场(渝川界)	30 277
	重庆—南川	20 581	南川—重庆	24 723
	南川—武隆	19 971	武隆—南川	25 369
	武隆—黔江	24 678	黔江—武隆	32 168
	黔江—濯水	22 912	濯水—黔江	31 380
	濯水—洪安(渝湘界)	22 705	洪安(渝湘界)—濯水	32 038
湖南	吉首—凤凰	26 503	凤凰—吉首	27 646
	凤凰—怀化西	18 168	怀化西—凤凰	23 898
	怀化西—会同	7 217	会同—怀化西	8 382
	会同—通道	2 224	通道—会同	2 628
广西	桂林—梧州	8 836	梧州—桂林	6 845
	梧州—岑溪	5 906	岑溪—梧州	6 867

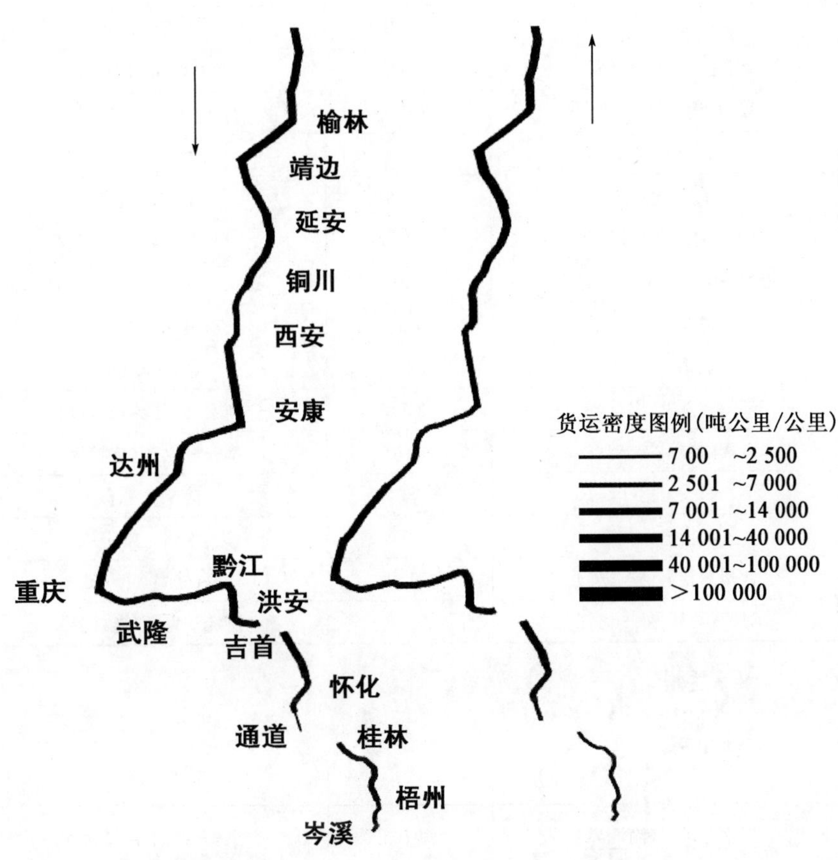

图 3.28　2015 年包茂高速公路(G65)货运密度

3.15 兰海高速公路(G75)运输密度

3.15.1 客运密度分布如表3.29和图3.29所示。

2015年兰海高速公路(G75)客运密度　　表3.29

路　段	路段起止点	客运密度(人公里/公里)	路段起止点	客运密度(人公里/公里)
甘肃段	兰州—康家崖	19 282	康家崖—兰州	21 322
	康家崖—临洮	10 203	临洮—康家崖	9 494
四川段	川甘界—广元	6 306	广元—川甘界	5 967
	广元—南充	11 518	南充—广元	11 981
	南充—南渝四川站	15 307	南渝四川站—南充	14 085
重庆段	兴山(渝川界)—合川	20 504	合川—兴山(渝川界)	19 156
	合川—重庆	39 846	重庆—合川	35 362
	重庆—綦江	46 528	綦江—重庆	44 988
	綦江—崇溪河(渝黔界)	25 650	崇溪河(渝黔界)—綦江	22 196
贵州段	松坎主线(黔渝界)—遵义	22 032	遵义—松坎主线(黔渝界)	22 072
	遵义—贵阳	45 477	贵阳—遵义	45 253
	贵阳—都匀	33 544	都匀—贵阳	33 721
	都匀—新寨(黔桂界)	13 307	新寨(黔桂界)—都匀	13 029
广西段	六寨(桂黔界)—都安	8 070	都安—六寨(桂黔界)	8 366
	都安—南宁	24 804	南宁—都安	25 665
	南宁—钦州	36 458	钦州—南宁	31 670
	钦州—桂海(桂粤界)	26 169	桂海(桂粤界)—钦州	23 323
广东段	粤西(粤桂界)—湛江	3 480	湛江—粤西(粤桂界)	15 559

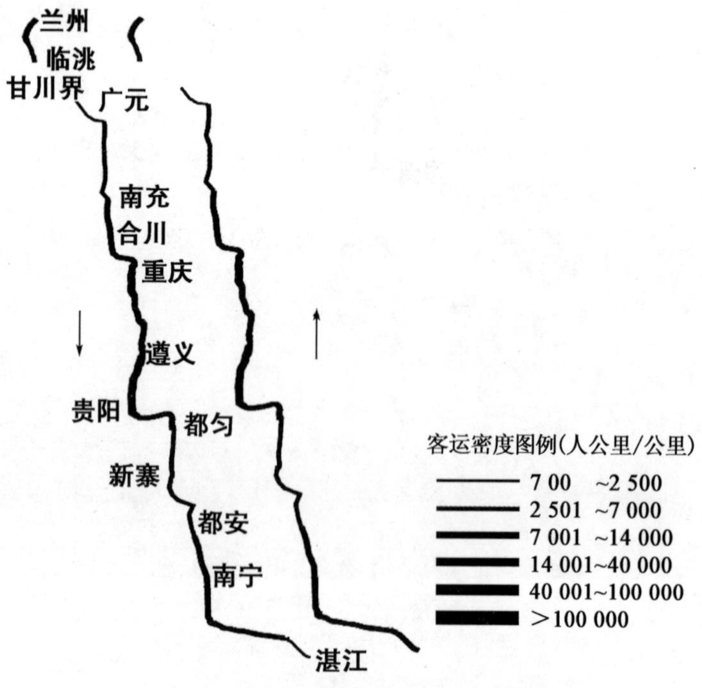

图3.29　2015年兰海高速公路(G75)客运密度

3.15.2　货运密度分布如表 3.30 和图 3.30 所示。

2015 年兰海高速公路(G75)货运密度　　表 3.30

路　段	路段起止点	货运密度(吨公里/公里)	路段起止点	货运密度吨公里/公里)
甘肃段	兰州—康家崖	4 935	康家崖—兰州	6 269
	康家崖—临洮	3 079	临洮—康家崖	3 379
四川段	甘川界—广元	7 425	广元—甘川界	6 163
	广元—南充	9 876	南充—广元	19 104
	南充—南渝四川站	6 758	南渝四川站—南充	7 122
重庆段	兴山(渝川界)—合川	11 515	合川—兴山(渝川界)	8 969
	合川—重庆	15 113	重庆—合川	21 419
	重庆—綦江	31 534	綦江—重庆	38 716
	綦江—崇溪河(渝黔界)	26 702	崇溪河(渝黔界)—綦江	25 698
贵州段	松坎主线(黔渝界)—遵义	21 584	遵义—松坎主线(黔渝界)	19 373
	遵义—贵阳	18 768	贵阳—遵义	17 228
	贵阳—都匀	44 488	都匀—贵阳	45 968
	都匀—新寨(黔桂界)	25 168	新寨(黔桂界)—都匀	25 312
广西段	六寨(桂黔界)—都安	15 149	都安—六寨(桂黔界)	17 163
	都安—南宁	18 964	南宁—都安	22 282
	南宁—钦州	27 461	钦州—南宁	40 030
	钦州—桂海(桂粤界)	33 489	桂海(桂粤界)—钦州	24 251
广东段	粤西(粤桂界)—湛江	23 908	湛江—粤西(粤桂界)	32 260

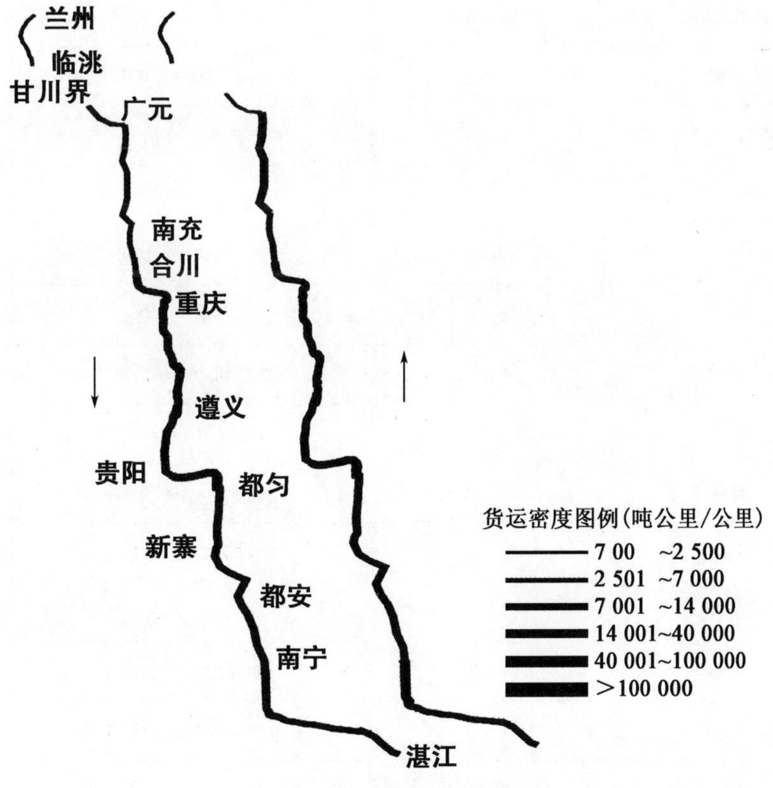

图 3.30　2015 年兰海高速公路(G65)货运密度

第4章 部分省(市)高速公路运输密度

4.1 天津市高速公路运输密度

4.1.1 客运密度分布如表4.1和图4.1所示。

2015年天津市高速公路客运密度 表4.1

路段起止点	客运密度（人公里/公里）	路段起止点	客运密度（人公里/公里）
高村—徐庄	41 827	徐庄—高村	44 971
徐庄—汉沽	34 821	汉沽—徐庄	34 853
汉沽—独流	37 315	独流—汉沽	35 993
独流—九宣闸	17 274	九宣闸—独流	16 214
徐庄—东堤头	19 053	东堤头—徐庄	20 099
东堤头—北塘	11 842	北塘—东堤头	16 389
莲花岭—宝坻北	16 842	宝坻北—莲花岭	17 288
宝坻北—津蓟天津	29 040	津蓟天津—宝坻北	29 707
汉沽—芦台	11 557	芦台—汉沽	11 179
宁河—塘沽西	15 700	塘沽西—宁河	14 439
塘沽西—陈官屯	10 656	陈官屯—塘沽西	12 013
津静—九宣闸	22 617	九宣闸—津静	22 432
杨柳青—津晋高速塘沽	14 567	津晋塘沽—杨柳青	16 561
津港天津—大港	34 250	大港—津港天津	28 555
荣乌天津—霍庄子	29 793	霍庄子—荣乌天津	27 906
泗村店—天津机场	13 647	天津机场—泗村店	14 448
天津机场—塘沽	16 919	塘沽—天津机场	12 191
大羊坊—泗村店	44 182	泗村店—大羊坊	36 512
京沈互通新安镇—七里海	1 677	七里海—京沈互通新安镇	1 563
北辰东—芦台西	7 446	芦台西—北辰东	6 573

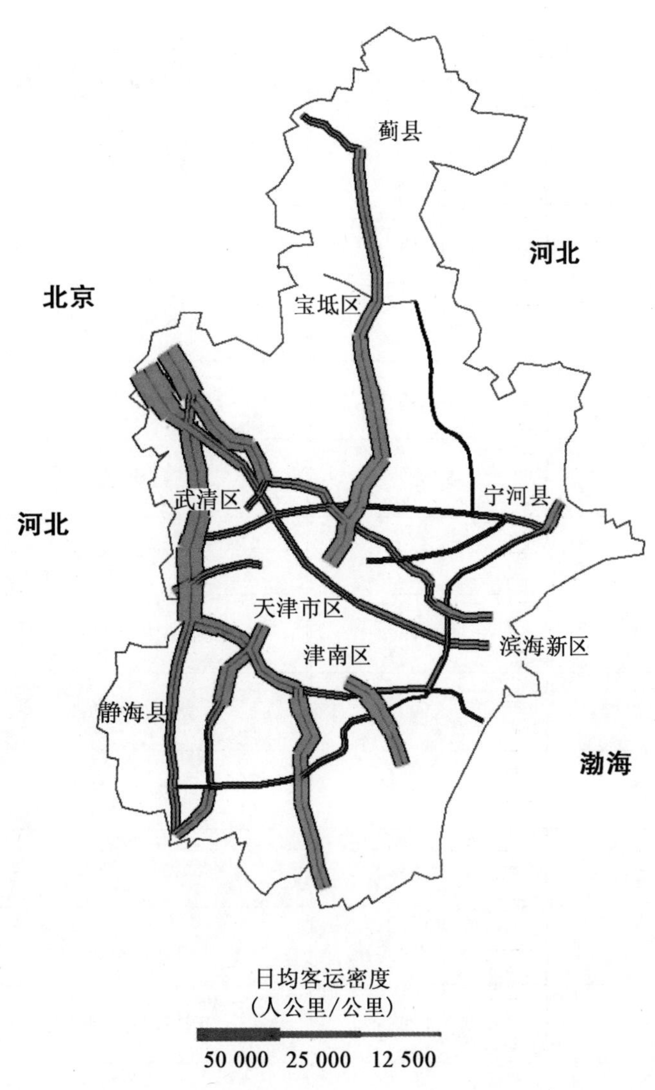

注：未含津滨高速和海滨高速

图 4.1　2015 年天津市高速公路日均客运密度

4.1.2 货运密度分布如表4.2和图4.2所示。

2015年天津市高速公路货运密度 表4.2

路段起止点	货运密度（吨公里/公里）	路段起止点	货运密度（吨公里/公里）
高村—徐庄	60 222	徐庄—高村	57 302
徐庄—汉沽	44 481	汉沽—徐庄	55 254
汉沽—独流	61 263	独流—汉沽	65 659
独流—九宣闸	18 587	九宣闸—独流	19 751
徐庄—东堤头	43 910	东堤头—徐庄	38 440
东堤头—北塘	42 844	北塘—东堤头	45 248
莲花岭—宝坻北	17 751	宝坻北—莲花岭	8 844
宝坻北—津蓟天津	14 213	津蓟天津—宝坻北	10 814
汉沽—芦台	42 487	芦台—汉沽	48 883
宁河—塘沽西	171 890	塘沽西—宁河	114 276
塘沽西—陈官屯	96 736	陈官屯—塘沽西	93 790
津静—九宣闸	18 998	九宣闸—津静	15 470
杨柳青—津晋高速塘沽	57 501	津晋塘沽—杨柳青	75 730
津港天津—大港	61 953	大港—津港天津	10 369
荣乌天津—霍庄子	52 950	霍庄子—荣乌天津	60 752
泗村店—天津机场	34 529	天津机场—泗村店	29 833
天津机场—塘沽	31 520	塘沽—天津机场	31 969
大羊坊—泗村店	35 788	泗村店—大羊坊	29 213
京沈互通新安镇—七里海	3 861	七里海—京沈互通新安镇	3 872
北辰东—芦台西	6 642	芦台西—北辰东	7 859

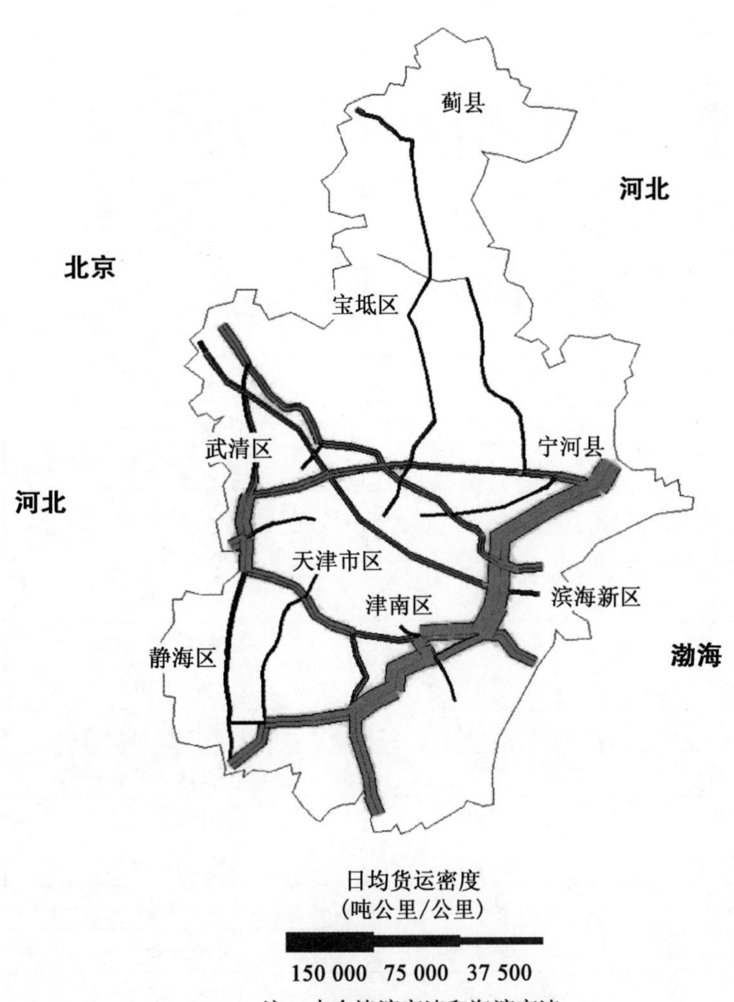

图 4.2　2015 年天津市高速公路日均货运密度

4.2 河北省高速公路运输密度

4.2.1 客运密度分布如表 4.3 和图 4.3 所示。

2015 年河北省高速公路客运密度　　表 4.3

路段起止点	客运密度（人公里/公里）	路段起止点	客运密度（人公里/公里）
宣化主线—东洋河	10 085	东洋河—宣化主线	9 766
东花园—宣化主线	19 502	宣化主线—东花园	19 745
沙城西—万全	15 217	万全—沙城西	14 085
张家口北—九连城	5 674	九连城—张家口北	8 909
化稍营—蔚县	2 158	蔚县—化稍营	1 993
冀晋主线—宣化主线	6 472	宣化主线—冀晋主线	6 768
屈家庄—崇礼北	4 813	崇礼北—屈家庄	4 637
迁安—香河	36 983	香河—迁安	38 926
秦皇岛—迁安	33 313	迁安—秦皇岛	35 001
万家主线—秦皇岛	20 215	秦皇岛—万家主线	12 082
秦皇岛—京唐港	7 247	京唐港—秦皇岛	7 625
京唐港—涧河	6 321	涧河—京唐港	6 718
京唐港—唐山	11 718	唐山—京唐港	13 670
唐津—唐山	14 579	唐山—唐津	15 145
唐山—丰南西	16 250	丰南西—唐山	16 582
唐山西—承唐主线	13 529	承唐主线—唐山西	13 988
唐山西—曹妃甸	10 555	曹妃甸—唐山西	10 639
涿州北—保定	40 051	保定—涿州北	38 429
保定—冀津主线	23 630	冀津主线—保定	22 634
保定—石家庄北	32 911	石家庄北—保定	32 836
石家庄北—井陉西	14 173	井陉西—石家庄北	15 229
廊坊西—涞水	13 080	涞水—廊坊西	13 438
涞水—满城	14 930	满城—涞水	15 716
满城—石家庄	10 977	石家庄—满城	11 580
衡水北—石家庄北	27 045	石家庄北—衡水北	27 296
石家庄北—栾城	39 682	栾城—石家庄北	39 566
栾城—临漳	24 085	临漳—栾城	24 066
邯郸西—冀鲁主线	10 540	冀鲁主线—邯郸西	10 221
邢台南—冀鲁界	9 312	冀鲁界—邢台南	8 729
衡水北—景州主线	8 645	景州主线—衡水北	8 532
鹿泉—栾城	11 154	栾城—鹿泉	10 263
栾城—清河主线	12 176	清河主线—栾城	11 647
河城街—衡水北	12 969	衡水北—河城街	12 784
沧州西—河城街	21 884	河城街—沧州西	22 022

续上表

路段起止点	客运密度（人公里/公里）	路段起止点	客运密度（人公里/公里）
黄骅港—沧州西	6 286	沧州西—黄骅港	7 422
黄骅北线—海兴	16 932	海兴—黄骅北	16 466
青县主线—沧州南	31 456	沧州南—青县主线	29 079
沧州南—吴桥主线	19 543	吴桥主线—沧州南	18 431
京冀主线—霸州	39 166	霸州—京冀主线	37 779
霸州—高阳	31 740	高阳—霸州	31 415
高阳—衡水	33 082	衡水—高阳	32 881
衡水—威县	29 569	威县—衡水	29 561
威县—大名	24 915	大名—威县	24 801
保定—沧州	17 395	沧州—保定	16 455
邯郸—涉县	7 144	涉县—邯郸	7 286
保定西—晋冀主线	7 571	晋冀主线—保定西	7 095
黄骅岐口—海港主线	3 489	海港主线—黄骅岐口	2 934
永清—沧州开发区	7 893	沧州开发区—永清	7 424
石家庄—西柏坡	10 763	西柏坡—石家庄	10 860
承唐主线—承德	7 171	承德—承唐主线	7 437
金山岭—红石砬	15 121	红石砬—金山岭	14 994
红石砬—双峰寺	11 165	双峰寺—红石砬	10 986
双峰寺—七家	4 446	七家—双峰寺	4 134
七家—冀蒙界收费站	215	冀蒙界收费站—七家	279
七家—围场北	2 945	围场北—七家	2 752
双峰寺—冀辽主线	3 942	冀辽主线—双峰寺	3 821
承德—坂城	3 761	坂城—承德	3 535
榛子镇—迁西	6 726	迁西—榛子镇	6 778
迁安—白羊裕	3 817	白羊裕—迁安	3 745
坂城—北戴河	4 234	北戴河—坂城	4 413
定州南—正定	38 942	正定—定州南	39 853
藁城北—赵县	3 929	赵县—藁城北	4 163
路罗—坂上	2 657	坂上—路罗	2 173
坂上—邢台南	1 437	邢台南—坂上	1 231
坂上—内丘南	1 031	内丘南—坂上	969
内丘南—新河南	3 290	新河南—内丘南	3 280
逐鹿北—涞水东	5 696	涞水东—逐鹿北	6 955
冀南新区—铺上	3 768	铺上—冀南新区	3 362
铺上—大名冀鲁界	820	大名冀鲁界—铺上	540
遵化南—清东陵	3 046	清东陵—遵化南	3 087
蔚县南—涞水	5 603	涞水—蔚县南	5 281

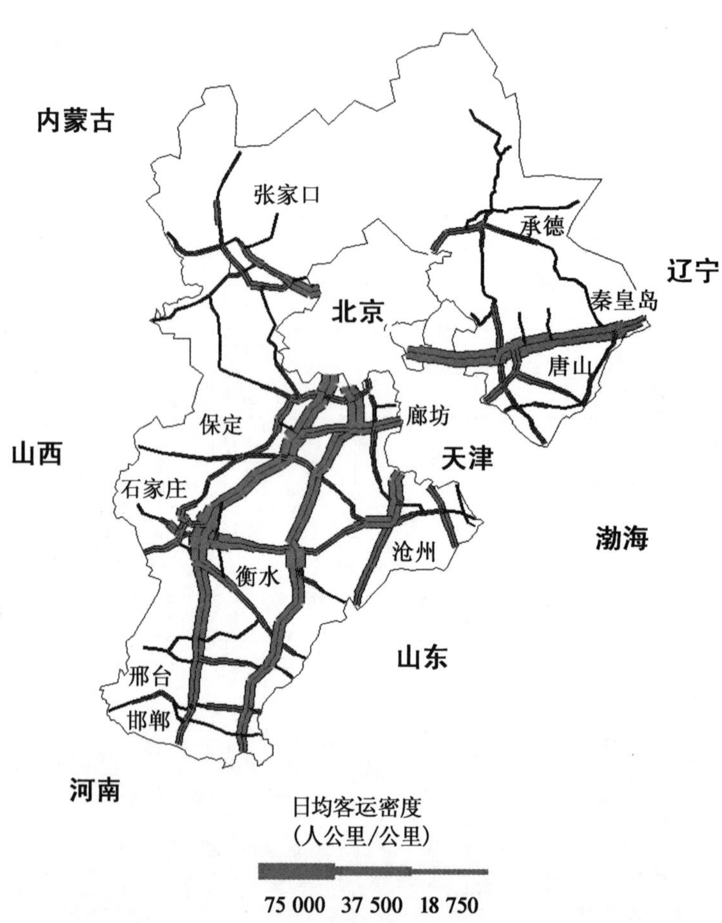

图 4.3　2015 年河北省高速公路日均客运密度

4.2.2 货运密度分布如表 4.4 和图 4.4 所示。

2015 年河北省高速公路货运密度　　表 4.4

路段起止点	货运密度（吨公里/公里）	路段起止点	货运密度（吨公里/公里）
宣化主线—东洋河	22 420	东洋河—宣化主线	34 604
东花园—宣化主线	37 384	宣化主线—东花园	26 297
沙城西—万全	70 953	万全—沙城西	126 306
张家口北—九连城	4 339	九连城—张家口北	6 979
化稍营—蔚县	5 143	蔚县—化稍营	3 258
冀晋主线—宣化主线	9 086	宣化主线—冀晋主线	8 248
屈家庄—崇礼北	630	崇礼北—屈家庄	556
迁安—香河	88 128	香河—迁安	98 968
秦皇岛—迁安	152 967	迁安—秦皇岛	165 391
万家主线—秦皇岛	197 300	秦皇岛—万家主线	110 222
秦皇岛—京唐港	68 238	京唐港—秦皇岛	70 111
京唐港—涧河	80 370	涧河—京唐港	83 635
京唐港—唐山	12 774	唐山—京唐港	17 065
唐津—唐山	122 630	唐山—唐津	112 236
唐山—丰南西	161 647	丰南西—唐山	121 538
唐山西—承唐主线	27 553	承唐主线—唐山西	35 081
唐山西—曹妃甸	31 194	曹妃甸—唐山西	38 594
涿州北—保定	37 707	保定—涿州北	41 887
保定—冀津主线	60 655	冀津主线—保定	38 815
保定—石家庄北	37 139	石家庄北—保定	50 822
石家庄北—井陉西	64 944	井陉西—石家庄北	104 212
廊坊西—涞水	22 639	涞水—廊坊西	94 430
涞水—满城	19 563	满城—涞水	42 588
满城—石家庄	15 866	石家庄—满城	19 351
衡水北—石家庄北	29 764	石家庄北—衡水北	49 113
石家庄北—栾城	28 898	栾城—石家庄北	28 749
栾城—临漳	40 775	临漳—栾城	38 269
邯郸西—冀鲁主线	34 318	冀鲁主线—邯郸西	32 615
邢台南—冀鲁界	13 824	冀鲁界—邢台南	8 244
衡水北—景州主线	22 041	景州主线—衡水北	15 414
鹿泉—栾城	43 856	栾城—鹿泉	25 352
栾城—清河主线	42 895	清河主线—栾城	26 665
河城街—衡水北	46 991	衡水北—河城街	67 316
沧州西—河城街	57 222	河城街—沧州西	57 489
黄骅港—沧州西	30 465	沧州西—黄骅港	36 048

续上表

路段起止点	货运密度（吨公里/公里）	路段起止点	货运密度（吨公里/公里）
黄骅北线—海兴	100 560	海兴—黄骅北	103 641
青县主线—沧州南	92 143	沧州南—青县主线	75 070
沧州南—吴桥主线	67 313	吴桥主线—沧州南	46 954
京冀主线—霸州	70 784	霸州—京冀主线	64 574
霸州—高阳	49 442	高阳—霸州	56 497
高阳—衡水	57 382	衡水—高阳	57 350
衡水—威县	76 112	威县—衡水	69 552
威县—大名	73 282	大名—威县	62 229
保定—沧州	38 567	沧州—保定	30 126
邯郸—涉县	14 256	涉县—邯郸	15 367
保定西—晋冀主线	13 813	晋冀主线—保定西	59 931
黄骅岐口—海港主线	45 287	海港主线—黄骅岐口	29 637
永清—沧州开发区	26 113	沧州开发区—永清	22 326
石家庄—西柏坡	7 672	西柏坡—石家庄	63 267
承唐主线—承德	14 863	承德—承唐主线	16 117
金山岭—红石砬	9 378	红石砬—金山岭	14 226
红石砬—双峰寺	11 600	双峰寺—红石砬	13 028
双峰寺—七家	1 904	七家—双峰寺	4 066
七家—冀蒙界收费站	680	冀蒙界收费站—七家	989
七家—围场北	613	围场北—七家	2355
双峰寺—冀辽主线	5 530	冀辽主线—双峰寺	5 823
承德—坂城	1 918	坂城—承德	1 086
榛子镇—迁西	6 456	迁西—榛子镇	3 462
迁安—白羊裕	4 025	白羊裕—迁安	3 460
坂城—北戴河	2 462	北戴河—坂城	2 146
定州南—正定	37 720	正定—定州南	48 118
藁城北—赵县	13 219	赵县—藁城北	7 283
路罗—坂上	1 573	坂上—路罗	440
坂上—邢台南	5 008	邢台南—坂上	1 981
坂上—内丘南	1 804	内丘南—坂上	459
内丘南—新河南	1 924	新河南—内丘南	2 505
逐鹿北—涞水东	83 508	涞水东—逐鹿北	25 313
冀南新区—铺上	1 178	铺上—冀南新区	875
铺上—大名冀鲁界	573	大名冀鲁界—铺上	358
遵化南—清东陵	5 454	清东陵—遵化南	6 407
蔚县南—涞水	49 653	涞水—蔚县南	30 292

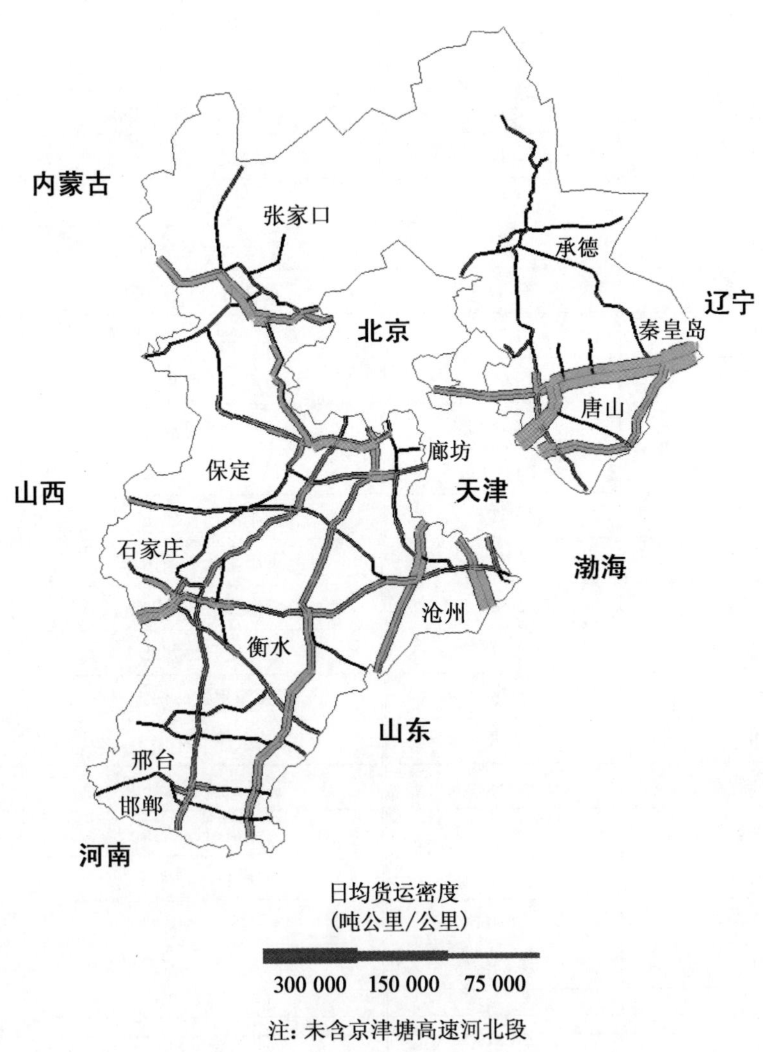

图 4.4　2015 年河北省高速公路日均货运密度

4.2.3 道路负荷分布如表 4.5 和图 4.5 所示。

2015 年河北省高速公路轴载 表 4.5

路段起止点	轴载（标准轴载当量轴次/日）	路段起止点	轴载（标准轴载当量轴次/日）
宣化主线—东洋河	3 952	东洋河—宣化主线	7 095
东花园—宣化主线	7 496	宣化主线—东花园	6 327
沙城西—万全	12 544	万全—沙城西	26 633
张家口北—九连城	948	九连城—张家口北	1 293
化稍营—蔚县	1 041	蔚县—化稍营	526
冀晋主线—宣化主线	2 105	宣化主线—冀晋主线	1 484
屈家庄—崇礼北	169	崇礼北—屈家庄	160
迁安—香河	21 604	香河—迁安	20 326
秦皇岛—迁安	28 947	迁安—秦皇岛	30 176
万家主线—秦皇岛	37 694	秦皇岛—万家主线	19 803
秦皇岛—京唐港	14 685	京唐港—秦皇岛	13 119
京唐港—涧河	19 068	涧河—京唐港	16 555
京唐港—唐山	3 482	唐山—京唐港	3 998
唐津—唐山	25 993	唐山—唐津	21 151
唐山—丰南西	45 617	丰南西—唐山	22 544
唐山西—承唐主线	6 083	承唐主线—唐山西	9 061
唐山西—曹妃甸	9 868	曹妃甸—唐山西	8 698
涿州北—保定	7 318	保定—涿州北	9 051
保定—冀津主线	12 896	冀津主线—保定	6 851
保定—石家庄北	6 688	石家庄北—保定	11 017
石家庄北—井陉西	11 039	井陉西—石家庄北	19 328
廊坊西—涞水	3 141	涞水—廊坊西	30 341
涞水—满城	2 902	满城—涞水	4 169
满城—石家庄	3 240	石家庄—满城	4 532
衡水北—石家庄北	5 340	石家庄北—衡水北	9 415
石家庄北—栾城	6 448	栾城—石家庄北	6 189
栾城—临漳	7 549	临漳—栾城	6 638
邯郸西—冀鲁主线	6 599	冀鲁主线—邯郸西	6 306
邢台南—冀鲁界	3 847	冀鲁界—邢台南	1 530
衡水北—景州主线	4 230	景州主线—衡水北	2 491
鹿泉—栾城	9 605	栾城—鹿泉	4 337
栾城—清河主线	9 142	清河主线—栾城	3 788
河城街—衡水北	7 571	衡水北—河城街	11 146
沧州西—河城街	9 286	河城街—沧州西	9 245
黄骅港—沧州西	4 605	沧州西—黄骅港	5 886
黄骅北线—海兴	15 948	海兴—黄骅北	16 483

续上表

路段起止点	轴载 (标准轴载当量轴次/日)	路段起止点	轴载 (标准轴载当量轴次/日)
青县主线—沧州南	14 858	沧州南—青县主线	11 589
沧州南—吴桥主线	10 162	吴桥主线—沧州南	7 061
京冀主线—霸州	14 732	霸州—京冀主线	11 878
霸州—高阳	9 308	高阳—霸州	9 796
高阳—衡水	9 802	衡水—高阳	9 163
衡水—威县	11 115	威县—衡水	9 277
威县—大名	11 657	大名—威县	8 744
保定—沧州	7 724	沧州—保定	5 217
邯郸—涉县	2 613	涉县—邯郸	3 147
保定西—晋冀主线	2 282	晋冀主线—保定西	11 545
黄骅岐口—海港主线	7 139	海港主线—黄骅岐口	3 967
永清—沧州开发区	4 929	沧州开发区—永清	3 806
石家庄—西柏坡	1 815	西柏坡—石家庄	11 274
承唐主线—承德	1 026	承德—承唐主线	5 152
金山岭—红石砬	1 756	红石砬—金山岭	3 158
红石砬—双峰寺	2 180	双峰寺—红石砬	3 024
双峰寺—七家	354	七家—双峰寺	567
七家—冀蒙界收费站	137	冀蒙界收费站—七家	204
七家—围场北	108	围场北—七家	495
双峰寺—冀辽主线	850	冀辽主线—双峰寺	1 077
承德—坂城	533	坂城—承德	485
榛子镇—迁西	2 994	迁西—榛子镇	1 004
迁安—白羊峪	847	白羊峪—迁安	975
坂城—北戴河	839	北戴河—坂城	501
定州南—正定	7 328	正定—定州南	10 381
藁城北—赵县	3 186	赵县—藁城北	1 781
路罗—坂上	377	坂上—路罗	95
坂上—邢台南	1 221	邢台南—坂上	350
坂上—内丘南	732	内丘南—坂上	84
内丘南—新河南	178	新河南—内丘南	151
逐鹿北—涞水东	17 678	涞水东—逐鹿北	3 817
冀南新区—铺上	917	铺上—冀南新区	810
铺上—大名冀鲁界	241	大名冀鲁界—铺上	62
遵化南—清东陵	1 400	清东陵—遵化南	1 615
蔚县南—涞水	12 237	涞水—蔚县南	1 142

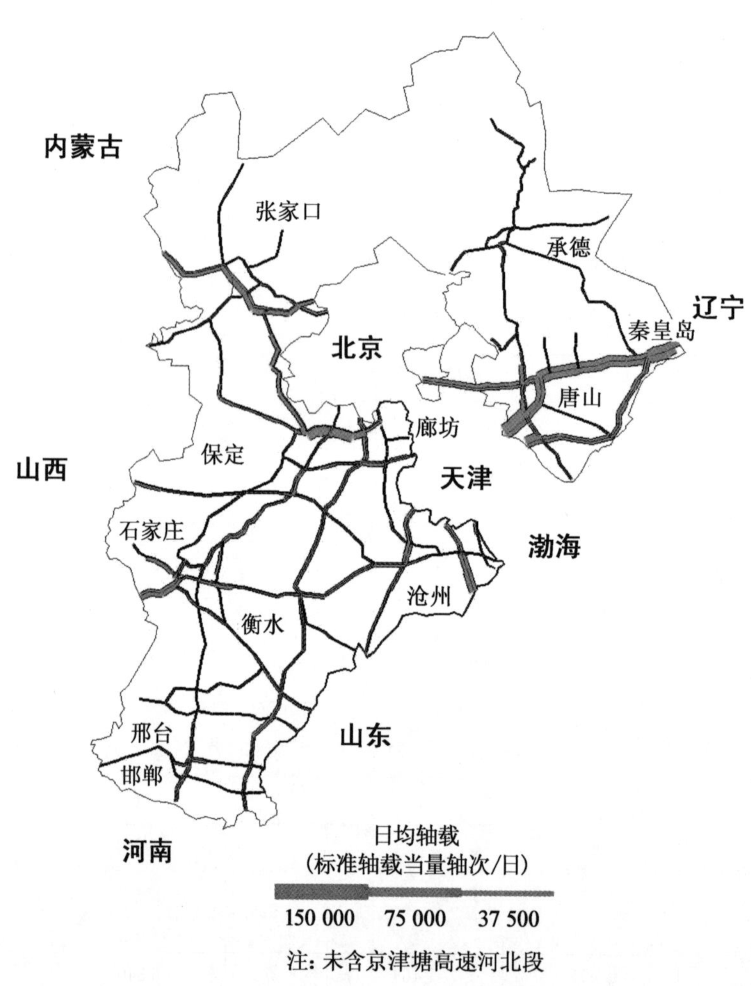

图 4.5　2015 年河北省高速公路日均轴载

4.2.4　交通量分布如表 4.6 和图 4.6 所示。

2015 年河北省高速公路交通量　　表 4.6

路段起止点	正向			反向		
	客车折算交通量(辆/日)	货车折算交通量(辆/日)	小计	客车折算交通量(辆/日)	货车折算交通量(辆/日)	小计
宣化主线—东洋河	2 869	4 615	7 483	2 796	4 333	7 129
东花园—宣化主线	5 209	9 292	14 501	5 006	3 576	8 582
沙城西—万全	4 223	15 321	19 544	4 042	15 376	19 418
张家口北—九连城	1 617	1 151	2 768	2 504	1 430	3 934
化稍营—蔚县	647	798	1 445	609	1 014	1 623
冀晋主线—宣化主线	1 824	1 543	3 367	1 890	2 694	4 583
屈家庄—崇礼北	1 528	219	1 747	1 467	258	1 724
迁安—香河	10 548	16 445	26 993	10 654	17 442	28 096
秦皇岛—迁安	9 652	22 943	32 595	9 678	23 432	33 110
万家主线—秦皇岛	5 742	30 883	36 625	3 142	16 697	19 839
秦皇岛—京唐港	2 130	14 411	16 541	2 110	14 021	16 131
京唐港—涧河	1 797	15 722	17 519	1 752	15 931	17 683
京唐港—唐山	4 242	4 657	8 899	4 061	4 993	9 055
唐津—唐山	4 027	15 719	19 746	4 280	16 184	20 464
唐山—丰南西	4 592	23 626	28 217	4 678	21 332	26 010
唐山西—承唐主线	4 172	7 642	11 814	4 151	7 205	11 356
唐山西—曹妃甸	2 901	8 506	11 406	3 185	9 427	12 612
涿州北—保定	11 032	9 406	20 438	10 388	8 647	19 035
保定—冀津主线	6 454	10 741	17 195	6 401	11 163	17 564
保定—石家庄北	9 063	9 399	18 462	8 936	9 331	18 267
石家庄北—井陉西	4 274	18 679	22 953	4 227	14 759	18 986
廊坊西—涞水	3 902	9 241	13 143	3 905	12 168	16 074
涞水—满城	4 383	6 620	11 003	4 554	6 270	10 824
满城—石家庄	3 238	4 296	7 534	3 425	3 856	7 281
衡水北—石家庄北	8 020	8 585	15 483	8 090	8 771	16 695
石家庄北—栾城	11 126	6 705	16 908	10 882	7 207	17 005
栾城—临漳	6 478	7 464	8 972	6 340	8 605	9 291
邯郸西—冀鲁主线	2 897	5 782	7 002	2 763	6 123	6 602
邢台南—冀鲁界	2 698	2 494	5 192	2 586	2 951	5 538
衡水北—景州主线	2 451	4 106	6 557	2 468	3 839	6 307
鹿泉—栾城	3 238	6 217	9 455	2 974	8 306	11 281
栾城—清河主线	3 371	6 294	9 666	3 261	6 662	9 923
河城街—衡水北	3 426	9 010	12 436	3 378	10 535	13 913
沧州西—河城街	6 142	10 779	16 921	5 991	10 986	16 977
黄骅港—沧州西	2 066	5 855	7 921	2 173	6 499	8 672
黄骅北线—海兴	4 731	16 739	21 470	4 697	18 158	22 855
青县主线—沧州南	8 280	16 576	24 856	7 791	15 176	22 967

续上表

路段起止点	正向			反向		
	客车折算交通量（辆/日）	货车折算交通量（辆/日）	小计	客车折算交通量（辆/日）	货车折算交通量（辆/日）	小计
沧州南—吴桥主线	5 295	12 246	17 541	5 000	9 788	14 788
京冀主线—霸州	9 933	13 780	23 713	9 784	12 729	22 513
霸州—高阳	7 468	10 438	17 907	7 230	10 052	17 282
高阳—衡水	7 910	10 481	18 391	7 681	10 359	18 039
衡水—威县	6 317	12 083	18 399	6 176	11 754	17 930
威县—大名	5 150	11 020	16 169	5 165	10 453	15 618
保定—沧州	5 073	7 576	12 649	4 799	8 195	12 994
邯郸—涉县	1 998	4 247	6 245	2 117	2 826	4 943
保定西—晋冀主线	2 153	10 523	12 676	2 057	7 627	9 684
黄骅岐口—海港主线	999	6 928	7 927	830	5 379	6 209
永清—沧州开发区	2 419	5 291	7 710	2 255	4 581	6 836
石家庄—西柏坡	3 124	4 227	7 351	3 164	7 996	11 160
承唐主线—承德	2 068	3 046	5 114	2 024	2 944	4 968
金山岭—红石砬	3 745	1 954	5 699	3 849	2 604	6 453
红石砬—双峰寺	2 991	2 524	5 515	3 118	2 742	5 860
双峰寺—七家	1 250	721	1 972	1 145	896	2 042
七家—冀蒙界收费站	66	134	200	89	180	269
七家—围场北	802	306	1 108	747	424	1 170
双峰寺—冀辽主线	1 113	1 054	2 167	1 090	1 176	2 266
承德—坂城	1 196	475	1 671	1 118	487	1 605
榛子镇—迁西	1 994	1 257	3 251	1 999	931	2 930
迁安—白羊裕	1 217	1 092	2 309	1 179	974	2 153
坂城—北戴河	1 286	586	1 872	1 212	506	1 718
定州南—正定	10 648	8 968	19 616	10 802	9 190	19 992
藁城北—赵县	1 194	2 748	3 942	1 276	2 843	4 119
路罗—坂上	708	313	1 021	604	363	967
坂上—邢台南	408	740	1 149	355	1421	1 776
坂上—内丘南	282	545	827	264	435	699
内丘南—新河南	1 034	456	1 490	1 039	662	1 702
逐鹿北—涞水东	1 604	10 168	11 772	1 866	7 240	9 106
马头—铺上	1 082	371	1 452	1 019	405	1 424
铺上—大名冀鲁界	239	166	404	145	149	294
遵化南—清东陵	963	3 958	4 921	885	1 903	2 788
蔚县南—涞水	1 626	8 036	9 663	1 531	8 916	10 447

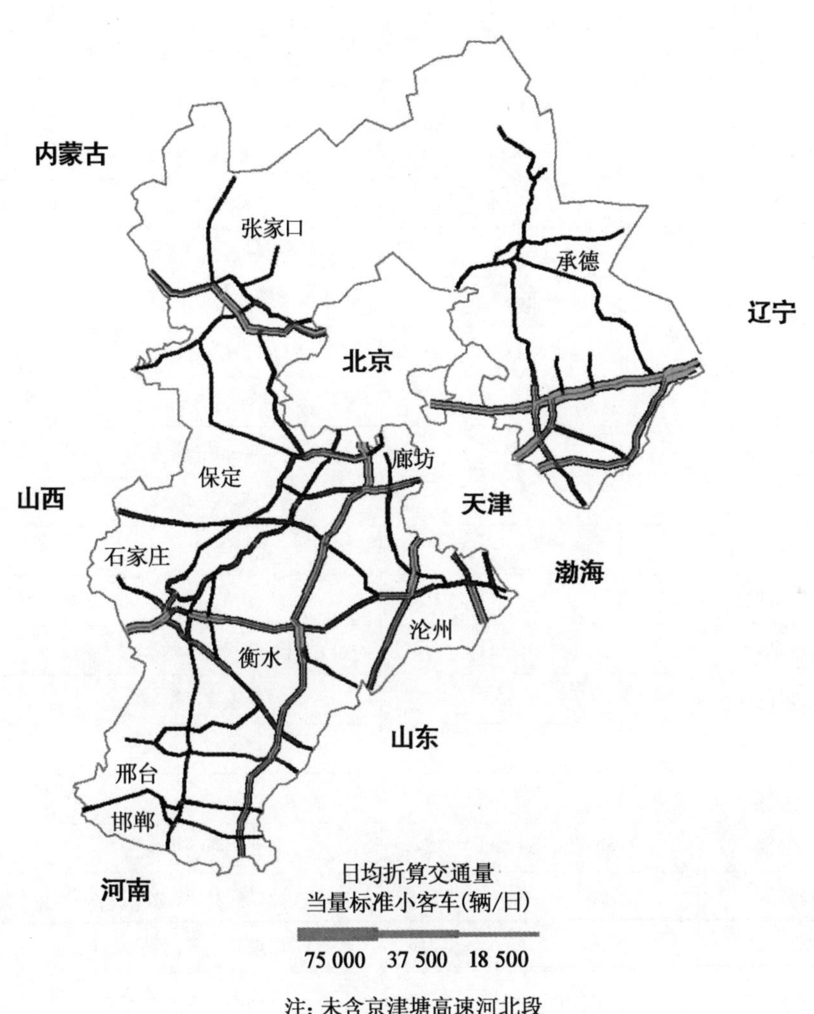

图 4.6　2015 年河北省高速公路日均交通量

4.3 山西省高速公路运输密度

4.3.1 客运密度分布如表4.7和图4.7所示。

2015年山西省高速公路客运密度 表4.7

路段起止点	客运密度（人公里/公里）	路段起止点	客运密度（人公里/公里）
得胜口—大同北	3 602	大同北—得胜口	3 751
大同北—马连庄	3 048	马连庄—大同北	2 794
马连庄—孙启庄	7 305	孙启庄—马连庄	7 345
马连庄—大同北	4 131	大同北—马连庄	3 947
大同—元营	16 591	元营—大同	16 503
元营—朔州	11 235	朔州—元营	10 753
元营—忻州	21 640	忻州—元营	21 296
忻州—武宿	37 698	武宿—忻州	39 952
罗城—交城	46 382	交城—罗城	45 458
交城—汾阳	24 014	汾阳—交城	23 301
交城—平遥	24 274	平遥—交城	23 724
平遥—临汾	17 665	临汾—侯马	16 683
临汾—侯马	16 876	侯马—临汾	16 175
北柴—龙门大桥	8 081	龙门大桥—北柴	7 402
侯马—运城	15 142	运城—侯马	14 329
运城—平陆	10 851	平陆—运城	10 444
运城—风陵渡	5 897	风陵渡—运城	5 638
东郭—运城西	2 675	运城西—东郭	3 351
小店—屯留	26 038	屯留—小店	25 656
屯留—晋城东	21 689	晋城东—屯留	21 043
晋城—泽州	4 472	泽州—晋城	4 036
大同北—西口	2 005	西口—大同北	1 946
驿马岭—山阴	2 153	山阴—驿马岭	2 261
五台山主线—顿村	7 127	顿村—五台山主线	6 782
顿村—杨家湾	5 211	杨家湾—顿村	5 127
黄寨—太佳	3 293	太佳—黄寨	3 216
郝家庄主线—阳曲	2 241	阳曲—郝家庄主线	4 241
阳曲—古交	15 984	古交—阳曲	15 635
旧关—晋中北	14 599	晋中北—旧关	16 730
晋中北—罗城	22 180	罗城—晋中北	24 162

续上表

路段起止点	客运密度 (人公里/公里)	路段起止点	客运密度 (人公里/公里)
晋中北—祁县	9 990	祁县—晋中北	9 820
盂县东—平定	3 055	平定—盂县东	5 959
左权—平遥	1 386	平遥—左权	1 253
平遥—汾阳	4 160	汾阳—平遥	4 053
汾阳—军渡	10 007	军渡—汾阳	9 343
东阳关—屯留	4 463	屯留—东阳关	5 589
潞城—长治县	1 690	长治县—潞城	1 661
明姜—广胜寺景区	824	广胜寺景区—明姜	702
龙马枢纽—洪洞西	574	洪洞西—龙马枢纽	635
临汾枢纽—壶口	5 640	壶口—临汾枢纽	5 233
王莽岭—南义城	1 453	南义城—王莽岭	1 448
南义城—晋城西	1 722	晋城西—南义城	2 265
丹河—北留	13 118	北留—丹河	13 035
北留—阳城	6 530	阳城—北留	4 648
北留—侯马	7 446	侯马—北留	6 912
河津—临猗西	1 443	临猗西—河津	1 436
蒲掌—东镇	5 648	东镇—蒲掌	6 170
北恒—王显	2 104	王显—北恒	2 126
新平堡—大同县	1 248	大同县—新平堡	1 164
大同县—浑源西	3 712	浑源西—大同县	3 617
浑源北—焦山主线	965	焦山主线—浑源北	950
汤头—五台山北	1 090	五台山北—汤头	1 525
长治东—虹梯关	2 652	虹梯关—长治东	2 334
定襄西—高蒲	7 961	定襄西—高蒲	8 277
五台山北—代县	1 721	五台山北—代县	1 686
岢岚—临县北	634	岢岚—临县北	542
平定—左权	1 767	平定—左权	1 458
朔州东—平鲁	837	朔州东—平鲁	775
山阴—二道梁	1 080	二道梁—山阴	944
临县北—离石西	2 900	离石西—临县北	2 920
义井—河曲	1 291	河曲—义井	1 158

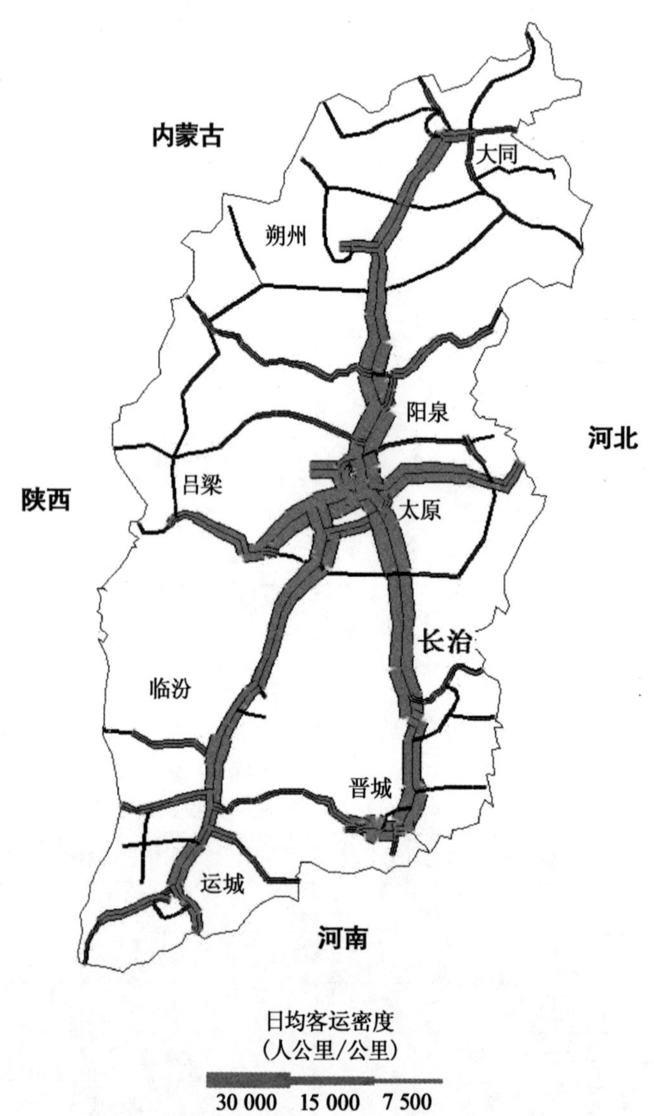

图 4.7　2015 年山西省高速公路日均客运密度

4.3.2　货运密度分布如表4.8和图4.8所示。

2015年山西省高速公路货运密度　　表4.8

路段起止点	货运密度（吨公里/公里）	路段起止点	货运密度（吨公里/公里）
得胜口—大同北	5 544	大同北—得胜口	4 469
大同北—马连庄	8 429	马连庄—大同北	3 533
马连庄—孙启庄	3 070	孙启庄—马连庄	3 974
马连庄—大同北	4 856	大同北—马连庄	2 886
大同—元营	5 806	元营—大同	5 183
元营—朔州	1 779	朔州—元营	1 412
元营—忻州	18 212	忻州—元营	10 220
忻州—武宿	33 865	武宿—忻州	17 023
罗城—交城	38 312	交城—罗城	42 582
交城—汾阳	33 013	汾阳—交城	42 214
交城—平遥	19 838	平遥—交城	40 172
平遥—临汾	13 914	临汾—侯马	15 788
临汾—侯马	24 134	侯马—临汾	15 627
北柴—龙门大桥	21 354	龙门大桥—北柴	12 721
侯马—运城	11 740	运城—侯马	6 707
运城—平陆	22 512	平陆—运城	14 345
运城—风陵渡	2 117	风陵渡—运城	2 417
东郭—运城西	1 322	运城西—东郭	1 490
小店—屯留	29 146	屯留—小店	13 304
屯留—晋城东	24 800	晋城东—屯留	14 622
晋城—泽州	17 420	泽州—晋城	7 993
大同北—西口	3 741	西口—大同北	10 545
驿马岭—山阴	6 296	山阴—驿马岭	20 137
五台山主线—顿村	9 870	顿村—五台山主线	64 099
顿村—杨家湾	6 072	杨家湾—顿村	106 651
黄寨—太佳	5 241	太佳—黄寨	26 760
郝家庄主线—阳曲	1 281	阳曲—郝家庄主线	37 908
阳曲—古交	9 218	古交—阳曲	13 355
旧关—晋中北	63 774	晋中北—旧关	92 811
晋中北—罗城	59 503	罗城—晋中北	75 889

续上表

路段起止点	货运密度（吨公里/公里）	路段起止点	货运密度（吨公里/公里）
晋中北—祁县	23 000	祁县—晋中北	51 084
盂县东—平定	14 887	平定—盂县东	5 162
左权—平遥	3 814	平遥—左权	13 184
平遥—汾阳	7 526	汾阳—平遥	11 161
汾阳—军渡	42 384	军渡—汾阳	75 426
东阳关—屯留	2 193	屯留—东阳关	6 197
潞城—长治县	6 503	长治县—潞城	7 093
明姜—广胜寺景区	199	广胜寺景区—明姜	90
龙马枢纽—洪洞西	8 395	洪洞西—龙马枢纽	3 706
临汾枢纽—壶口	7 445	壶口—临汾枢纽	6 291
王莽岭—南义城	450	南义城—王莽岭	209
南义城—晋城西	2 693	晋城西—南义城	2 293
丹河—北留	6 666	北留—丹河	8 210
北留—阳城	3 066	阳城—北留	2 105
北留—侯马	6 656	侯马—北留	6 628
河津—临猗西	1 031	临猗西—河津	2 076
蒲掌—东镇	9 038	东镇—蒲掌	25 316
北恒—王显	726	王显—北恒	3 122
新平堡—大同县	249	大同县—新平堡	167
大同县—浑源西	977	浑源西—大同县	843
浑源北—焦山主线	398	焦山主线—浑源北	189
汤头—五台山北	378	五台山北—汤头	1 008
长治东—虹梯关	21 778	虹梯关—长治东	2 482
定襄西—高蒲	3 228	定襄西—高蒲	3 098
五台山北—代县	124	五台山北—代县	239
岢岚—临县北	1 459	岢岚—临县北	617
平定—左权	951	平定—左权	1 086
朔州东—平鲁	1 317	朔州东—平鲁	3 584
山阴—二道梁	2 460	二道梁—山阴	16 417
临县北—离石西	6 340	离石西—临县北	5 616
义井—河曲	491	河曲—义井	1 183

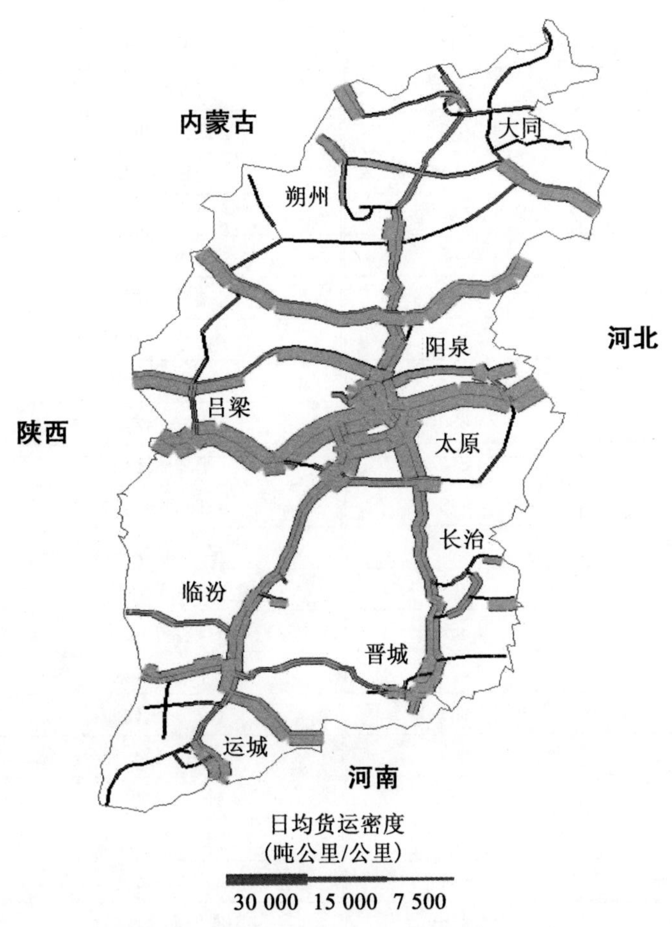

图 4.8　2015 年山西省高速公路日均货运密度

4.3.3 道路负荷分布如表 4.9 和图 4.9 所示。

2015 年山西省高速公路轴载

表 4.9

路段起止点	轴载（标准轴载当量轴次/日）	路段起止点	轴载（标准轴载当量轴次/日）
得胜口—大同北	1 045	大同北—得胜口	903
大同北—马连庄	1 739	马连庄—大同北	667
马连庄—孙启庄	636	孙启庄—马连庄	637
马连庄—大同北	886	大同北—马连庄	455
大同—元营	1 077	元营—大同	938
元营—朔州	311	朔州—元营	260
元营—忻州	3 840	忻州—元营	1 834
忻州—武宿	7 592	武宿—忻州	2 911
罗城—交城	5 688	交城—罗城	7 317
交城—汾阳	4 680	汾阳—交城	7 111
交城—平遥	3 705	平遥—交城	8 972
平遥—临汾	2 601	临汾—侯马	3 317
临汾—侯马	4 917	侯马—临汾	3 002
北柴—龙门大桥	4 421	龙门大桥—北柴	2 446
侯马—运城	2 390	运城—侯马	1 247
运城—平陆	4 812	平陆—运城	1 659
运城—风陵渡	343	风陵渡—运城	395
东郭—运城西	231	运城西—东郭	298
小店—屯留	5 963	屯留—小店	2 104
屯留—晋城东	4 559	晋城东—屯留	2 439
晋城—泽州	3 471	泽州—晋城	1 277
大同北—西口	685	西口—大同北	1 893
驿马岭—山阴	1 204	山阴—驿马岭	4 425
五台山主线—顿村	1 667	顿村—五台山主线	13 362
顿村—杨家湾	1 357	杨家湾—顿村	23 759
黄寨—太佳	983	太佳—黄寨	5 453
郝家庄主线—阳曲	258	阳曲—郝家庄主线	7 560
阳曲—古交	1 907	古交—阳曲	2 771
旧关—晋中北	9 955	晋中北—旧关	18 872
晋中北—罗城	9 792	罗城—晋中北	15 848
晋中北—祁县	4 489	祁县—晋中北	11 632
盂县东—平定	3 357	平定—盂县东	1 022
左权—平遥	823	平遥—左权	3 273
平遥—汾阳	1 575	汾阳—平遥	2 440
汾阳—军渡	6 350	军渡—汾阳	15 145
东阳关—屯留	269	屯留—东阳关	1 406
潞城—长治县	1 322	长治县—潞城	1 706
明姜—广胜寺景区	37	广胜寺景区—明姜	18
龙马枢纽—洪洞西	1 631	洪洞西—龙马枢纽	803

续上表

路段起止点	轴载 (标准轴载当量轴次/日)	路段起止点	轴载 (标准轴载当量轴次/日)
临汾枢纽—壶口	1 378	壶口—临汾枢纽	1 192
王莽岭—南义城	100	南义城—王莽岭	48
南义城—晋城西	569	晋城西—南义城	539
丹河—北留	952	北留—丹河	1 739
北留—阳城	651	阳城—北留	569
北留—侯马	1 163	侯马—北留	1 279
河津—临猗西	210	临猗西—河津	511
蒲掌—东镇	1 641	东镇—蒲掌	5 584
北恒—王显	133	王显—北恒	680
新平堡—大同县	43	大同县—新平堡	23
大同县—浑源西	203	浑源西—大同县	151
浑源北—焦山主线	98	焦山主线—浑源北	39
汤头—五台山北	78	五台山北—汤头	211
长治东—虹梯关	5 183	虹梯关—长治东	682
定襄西—高蒲	636	定襄西—高蒲	472
五台山北—代县	23	五台山北—代县	37
岢岚—临县北	304	岢岚—临县北	138
平定—左权	151	平定—左权	186
朔州东—平鲁	268	朔州东—平鲁	825
山阴—二道梁	513	二道梁—山阴	3 704
临县北—离石西	1 054	离石西—临县北	887
义井—河曲	153	河曲—义井	203

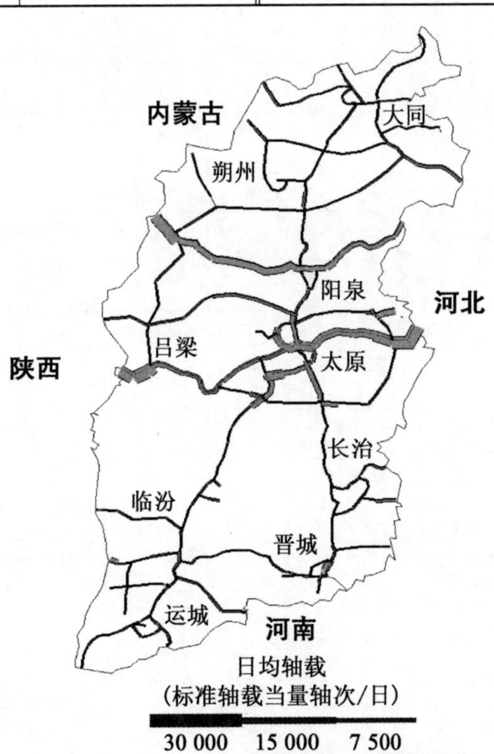

图 4.9　2015 年山西省高速公路日均轴载

4.3.4 交通量分布如表 4.10 和图 4.10 所示。

2015 年山西省高速公路交通量　　表 4.10

路段起止点	正向			反向		
	客车折算交通量（辆/日）	货车折算交通量（辆/日）	小计	客车折算交通量（辆/日）	货车折算交通量（辆/日）	小计
得胜口—大同北	1 060	1 345	2 404	1 137	927	2 064
大同北—马连庄	946	1 267	2 212	842	1 333	2 175
马连庄—孙启庄	2 105	664	2 769	2 134	1 045	3 179
马连庄—大同北	1 252	1 016	2 268	1 199	940	2 140
大同—元营	4 657	1 619	6 276	4 654	1 301	5 955
元营—朔州	3 143	661	3 804	2 939	447	3 386
元营—忻州	5 739	3 051	8 790	5 699	3 880	9 579
忻州—武宿	10 399	5 772	16 172	11 066	10 491	21 556
罗城—交城	13 965	9 282	23 247	13 659	7 468	21 127
交城—汾阳	7 057	11 052	18 108	6 821	6 305	13 127
交城—平遥	7 252	7 107	14 359	7 048	7 421	14 469
平遥—临汾	5 085	3 346	8 432	4 766	4 108	8 874
临汾—侯马	4 919	4 453	9 371	4 703	6 384	11 088
北柴—龙门大桥	2 395	3 704	6 099	2 217	3 627	5 844
侯马—运城	4 636	2 527	7 163	4 426	3 244	7 670
运城—平陆	3 004	3 554	6 557	2 902	4 416	7 317
运城—风陵渡	1 632	622	2 254	1 578	977	2 554
东郭—运城西	826	433	1 258	984	407	1 391
小店—屯留	6 244	4 414	10 658	6 138	8 469	14 608
屯留—晋城东	5 508	4 079	9 587	5 359	6 101	11 460
晋城—泽州	1 066	2 319	3 385	1 002	3 109	4 111
大同北—西口	627	2 123	2 751	607	1 285	1 892
驿马岭—山阴	587	3 141	3 728	665	2 346	3 011
五台山主线—顿村	2 055	14 530	16 585	1 903	7 895	9 798
顿村—杨家湾	1 337	26 440	27 777	1 312	12 298	13 610
黄寨—太佳	968	4 061	5 029	934	3 253	4 187
郝家庄主线—阳曲	726	1 951	2 678	1 281	4 548	5 829
阳曲—古交	4 825	3 404	8 230	4 711	2 627	7 337
旧关—晋中北	4 104	15 326	19 430	4 631	12 589	17 220
晋中北—罗城	6 499	13 078	19 577	7 200	11 756	18 956
晋中北—祁县	2 975	8 453	11 429	2 911	7 068	9 979

续上表

路段起止点	正向			反向		
	客车折算交通量（辆/日）	货车折算交通量（辆/日）	小计	客车折算交通量（辆/日）	货车折算交通量（辆/日）	小计
盂县东—平定	1 004	1 816	2 820	1 749	6 186	7 935
左权—平遥	382	2 031	2 414	344	1 528	1 872
平遥—汾阳	1 229	2 587	3 816	1 194	1 687	2 881
汾阳—军渡	2 799	11 366	14 165	2 585	8 982	11 567
东阳关—屯留	1 116	997	2 113	1 321	1 056	2 377
潞城—长治县	429	1 734	2 163	417	1 062	1 478
明姜—广胜寺景区	249	82	331	225	45	270
龙马枢纽—洪洞西	186	1 381	1 567	205	611	816
临汾枢纽—壶口	1 498	1 486	2 984	1 365	1 014	2 379
王莽岭—南义城	430	121	551	428	107	535
南义城—晋城西	582	674	1 256	743	1 188	1 931
丹河—北留	3 540	2 269	5 809	3 525	1 978	5 503
北留—阳城	1 806	905	2 711	1 339	638	1 977
北留—侯马	1 985	2 011	3 996	1 865	1 388	3 254
河津—临猗西	482	377	859	481	493	974
蒲掌—东镇	1 389	2 692	4 081	1 555	3 325	4 881
北恒—王显	698	464	1 162	707	625	1 333
新平堡—大同县	405	103	508	374	60	434
大同县—浑源西	1 158	259	1 417	1 119	278	1 397
浑源北—焦山主线	290	81	371	295	365	660
汤头—五台山北	304	222	526	395	181	576
长治东—虹梯关	538	2 355	2 893	472	2 437	2 909
定襄西—高蒲	2 238	839	3 077	2 281	858	3 140
五台山北—代县	552	130	681	534	92	626
岢岚—临县北	208	429	637	178	482	660
平定—左权	552	362	914	446	410	855
朔州东—平鲁	267	765	1 033	260	419	678
山阴—二道梁	293	1 512	1 805	275	1 804	2 079
临县北—离石西	737	920	1 657	724	4 148	4 872
义井—河曲	336	2 041	2 377	290	179	468

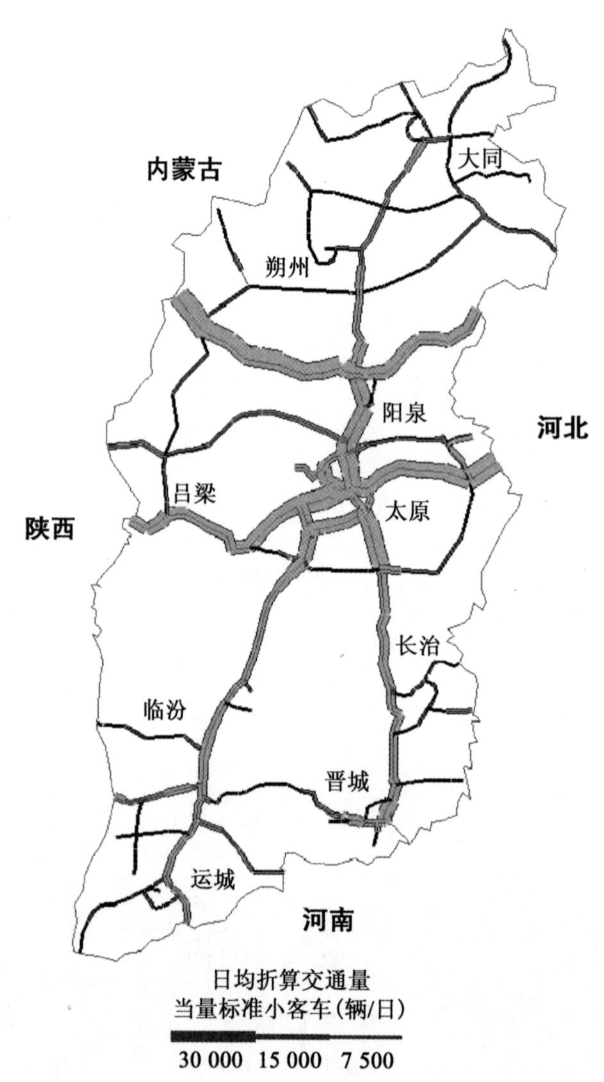

图 4.10 2015 年山西省高速公路日均交通量

4.4　辽宁省高速公路运输密度

4.4.1　客运密度分布如表4.11和图4.11所示。

2015年辽宁省高速公路客运密度　　表4.11

路段起止点	客运密度（人公里/公里）	路段起止点	客运密度（人公里/公里）
万家—葫芦岛	21 351	葫芦岛—万家	21 041
葫芦岛—锦州	26 732	锦州—葫芦岛	26 641
锦州—沈阳西	27 795	沈阳西—锦州	27 348
沈阳—毛家店	5 577	毛家店—沈阳	7 546
锦州—朝阳	7 470	朝阳—锦州	7 518
朝阳—黑水	3 398	黑水—朝阳	3 386
锦州东—阜新	6 996	阜新—锦州东	7 156
沈阳—鞍山	40 491	鞍山—沈阳	40 524
鞍山—营口	31 795	营口—鞍山	32 171
营口—鲅鱼圈	37 835	鲅鱼圈—营口	37 997
鲅鱼圈—炮台	22 567	炮台—鲅鱼圈	22 741
炮台—长兴岛	10 085	长兴岛—炮台	10 379
炮台—大连	56 625	大连—炮台	55 541
大连—旅顺新港	11 396	旅顺新港—大连	12 922
大连—庄河	21 430	庄河—大连	20 821
庄河—丹东	5 458	丹东—庄河	5 114
丹东—本溪	9 933	本溪—丹东	10 275
本溪—沈阳	30 936	沈阳—本溪	30 775
三十里堡—大窑湾	23 347	大窑湾—三十里堡	23 451
光辉—西安	22 195	西安—光辉	22 108
西安—西柳	6 496	西柳—西安	6 462
西安—营口	13 059	营口—西安	13 051
沈阳—草市	13 396	草市—沈阳	12 041
毛家店—三十家子	5 704	三十家子—毛家店	5 554
三面船—北台	3 870	北台—三面船	3 878
彰武—红旗台	10 797	红旗台—彰武	11 223
康平北—沈北新区	6 659	沈北新区—康平北	7 455
沈阳西环逆时针	26 957	沈阳西环顺时针	30 375
沈阳东环逆时针	15 969	沈阳东环顺时针	16 883
西柳—大孤山	5 923	大孤山—西柳	5 685
彰武—阿尔乡	4 486	阿尔乡—彰武	4 158

续上表

路段起止点	客运密度（人公里/公里）	路段起止点	客运密度（人公里/公里）
金岛—皮口	3 466	皮口—金岛	3 532
旺清门主线—南杂木	4 799	南杂木—旺清门主线	4 638
永陵—桓仁	2 005	桓仁—永陵	2 075
鹤大辽吉界—丹东	2 950	丹东—鹤大辽吉界	2 909
盖州—庄河西	5 083	庄河西—盖州	5 052
金沟子—安民主线	986	安民主线—金沟子	1 302
阜新—甜水	3 697	甜水—阜新	3 650
茨榆坨—灯塔	3 699	灯塔—茨榆坨	3 631
兴城—建昌	4 720	建昌—兴城	4 771
西安—辽东湾	656	辽东湾—西安	718

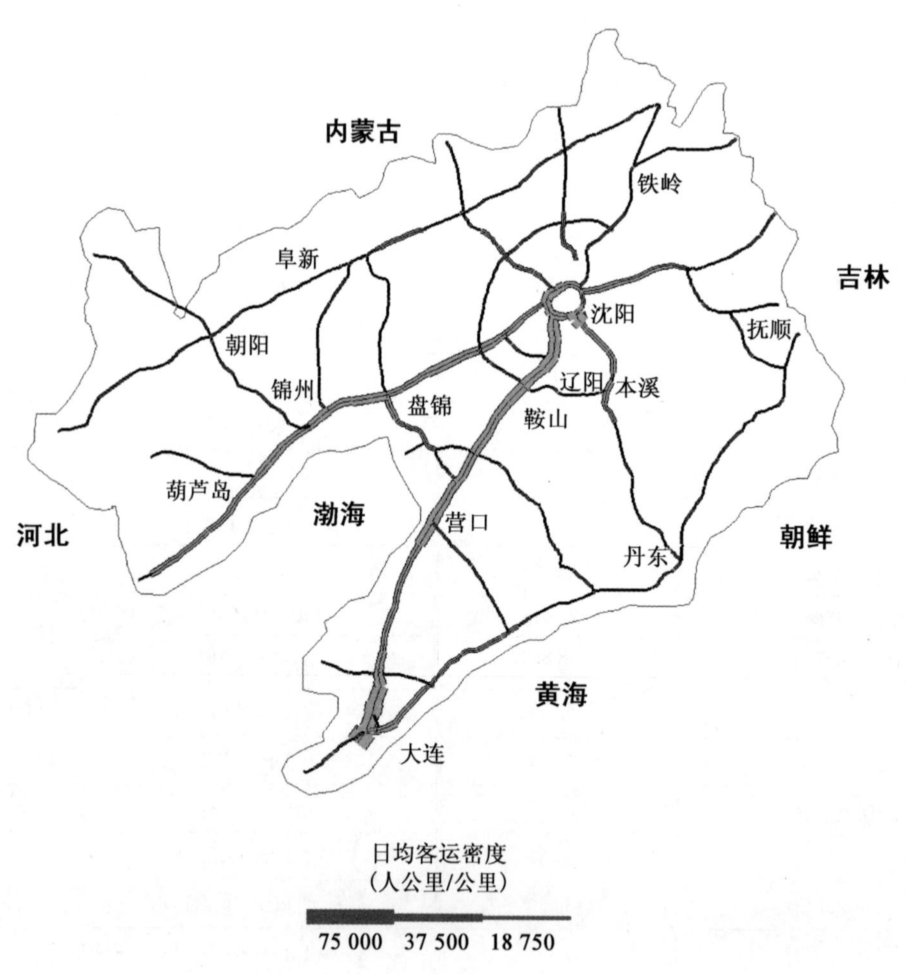

图 4.11　2015 年辽宁省高速公路日均客运密度

4.4.2 货运密度分布如表4.12和图4.12所示。

2015年辽宁省高速公路货运密度 表4.12

路段起止点	货运密度（吨公里/公里）	路段起止点	货运密度（吨公里/公里）
万家—葫芦岛	191 746	葫芦岛—万家	177 213
葫芦岛—锦州	211 060	锦州—葫芦岛	197 114
锦州—沈阳西	150 492	沈阳西—锦州	125 197
沈阳—毛家店	66 493	毛家店—沈阳	51 358
锦州—朝阳	13 854	朝阳—锦州	20 703
朝阳—黑水	7 030	黑水—朝阳	14 972
锦州东—阜新	43 883	阜新—锦州东	52 435
沈阳—鞍山	35 548	鞍山—沈阳	37 210
鞍山—营口	49 803	营口—鞍山	50 647
营口—鲅鱼圈	76 794	鲅鱼圈—营口	66 034
鲅鱼圈—炮台	54 006	炮台—鲅鱼圈	40 536
炮台—长兴岛	9 355	长兴岛—炮台	7 723
炮台—大连	43 150	大连—炮台	30 819
大连—旅旅顺新港	13 314	旅顺新港—大连	14 110
大连—庄河	6 647	庄河—大连	7 617
庄河—丹东	4 349	丹东—庄河	3 841
丹东—本溪	6 067	本溪—丹东	8 576
本溪—沈阳	4 759	沈阳—本溪	7 343
三十里堡—大窑湾	33 163	大窑湾—三十里堡	27 950
光辉—西安	93 222	西安—光辉	102 158
西安—西柳	17 669	西柳—西安	20 853
西安—营口	34 276	营口—西安	31 379
沈阳—草市	22 363	草市—沈阳	24 396
毛家店—三十家子	16 913	三十家子—毛家店	16 864
三面船—北台	6 624	北台—三面船	9 439
彰武—红旗台	6 950	红旗台—彰武	7 399
康平北—沈北新区	10 978	沈北新区—康平北	16 992
沈阳西环逆时针	67 186	沈阳西环顺时针	78 015
沈阳东环逆时针	22 519	沈阳东环顺时针	21 895
西柳—大孤山	8 892	大孤山—西柳	7 726
彰武—阿尔乡	10 868	阿尔乡—彰武	14 209
金岛—皮口	2 576	皮口—金岛	1 826
旺清门主线—南杂木	2 971	南杂木—旺清门主线	3 508
永陵—桓仁	879	桓仁—永陵	1 067
鹤大辽吉界—丹东	2 381	丹东—鹤大辽吉界	2 113
盖州—庄河西	6 199	庄河西—盖州	4 970
金沟子—安民主线	668	安民主线—金沟子	884
阜新—甜水	5 493	甜水—阜新	6 116
茨榆坨—灯塔	8 799	灯塔—茨榆坨	11 571
兴城—建昌	13 163	建昌—兴城	14 191
西安—辽东湾	1 407	辽东湾—西安	2 474

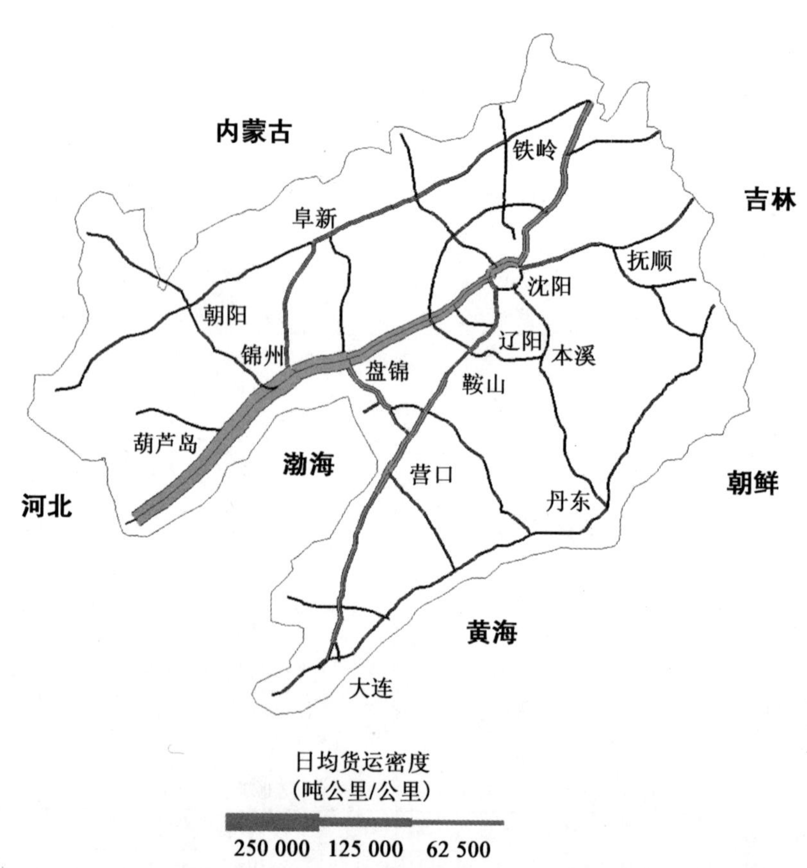

图 4.12　2015 年辽宁省高速公路日均货运密度

4.4.3 交通量分布如表 4.13 和图 4.13 所示。

2015 年辽宁省高速公路交通量 表 4.13

路段起止点	正向			反向		
	客车折算交通量(辆/日)	货车折算交通量(辆/日)	小计	客车折算交通量(辆/日)	货车折算交通量(辆/日)	小计
万家—葫芦岛	5 305	28 929	34 234	5 152	27 106	32 258
葫芦岛—锦州	6 666	32 099	38 765	6 591	30 615	37 207
锦州—沈阳西	7 078	23 538	30 616	7 028	20 353	27 381
沈阳—毛家店	1 412	10 388	11 800	1 994	8 136	10 130
锦州—朝阳	1 801	2 761	4 562	1 799	3 110	4 909
朝阳—黑水	858	1 744	2 603	851	2 124	2 975
锦州东—阜新	1 852	6 794	8 646	1 825	7 552	9 378
沈阳—鞍山	11 136	8 023	19 159	11 108	8 247	19 355
鞍山—营口	8347	9 596	17 943	8 415	10 715	19 130
营口—鲅鱼圈	9562	13 379	22 942	9 623	15 039	24 662
鲅鱼圈—炮台	5 613	9 279	14 892	5 660	9 597	15 257
炮台—长兴岛	2 571	2 122	4 692	2 629	2 123	4 753
炮台—大连	14 429	9 182	23 611	14 290	9 372	23 662
大连—旅旅顺新港	3 224	1 425	4 648	3 466	1 737	5 204
大连—庄河	5 074	2 264	7 338	5 315	2 240	7 555
庄河—丹东	1 388	1 041	2 429	1 274	994	2 268
丹东—本溪	2 613	1 731	4 345	2 712	1 763	4 475
本溪—沈阳	8 813	1 538	10 351	8 816	1 782	10 598
三十里堡—大窑湾	6 191	7 119	13 310	6 286	7 742	14 029
光辉—西安	5 402	15 964	21 366	5 392	1 5321	20 713
西安—西柳	1 700	2 966	4 667	1 679	3 634	5 313
西安—营口	3 179	5 646	8 825	3 169	6 010	9 179
沈阳—草市	3 431	3 930	7 362	3 017	4 077	7 094
毛家店—三十家子	1 505	2 799	4 303	1 479	2 691	4 169
三面船—北台	1 041	1 400	2 440	1 035	1 650	2 685
彰武—红旗台	2 948	1 570	4 518	3 084	1 685	4 769
康平北—沈北新区	1 780	1 993	3 772	2 001	2 763	4 764
沈阳西环逆时针	7 709	14 897	22 606	8 748	16 347	25 096
沈阳东环逆时针	4 673	5 296	9 969	4 993	5 272	10 264
西柳—大孤山	1 525	1 744	3 269	1 466	1 691	3 157
彰武—阿尔乡	1 236	1 922	3 158	1 123	2 321	3 443
金岛—皮口	1 001	563	1 565	1 012	554	1 567
旺清门主线—南杂木	1 138	647	1 785	1 141	629	1 769

续上表

路段起止点	正向			反向		
	客车折算交通量（辆/日）	货车折算交通量（辆/日）	小计	客车折算交通量（辆/日）	货车折算交通量（辆/日）	小计
永陵—桓仁	539	214	753	540	256	796
鹤大辽吉界—丹东	776	566	1 343	761	559	1 320
盖州—庄河西	1 318	1 340	2 658	1 297	1 342	2 639
金沟子—安民主线	296	172	468	363	220	583
阜新—甜水	1 016	1 049	2 064	1 010	1 176	2 186
茨榆坨—灯塔	1 020	1 874	2 895	1 008	1 485	2 493
兴城—建昌	1 288	2 357	3 645	1 274	2 191	3 465
西安—辽东湾	192	397	589	208	502	710

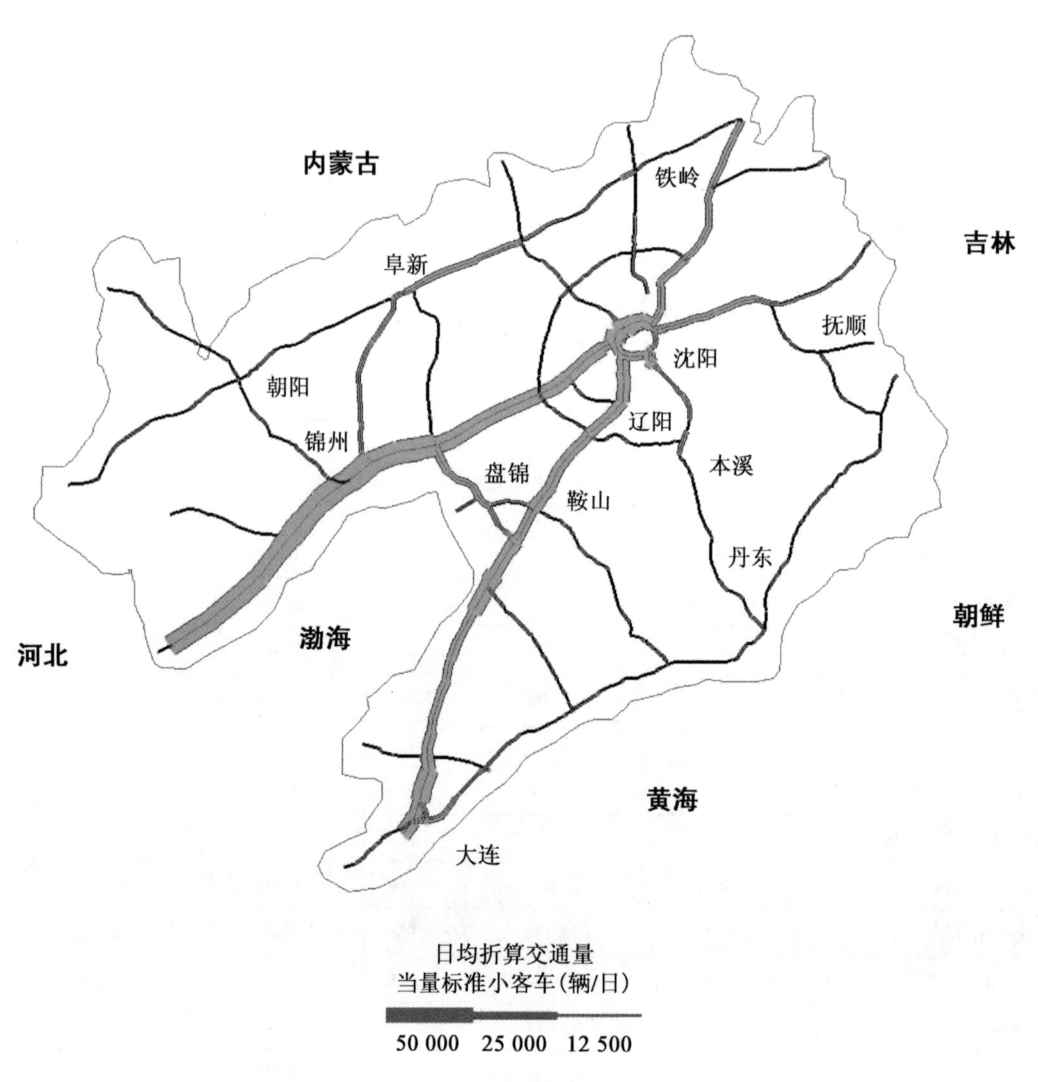

图 4.13 2015 年辽宁省高速公路日均交通量

4.5　上海市高速公路运输密度

4.5.1　客运密度分布如表 4.14 和图 4.14 所示。

2015 年上海市高速公路客运密度　　表 4.14

路段起止	客运密度（人公里/公里）	路段起止	客运密度（人公里/公里）
绕城月浦—沪嘉浏互通	15 555	沪嘉浏互通—绕城月浦	15 501
沪嘉浏互通—北环嘉浏立交	89 928	北环嘉浏立交—沪嘉浏互通	94 081
北环嘉浏立交—G2 安亭	28 868	G2 安亭—北环嘉浏立交	27 994
G2 安亭—G60 大港	29 118	G60 大港—G2 安亭	29 239
G60 大港—绕城亭枫	25 420	绕城亭枫—G60 大港	25 750
绕城亭枫—嘉金南环立交	8 960	嘉金南环立交—绕城亭枫	9 382
嘉金南环立交—界河	14 295	界河—嘉金南环立交	13 926
界河—G40 沪苏	41 008	G40 沪苏—界河	40 660
G15 朱桥—北环嘉浏立交	116 798	北环嘉浏立交—G15 朱桥	117 043
北环嘉浏立交—G60 新桥	60 451	G60 新桥—北环嘉浏立交	63 672
G60 新桥—嘉金南环立交	43 874	嘉金南环立交—G60 新桥	42 732
嘉金南环立交—G15 亭卫	19 905	G15 亭卫—嘉金南环立交	21 489
G2 安亭—G2 江桥	136 710	G2 江桥—G2 安亭	140 983
G50 沪浙—G50 嘉松	56 448	G50 嘉松—G50 沪浙	57 206
G50 嘉松—G50 徐泾	114 991	G50 徐泾—G50 嘉松	129 060
G60 枫泾—G60 大港	94 736	G60 大港—G60 枫泾	91 811
G60 大港—G60 新桥	136 901	G60 新桥—G60 大港	131 813
G60 新桥—G60 莘庄	206 393	G60 莘庄—G60 新桥	204 568
S32 沪浙—S32 祝桥	27 463	S32 祝桥—S32 沪浙	28 587
S36 枫泾—绕城亭枫	7 922	绕城亭枫—S36 枫泾	8 369
G15 沪浙—S4 大叶	29 529	S4 大叶—G15 沪浙	29 290
S4 大叶—S4 颛桥	97 290	S4 颛桥—S4 大叶	97 951
S2 临港—S2 大叶	28 696	S2 大叶—S2 临港	29 037
S2 大叶—S2 康桥	53 020	S2 康桥—S2 大叶	53 175
S19 沈海南环立交—S19 新卫	12 446	S19 新卫—S19 沈海南环立交	12 403

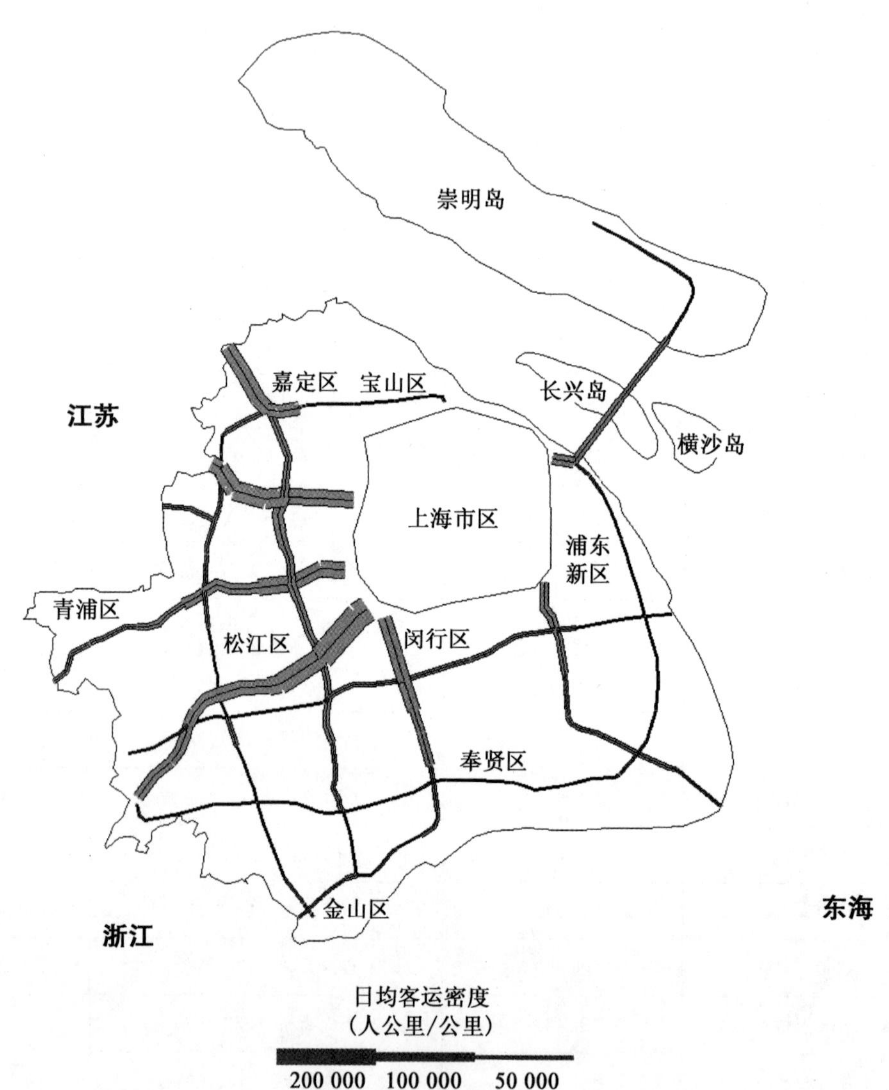

图 4.14　2015 年上海市高速公路日均客运密度

4.5.2　货运密度分布如表 4.15 和图 4.15 所示。

2015 年上海市高速公路货运密度　　表 4.15

路段起止点	货运密度（吨公里/公里）	路段起止点	货运密度（吨公里/公里）
绕城月浦—沪嘉浏互通	74 585	沪嘉浏互通—绕城月浦	84 624
沪嘉浏互通—北环嘉浏立交	110 872	北环嘉浏立交—沪嘉浏互通	114 813
北环嘉浏立交—G2 安亭	75 290	G2 安亭—北环嘉浏立交	79 251
G2 安亭—G60 大港	61 770	G60 大港—G2 安亭	54 856
G60 大港—绕城亭枫	36 931	绕城亭枫—G60 大港	29 947
绕城亭枫—嘉金南环立交	36 372	嘉金南环立交—绕城亭枫	25 167
嘉金南环立交—界河	90 000	界河—嘉金南环立交	61 334
界河—G40 沪苏	51 011	G40 沪苏—界河	41 482
G15 朱桥—北环嘉浏立交	99 990	北环嘉浏立交—G15 朱桥	96 293
北环嘉浏立交—G60 新桥	107 182	G60 新桥—北环嘉浏立交	96 304
G60 新桥—嘉金南环立交	51 345	嘉金南环立交—G60 新桥	45 582
嘉金南环立交—G15 亭卫	23 434	G15 亭卫—嘉金南环立交	25 214
G2 安亭—G2 江桥	56 381	G2 江桥—G2 安亭	57 763
G50 沪浙—G50 嘉松	19 575	G50 嘉松—G50 沪浙	19 540
G50 嘉松—G50 徐泾	31 807	G50 徐泾—G50 嘉松	40 375
G60 枫泾—G60 大港	74 103	G60 大港—G60 枫泾	70 140
G60 大港—G60 新桥	61 954	G60 新桥—G60 大港	52 856
G60 新桥—G60 莘庄	78 258	G60 莘庄—G60 新桥	76 504
S32 沪浙—S32 祝桥	37 039	S32 祝桥—S32 沪浙	37 399
S36 枫泾—绕城亭枫	12 264	绕城亭枫—S36 枫泾	10 772
G15 沪浙—S4 大叶	49 155	S4 大叶—G15 沪浙	49 105
S4 大叶—S4 颛桥	57 143	S4 颛桥—S4 大叶	65 078
S2 临港—S2 大叶	80 599	S2 大叶—S2 临港	82 710
S2 大叶—S2 康桥	36 012	S2 康桥—S2 大叶	34 844
S19 沈海南环立交—S19 新卫	8 342	S19 新卫—S19 沈海南环立交	8 441

图4.15 2015年上海市高速公路日均货运密度

4.6　江苏省高速公路运输密度

4.6.1　客运密度分布如表4.16和图4.16所示。

2015年江苏省高速公路客运密度　　表4.16

路段起止点	客运密度（人公里/公里）	路段起止点	客运密度（人公里/公里）
苏鲁省界—淮安	20 707	淮安—苏鲁省界	20 368
淮安—江都	52 576	江都—淮安	52 667
江都—江阴	54 642	江阴—江都	53 312
江阴枢纽—无锡	35 509	无锡—江阴枢纽	34 781
广陵—南通北	35 792	南通北—广陵	33 001
南通—苏州北	75 468	苏州北—南通	77 005
小海—启东	26 255	启东—小海	22 685
启东—崇启大桥	14 862	崇启大桥—启东	14 434
沈海苏鲁—灌云	10 315	沈海苏鲁—灌云	10 273
灌云—盐城东	19 822	灌云—盐城东	19 455
盐城东—南通北	53 062	盐城东—南通北	49 746
盐城—楚州	16 790	盐城—楚州	17 092
淮安西绕城顺时针	26 827	淮安西绕城逆时针	26 944
淮阴—灌云北	21 063	淮阴—灌云北	21 044
灌云北—连云港	32 511	灌云北—连云港	32 992
连云港—临连苏鲁省界	12 466	临连苏鲁省界—连云港	12 429
淮安南—六合南	42 200	六合南—淮安南	41 067
六和南—刘村	95	刘村—六和南	53
黄花塘—宿迁	18 506	宿迁—黄花塘	19 642
宿迁—新沂	3 270	新沂—宿迁	3 393
淮安西—徐州	27 544	徐州—淮安西	28 314
徐州东—京福苏鲁	17 516	京福苏鲁—徐州东	18 088
徐州东—苏皖省界	20 452	苏皖省界—徐州东	21 079
徐州东—渔湾主线	10 171	渔湾主线—徐州东	10 188
海安—江都	17 054	江都—海安	17 247
江都—镇江	33 578	镇江—江都	32 962
南京—无锡	91 285	无锡—南京	100 601
无锡—苏州北	145 017	苏州北—无锡	149 671
苏州北—花桥主线	98 360	花桥主线—苏州北	106 961
苏州绕城顺时针	29 135	苏州绕城逆时针	28 096
石牌—岳王	14 426	岳王—石牌	15 723
角直—千灯	23 624	千灯—角直	24 949
苏州北—盛泽主线	87 101	盛泽主线—苏州北	74 437
苏浙省界—苏沪主线	36 503	苏沪主线—苏浙省界	38 111
南京—新昌	40 547	新昌—南京	49 367
新昌—长深苏浙	47 688	长深苏浙—新昌	55 088

续上表

路段起止点	客运密度（人公里/公里）	路段起止点	客运密度（人公里/公里）
丹徒—新昌	9 958	新昌—丹徒	7 689
西坞—无锡	26 421	无锡—西坞	30 741
骆家边—戚墅堰	32 488	戚墅堰—骆家边	46 011
戚墅堰—常熟	40 088	常熟—戚墅堰	41 476
常熟—太仓	71 146	太仓—常熟	74 552
南京三桥—麒麟	9 899	麒麟—南京三桥	32 882
麒麟—横梁	26 352	横梁—麒麟	30 825
横梁—马鞍	13 912	马鞍—横梁	16 392
南泉—锦丰	12 774	锦丰—南泉	13 527
武进—泰州大桥	60 496	泰州大桥—武进	62 025
石牌—董滨	35 224	董滨—石牌	36 709
彭城—丰县	6 902	丰县—彭城	6 610
六合—江都	21 611	江都—六合	21 147
骆家边—溧马高速苏皖省界	41 310	溧马高速苏皖省界—骆家边	29 998
南京南—和凤主线	18 464	和凤主线—南京南	17 685
璜泾—港城	1 829	港城—璜泾	1 935

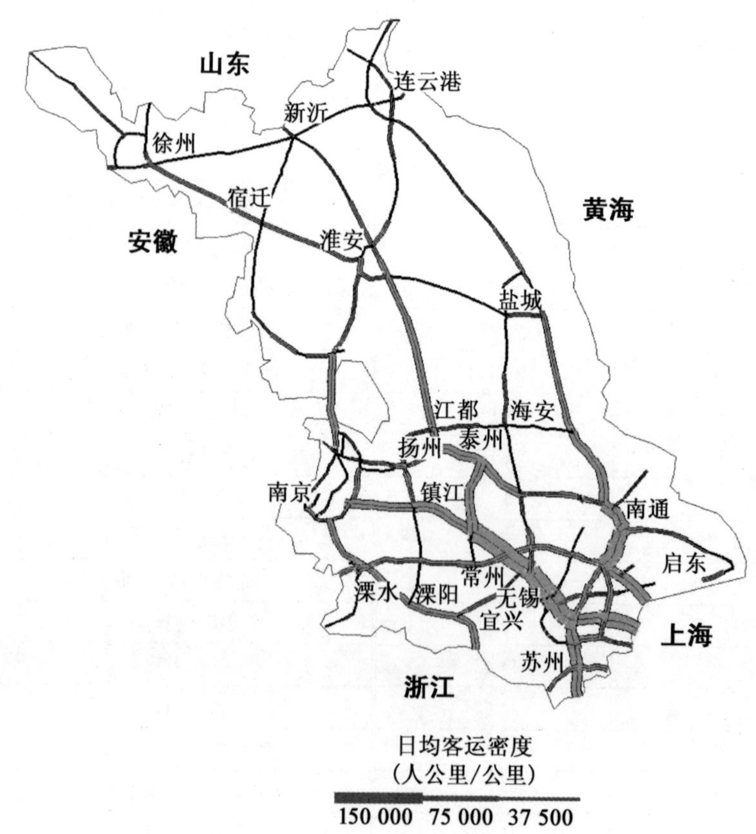

图 4.16 2015 年江苏省高速公路日均客运密度

4.6.2　货运密度分布如表4.17和图4.17所示。

2015年江苏省高速公路货运密度　　表4.17

路段起止点	货运密度（吨公里/公里）	路段起止点	货运密度（吨公里/公里）
苏鲁省界—淮安	136 506	淮安—苏鲁省界	93 904
淮安—江都	93 472	江都—淮安	76 857
江都—江阴	48 950	江阴—江都	43 158
江阴枢纽—无锡	20 718	无锡—江阴枢纽	13 168
广陵—南通北	17 586	南通北—广陵	14 644
南通—苏州北	70 504	苏州北—南通	64 128
小海—启东	5 464	启东—小海	4 384
启东—崇启大桥	4 444	崇启大桥—启东	3 249
沈海苏鲁—灌云	33 265	沈海苏鲁—灌云	25 854
灌云—盐城东	65 346	灌云—盐城东	57 167
盐城东—南通北	69 483	盐城东—南通北	61 391
盐城—楚州	20 163	盐城—楚州	27 027
淮安西绕城顺时针	37 988	淮安西绕城逆时针	51 086
淮阴—灌云北	36 564	淮阴—灌云北	44 070
灌云北—连云港	96 232	灌云北—连云港	115 600
连云港—临连苏鲁省界	83 251	临连苏鲁省界—连云港	102 760
淮安南—六合南	81 540	六合南—淮安南	57 117
六和南—刘村	517	刘村—六和南	312
黄花塘—宿迁	25 755	宿迁—黄花塘	39 229
宿迁—新沂	7 949	新沂—宿迁	13 870
淮安西—徐州	29 209	徐州—淮安西	41 677
徐州东—京福苏鲁	69 216	京福苏鲁—徐州东	126 745
徐州东—苏皖省界	107 974	苏皖省界—徐州东	62 786
徐州东—渔湾主线	13 412	渔湾主线—徐州东	17 399
海安—江都	10 365	江都—海安	10 023
江都—镇江	34 273	镇江—江都	24 704
南京—无锡	73 617	无锡—南京	76 550
无锡—苏州北	151 545	苏州北—无锡	130 695
苏州北—花桥主线	61 768	花桥主线—苏州北	69 127
苏州绕城顺时针	35 160	苏州绕城逆时针	30 597
石牌—岳王	12 332	岳王—石牌	14 617
角直—千灯	10 413	千灯—角直	10 886
苏州北—盛泽主线	149 984	盛泽主线—苏州北	118 207
苏浙省界—苏沪主线	15 711	苏沪主线—苏浙省界	18 565
南京—新昌	81 231	新昌—南京	65 240
新昌—长深苏浙	101 112	长深苏浙—新昌	78 661
丹徒—新昌	12 921	新昌—丹徒	6 218
西坞—无锡	9 010	无锡—西坞	9 926

续上表

路段起止点	货运密度（吨公里/公里）	路段起止点	货运密度（吨公里/公里）
骆家边—戚墅堰	35 451	戚墅堰—骆家边	44 641
戚墅堰—常熟	28 198	常熟—戚墅堰	30 118
常熟—太仓	57 507	太仓—常熟	57 950
南京三桥—麒麟	22 598	麒麟—南京三桥	57 261
麒麟—横梁	71 349	横梁—麒麟	94 483
横梁—马鞍	48 924	马鞍—横梁	68 685
南泉—锦丰	7 291	锦丰—南泉	11 065
武进—泰州大桥	65 553	泰州大桥—武进	71 949
石牌—董滨	56 420	董滨—石牌	77 961
彭城—济徐苏鲁省界	4 573	济徐苏鲁省界—彭城	6 255
六合—江都	10 481	江都—六合	13 454
骆家边—溧马高速苏皖省界	47—996	溧马高速苏皖省界—骆家边	39 289
南京南—和凤主线	4 095	和凤主线—南京南	3 023
璜泾—港城	3 677	港城—璜泾	3 850

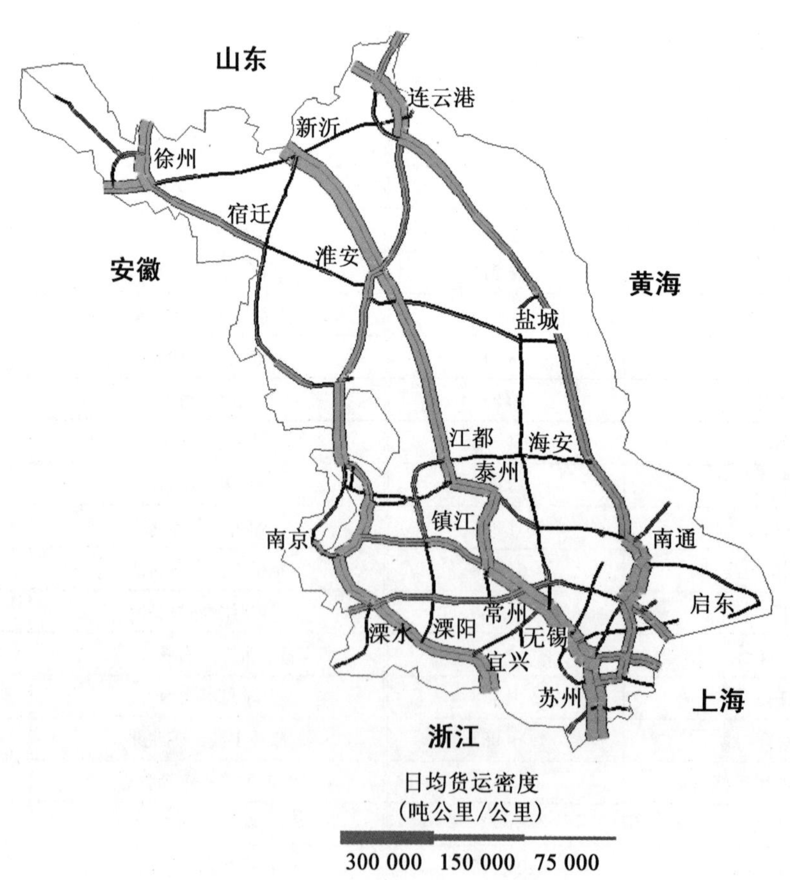

图 4.17　2015 年江苏省高速公路日均货运密度

4.6.3　交通量分布如表4.18和图4.18所示。

2015年江苏省高速公路交通量　　表4.18

路段起止点	正向			反向		
	客车折算交通量（辆/日）	货车折算交通量（辆/日）	小计	客车折算交通量（辆/日）	货车折算交通量（辆/日）	小计
苏鲁省界—淮安	5 577	20 146	25 723	5 618	18 445	24 064
淮安—江都	11 739	15 686	27 426	12 060	16 159	28 218
江都—江阴	13 986	10 110	24 096	13 753	10 563	24 316
江阴枢纽—无锡	12 230	5 686	17 917	12 149	6 048	18 197
广陵—南通北	10 283	4 750	15 033	9 589	4 992	14 581
南通—苏州北	22 478	16 082	38 560	23 229	17 059	40 288
小海—启东	9 484	1 860	11 344	8 426	1 780	10 206
启东—崇启大桥	4 965	1 199	6 164	4 712	1 119	5 831
沈海苏鲁—灌云	2 812	5 612	8 424	2 822	6 729	9 551
灌云—盐城东	6 002	10 926	16 928	6 044	12 479	18 523
盐城东—南通北	15 407	13 104	28 511	14 535	13 796	28 332
盐城—楚州	4 979	4 760	9 739	5 056	4 906	9 962
淮安西绕城顺时针	6 692	7 935	14 627	6 684	8 691	15 375
淮阴—灌云北	6 227	8 954	15 181	6 190	8 345	14 536
灌云北—连云港	10 308	22 031	32 339	10 373	19 533	29 906
连云港—临连苏鲁省界	4 219	17 617	21 836	4 134	16 183	20 316
淮安南—六合南	11 642	13 064	24 705	11 526	11 161	22 687
六和南—刘村	40	98	138	21	66	87
黄花塘—宿迁	4 513	5 497	10 011	4 659	6 216	10 875
宿迁—新沂	1 184	2 186	3 370	1 217	2 343	3 559
淮安西—徐州	6 947	6 850	13 797	7 103	7 429	14 532
徐州东—京福苏鲁	5 772	17 001	22 773	5 932	18 908	24 840
徐州东—苏皖省界	6 862	16 503	23 365	6 903	14 615	21 518
徐州东—渔湾主线	3 730	3 553	7 283	3 791	3 902	7 693
海安—江都	5 958	2 995	8 953	5 953	2 809	8 762
江都—镇江	10 692	6 918	17 611	10 387	6 151	16 538
南京—无锡	28 560	18 200	46 760	30 625	20 134	50 759
无锡—苏州北	46 444	38 996	85 440	47 523	41 447	88 970
苏州北—花桥主线	34 393	20 744	55 138	36 258	24 294	60 552
苏州绕城顺时针	11 033	9 697	20 730	10 759	9 820	20 579
石牌—岳王	5 654	4 767	10 421	5 951	4 862	10 812
角直—千灯	10 110	4 913	15 024	10 617	4 886	15 502
苏州北—盛泽主线	26 762	31 988	58 750	23 880	32 385	56 265
苏浙省界—苏沪主线	10 317	4 289	14 606	10 739	4 863	15 601
南京—新昌	11 826	12 701	24 527	12 550	13 175	25 725
新昌—长深苏浙	12 606	15 468	28 074	12 844	15 659	28 503
丹徒—新昌	3 585	2 358	5 942	2 902	1 674	4 575

续上表

路段起止点	正向			反向		
	客车折算交通量（辆/日）	货车折算交通量（辆/日）	小计	客车折算交通量（辆/日）	货车折算交通量（辆/日）	小计
西坞—无锡	9 092	3 961	13 053	10 464	3 860	14 324
骆家边—戚墅堰	10 085	8 697	18 782	12 472	10 172	22 644
戚墅堰—常熟	12 939	8 810	21 750	13 199	9 642	22 840
常熟—太仓	21 074	14 618	35 692	22 561	17 028	39 589
南京三桥—麒麟	3 447	6 198	9 644	7 558	12 779	20 337
麒麟—横梁	7 289	15 059	22 348	7 640	15 585	23 225
横梁—马鞍	3 143	9 155	12 299	3 424	10 282	13 706
南泉—锦丰	4 818	3 322	8 140	5 084	3 010	8 094
武进—泰州大桥	17 697	16 346	34 044	17 757	15 698	33 455
石牌—董滨	11 585	15 176	26 761	11 876	15 738	27 614
彭城—丰县	2 748	1 510	4 258	2 623	1 475	4 098
六合—江都	6 080	2 749	8 829	6 050	3 103	9 153
骆家边—溧马高速苏皖省界	8 667	9 418	18 085	6 809	7 970	14 779
南京南—和凤主线	6 656	1 266	7 922	6 351	1 294	7 645
璜泾—港城	708	1 751	2 460	783	1 749	2 531

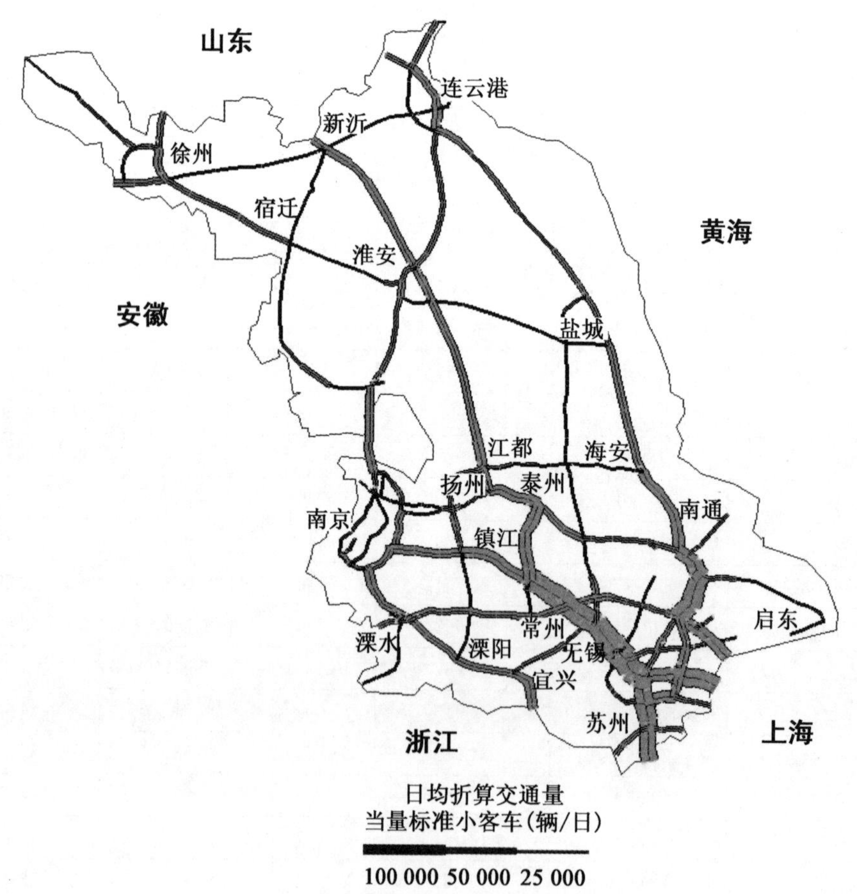

图 4.18　2015 年江苏省高速公路日均交通量

4.7　浙江省高速公路运输密度

4.7.1　客运密度分布如表 4.19 和图 4.19 所示。

2015 年浙江省高速公路客运密度　　表 4.19

路段起止点	客运密度（人公里/公里）	路段起止点	客运密度（人公里/公里）
李家巷枢纽—浙皖主线	32 531	浙皖主线—李家巷枢纽	32 265
浙苏主线—李家巷枢纽	27 475	李家巷枢纽—浙苏主线	26 389
李家巷枢纽—父子岭(浙苏分界)	58 285	父子岭(浙苏分界)—李家巷枢纽	58 023
南庄兜(杭州)—李家巷枢纽	61 805	李家巷枢纽—南庄兜(杭州)	61 505
杭州绕城(逆时针)	56 895	杭州绕城(顺时针)	56 112
嘉兴枢纽—沈士枢纽	95 411	沈士枢纽—嘉兴枢纽	96 809
大云(浙沪边界)—嘉兴枢纽	74 204	嘉兴枢纽—大云(浙沪边界	74 222
昱岭关(安徽边界)—杭州西	26 377	杭州西—昱岭关(安徽边界)	26 424
嘉兴枢纽—王江泾(浙苏边界)	58 911	王江泾(浙苏边界)—嘉兴枢纽	57 988
湖州北—王江泾(浙苏边界)	20 673	王江泾(浙苏边界)—湖州北	21 672
西塘桥(跨海大桥北)—嘉兴枢纽	51 793	嘉兴枢纽—西塘桥(跨海大桥北)	50 822
西塘桥(跨海大桥北)—浙沪主线	14 395	浙沪主线—西塘桥(跨海大桥北)	15 146
西塘桥(跨海大桥北)—余姚	44 927	余姚—西塘桥(跨海大桥北)	45 371
沽渚枢纽—红垦(杭州)	102 728	红垦(杭州)—沽渚枢纽	103 447
余姚—沽渚枢纽	51 832	沽渚枢纽—余姚	52 288
余姚—宁波北	77 870	宁波北—余姚	78 668
北仑—宁波东	21 812	宁波东—北仑	21 096
宁波绕城(逆时针)	25 559	宁波绕城(顺时针)	25 424
嵊州枢纽—宁波西	14 480	宁波西—嵊州枢纽	14 783
义乌东—嵊州枢纽	19 284	嵊州枢纽—义乌东	18 757
嵊州枢纽—沽渚枢纽	40 329	沽渚枢纽—嵊州枢纽	40 564
吴岙—嵊州枢纽	25 505	嵊州枢纽—吴岙	25 583
宁海—姜山(宁波)	33 419	姜山(宁波)—宁海	33 509
吴岙—宁海	21 603	宁海—吴岙	21 754
台州—吴岙	37 975	吴岙—台州	38 538
缙云—台州	15 884	台州—缙云	16 354
温州—台州	29 585	台州—温州	29 989
平阳—温州南	62 510	温州南—平阳	62 885
分水关—平阳	24 746	平阳—分水关	24 702
金华东—温州	22 224	温州—金华东	22 190
金华东—张家畈枢纽(杭州)	41 556	张家畈枢纽(杭州)—金华东	41 490
杭金衢龙游交界—金华	34 516	金华—杭金衢龙游交界	34 535
浙赣界—杭金衢龙游交界	45 191	杭金衢龙游交界—浙赣界	47 575
丽水—杭金衢龙游交界	18 583	杭金衢龙游交界—丽水	18 320
龙泉—丽水	13 141	丽水—龙泉	12 882
建德市—杭州南	42 940	杭州南—建德市	43 855

续上表

路段起止点	客运密度（人公里/公里）	路段起止点	客运密度（人公里/公里）
杭金衢龙游交界—建德市	19 945	建德市—杭金衢龙游交界	20 719
建德市—千岛湖	11 555	千岛湖—建德市	11 656
衢州南—浙闽主线	3 305	浙闽主线—衢州南	3 262
诸暨北—温州	28 457	温州—诸暨北	28 767
练市—杭州(崇贤)	29 377	杭州(崇贤)—练市	26 615
温州绕城(逆时针)	22 356	温州绕城(顺时针)	22 130
舟山—蛟川	29 374	蛟川—舟山	29 625
嘉兴枢纽—尖山	5 253	尖山—嘉兴枢纽	5 061
龙泉—浙闽界	3 336	浙闽界—龙泉枢纽	3 526
衢州—浙皖界	7 085	浙皖界—衢州	6 586
勾庄—长兴	25 696	长兴—勾庄	29 380
诸暨浣东—上虞道墟	12 614	上虞道墟—诸暨浣东	12 848
云龙—象山	21 625	象山—云龙	21 534
灵峰—穿山港区	9 335	穿山港区—灵峰	9 338
沈士枢纽—西塘桥	7 858	西塘桥—沈士枢纽	8 031
党湾—六工	3 051	六工—党湾	2 959
沽渚枢纽—滨海新城北	3 495	滨海新城北—沽渚枢纽	3 425
千祥—永康东	13 002	永康东—千祥	12 507

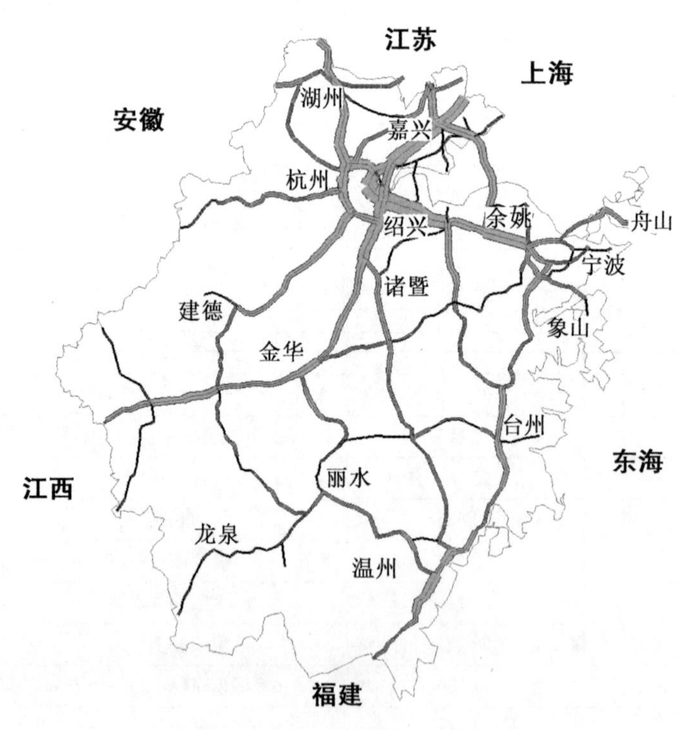

图4.19　2015年浙江省高速公路日均客运密度

4.7.2　货运密度分布如表4.20和图4.20所示。

2015年浙江省高速公路货运密度　　表4.20

路段起止点	货运密度(吨公里/公里)	路段起止点	货运密度(吨公里/公里)
李家巷枢纽—浙皖主线	20 170	浙皖主线—李家巷枢纽	21 627
浙苏主线—李家巷枢纽	14 641	李家巷枢纽—浙苏主线	15 987
李家巷枢纽—父子岭(浙苏分界)	99 044	父子岭(浙苏分界)—李家巷枢纽	154 009
南庄兜(杭州)—李家巷枢纽	103 411	李家巷枢纽—南庄兜(杭州)	159 038
杭州绕城(逆时针)	103 051	杭州绕城(顺时针)	117 512
嘉兴枢纽—沈士枢纽	143 446	沈士枢纽—嘉兴枢纽	104 329
大云(浙沪边界)—嘉兴枢纽	75 069	嘉兴枢纽—大云(浙沪边界	66 448
昱岭关(安徽边界)—杭州西	13 277	杭州西—昱岭关(安徽边界)	11 803
嘉兴枢纽—王江泾(浙苏边界)	86 739	王江泾(浙苏边界)—嘉兴枢纽	118 265
湖州北—王江泾(浙苏边界)	37 681	王江泾(浙苏边界)—湖州北	35 511
西塘桥(跨海大桥北)—嘉兴枢纽	78 869	嘉兴枢纽—西塘桥(跨海大桥北)	74 216
西塘桥(跨海大桥北)—浙沪主线	17 919	浙沪主线—西塘桥(跨海大桥北)	36 961
西塘桥(跨海大桥北)—余姚	82 643	余姚—西塘桥(跨海大桥北)	61 166
沽渚枢纽—红垦(杭州)	92 668	红垦(杭州)—沽渚枢纽	127 128
余姚—沽渚枢纽	80 298	沽渚枢纽—余姚	59 753
余姚—宁波北	91 186	宁波北—余姚	93 330
北仑—宁波东	11 800	宁波东—北仑	6 822
宁波绕城(逆时针)	50 308	宁波绕城(顺时针)	36 357
嵊州枢纽—宁波西	16 344	宁波西—嵊州枢纽	22 793
义乌东—嵊州枢纽	20 116	嵊州枢纽—义乌东	23 651
嵊州枢纽—沽渚枢纽	28 332	沽渚枢纽—嵊州枢纽	51 186
吴岙—嵊州枢纽	22 374	嵊州枢纽—吴岙	40 021
宁海—姜山(宁波)	32 643	姜山(宁波)—宁海	54 640
吴岙—宁海	31 431	宁海—吴岙	54 462
台州—吴岙	50 476	吴岙—台州	80 368
缙云—台州	21 219	台州—缙云	19 128
温州—台州	36 593	台州—温州	52 926
平阳—温州南	76 265	温州南—平阳	93 034
分水关—平阳	66 141	平阳—分水关	75 913
金华东—温州	26 541	温州—金华东	19 182
金华东—张家畈枢纽(杭州)	42 811	张家畈枢纽(杭州)—金华东	63 962
杭金衢龙游交界—金华	68 302	金华—杭金衢龙游交界	51 442
浙赣界—杭金衢龙游交界	124 986	杭金衢龙游交界—浙赣界	121 321
丽水—杭金衢龙游交界	18 417	杭金衢龙游交界—丽水	26 835
龙泉—丽水	13 597	丽水—龙泉	13 071
建德市—杭州南	90 382	杭州南—建德市	100 730
杭金衢龙游交界—建德市	80 982	建德市—杭金衢龙游交界	91 880
建德市—千岛湖	2 940	千岛湖—建德市	2 120

续上表

路段起止点	货运密度（吨公里/公里）	路段起止点	货运密度（吨公里/公里）
衢州南—浙闽主线	17 517	浙闽主线—衢州南	16 574
诸暨北—温州	69 870	温州—诸暨北	52 909
练市—杭州(崇贤)	56 436	杭州(崇贤)—练市	44 443
温州绕城(逆时针)	39 244	温州绕城(顺时针)	38 014
舟山—蛟川	6 990	蛟川—舟山	8 033
嘉兴枢纽—尖山	10 597	尖山—嘉兴枢纽	13 233
龙泉—浙闽界	2 821	浙闽界—龙泉枢纽	3 765
衢州—浙皖界	12 475	浙皖界—衢州	11 497
勾庄—长兴	15 199	长兴—勾庄	21 593
诸暨浣东—上虞道墟	8 266	上虞道墟—诸暨浣东	11 065
云龙—象山	8 111	象山—云龙	6 001
灵峰—穿山港区	11 061	穿山港区—灵峰	19 740
沈士枢纽—西塘桥	6 855	西塘桥—沈士枢纽	9 994
党湾—六工	7 141	六工—党湾	7 316
沽渚枢纽—滨海新城北	17 266	滨海新城北—沽渚枢纽	7 210
千祥—永康东	11 011	永康东—千祥	8 689

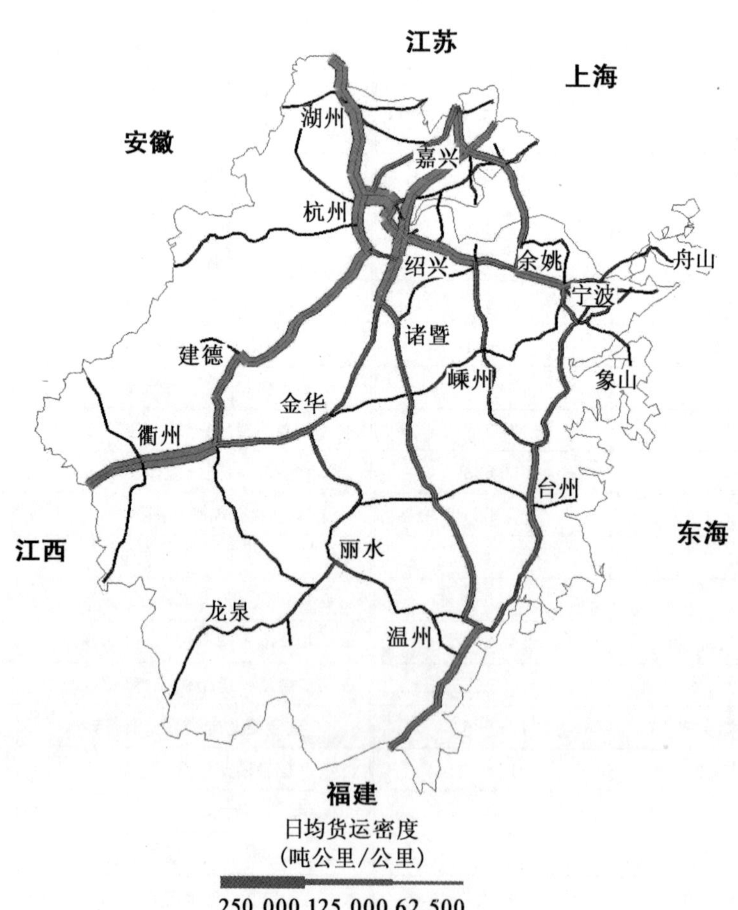

图 4.20　2015 年浙江省高速公路日均货运密度

4.7.3 交通量分布如表4.21和图4.21所示。

2015年浙江省高速公路交通量 表4.21

路段起止点	正向			反向		
	客车折算交通量(辆/日)	货车折算交通量(辆/日)	小计	客车折算交通量(辆/日)	货车折算交通量(辆/日)	小计
李家巷枢纽—浙皖主线	7 700	4 600	12 301	7 438	4 500	11 939
浙苏主线—李家巷枢纽	7 029	3 913	10 942	6 777	3 667	10 444
李家巷枢纽—父子岭(浙苏分界)	10 891	20 928	31 819	10 822	23 434	34 257
南庄兜(杭州)—李家巷枢纽	12 948	22 514	35 462	12 769	24 320	37 089
杭州绕城(逆时针)	17 105	24 728	41 833	17 046	25 261	42 307
嘉兴枢纽—沈士枢纽	29 198	29 990	59 187	28 934	30 989	59 923
大云(浙沪边界)—嘉兴枢纽	22 771	17 777	40 548	22 010	18 681	40 692
昱岭关(安徽边界)—杭州西	7 038	3 358	10 397	7 096	2 982	10 077
嘉兴枢纽—王江泾(浙苏边界)	16 970	25 819	42 788	16 543	24 923	41 466
湖州北—王江泾(浙苏边界)	6 319	8 187	14 506	6 463	7 976	14 440
西塘桥(跨海大桥北)—嘉兴枢纽	15 525	18 411	33 936	15 207	17 000	32 207
西塘桥(跨海大桥北)—浙沪主线	5 745	5 962	11 707	5 920	6 765	12 685
西塘桥(跨海大桥北)—余姚	13 623	15 467	29 091	13 830	16 071	29 901
沽渚枢纽—红垦(杭州)	28 905	24 418	53 322	29 020	24 989	54 010
余姚—沽渚枢纽	15 091	15 230	30 322	15 221	15 679	30 900
余姚—宁波北	23 439	21 702	45 140	23 914	21 518	45 432
北仑—宁波东	8 476	2 722	11 199	8 104	2 882	10 986
宁波绕城(逆时针)	8 344	11 060	19 404	8 353	10 863	19 215
嵊州枢纽—宁波西	3 925	3 955	7 880	3 967	3 897	7 864
义乌东—嵊州枢纽	5 303	4 809	10 112	5 254	4 718	9 972
嵊州枢纽—沽渚枢纽	10 177	8 151	18 328	10 199	8 632	18 831
吴岙—嵊州枢纽	5 556	5 686	11 241	5 598	6 361	11 959
宁海—姜山(宁波)	11 419	10 307	21 726	11 444	10 172	21 615
吴岙—宁海	6 935	9 427	16 361	6 940	9 146	16 087
台州—吴岙	9 933	13 939	23 871	9 942	13 647	23 589
缙云—台州	3 791	3 518	7 309	3 847	3 857	7 703
温州—台州	8 440	10 380	18 820	8 411	10 228	18 639
平阳—温州南	19 861	19 098	38 959	20 094	18 889	38 983
分水关—平阳	7 091	13 734	20 825	7 233	13 627	20 860
金华东—温州	5 205	4 322	9 527	5 305	4 108	9 413
金华东—张家畈枢纽(杭州)	12 121	11 817	23 938	12 181	12 124	24 305
杭金衢龙游交界—金华	7 840	11 159	18 999	7 900	9 865	17 765
浙赣界—杭金衢龙游交界	8 633	20 082	28 715	9 250	19 831	29 081
丽水—杭金衢龙游交界	3 399	3 440	6 839	3 351	3 534	6 885
龙泉—丽水	3 773	2 553	6 326	3 651	2 475	6 127
建德市—杭州南	12 491	16 166	28 657	12 991	16 425	29 416
杭金衢龙游交界—建德市	5 330	13 525	18 855	5 681	13 962	19 643

续上表

路段起止点	正向			反向		
	客车折算交通量（辆/日）	货车折算交通量（辆/日）	小计	客车折算交通量（辆/日）	货车折算交通量（辆/日）	小计
建德市—千岛湖	3 646	1 013	4 659	3 595	987	4 583
衢州南—浙闽主线	1 055	2 753	3 808	1 027	2 804	3 830
诸暨北—温州	7 874	11 349	19 223	7 952	11 110	19 062
练市—杭州(崇贤)	8 657	10 658	19 315	8 482	10 992	19 474
温州绕城(逆时针)	6 548	8 233	14 781	6 552	8 224	14 776
舟山—蛟川	7 067	2 482	9 549	7 107	2 432	9 539
嘉兴枢纽—尖山	2 089	2 306	4 396	2 015	2 368	4 383
龙泉—浙闽界	1 127	740	1 867	1 217	876	2 093
衢州—浙皖界	2 170	2 456	4 626	1 983	1 945	3 928
勾庄—长兴	6 143	4 193	10 335	5 982	4 152	10 134
诸暨浣东—上虞道墟	4 056	2 256	6 312	4 079	2 209	6 287
云龙—象山	7 154	2 733	9 887	7 088	2 617	9 705
灵峰—穿山港区	3 097	4 196	7 292	3 044	4 383	7 427
沈士枢纽—西塘桥	2 977	2 715	5 692	3 051	2 545	5 596
党湾—六工	1 226	2 055	3 281	1 202	1 698	2 900
沽渚枢纽—滨海新城北	1 455	2 377	3 832	1 418	2 408	3 827
千祥—永康东	3 165	1 714	4 879	3 365	1 911	5 276

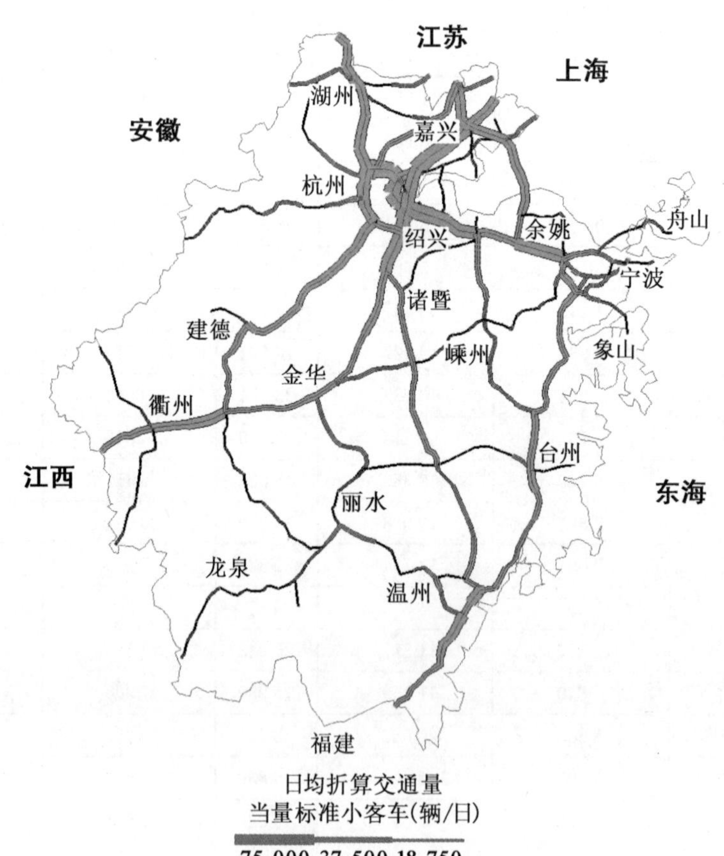

图 4.21　2015 年浙江省高速公路日均交通量

4.8　安徽省高速公路运输密度

4.8.1　客运密度分布如表4.22和图4.22所示。

2015年安徽省高速公路客运密度　　表4.22

路段起止点	客运密度（人公里/公里）	路段起止点	客运密度（人公里/公里）
皖豫—皖苏	20 265	皖苏—皖豫	19 676
朱圩子—宿州	18 874	宿州—朱圩子	19 180
宿州—蚌埠	23 562	蚌埠—宿州	23 949
蚌埠—合肥	16 661	合肥—蚌埠	18 407
合肥—芜湖	46 540	芜湖—合肥	47 748
芜湖—苏皖	33 073	苏皖—芜湖	33 211
界首—蚌埠	26 326	蚌埠—界首	27 969
蚌埠—曹庄	49 660	曹庄—蚌埠	52 297
黄庄—阜阳	10 898	阜阳—黄庄	10 590
阜阳—淮南	26 109	淮南—阜阳	26 076
淮南—合肥	54 190	合肥—淮南	54 295
合肥—庐江	53 614	庐江—合肥	53 309
庐江—铜陵	17 790	铜陵—庐江	17 716
铜陵—黄山	13 651	黄山—铜陵	13 686
黄山—徽州	8 896	徽州—黄山	8 437
庐江—怀宁	27 387	怀宁—庐江	27 262
怀宁—宿松	18 833	宿松—怀宁	18 707
怀宁—安庆	19 664	安庆—怀宁	19 963
叶集—六安	31 769	六安—叶集	32 690
六安—合肥	46 321	合肥—六安	48 215
合肥—吴庄	44 641	吴庄—合肥	43 650
大顾店—长岭关	10 405	长岭关—大顾店	9 891
潜山互通—六安西	4 894	六安西—潜山互通	5 028
马鞍山—芜湖	39 006	芜湖—马鞍山	38 391
芜湖—铜陵	21 899	铜陵—芜湖	21 753
铜陵—安庆	19 961	安庆—铜陵	19 495
安庆—皖赣花园	6 255	皖赣花园—安庆	6 150
宿州—泗县	3 571	泗县—宿州	3 570
合肥绕城(顺时针)	47 555	合肥绕城(逆时针)	48 171
亳鹿主线—亳永主线	5 496	亳永主线—亳鹿主线	5 323
宿州—淮永主线	8 757	淮永主线—宿州	8 722
芜湖—水阳	2 857	水阳—芜湖	2 868
阜阳南—皖豫临泉	5 119	阜阳南—皖豫临泉	5 245
屯溪西—皖赣新安	3 117	屯溪西—皖赣新安	2 803
巢湖互通—皖苏博望	28 326	巢湖互通—皖苏博望	29 982

续上表

路段起止点	客运密度（人公里/公里）	路段起止点	客运密度（人公里/公里）
宣城互通—接宁绩	4 464	宣城互通—接宁绩	4 657
宁国—皖浙千秋关	1 124	皖浙千秋关—宁国	136
明光互通—皖苏主线	1 981	皖苏主线—明光互通	2 099
潜山互通—皖赣香隅	656	皖赣香隅—潜山互通	254
滁州互通—和县	188	和县—滁州互通	310
无为南—宣城	8 120	宣城—无为南	8 435
砀永主线—皖鲁主线	633	皖鲁主线—砀永主线	622
淮永主线—利辛东	519	利辛东—淮永主线	806
岳西互通—皖鄂主线	641	皖鄂主线—岳西互通	164
阜阳南—六安西	7 756	六安西—阜阳南	7 682
凤阳—淮南东	6907	淮南东—凤阳	7 216
宁国—歙县东	3 314	歙县东—宁国	3 467

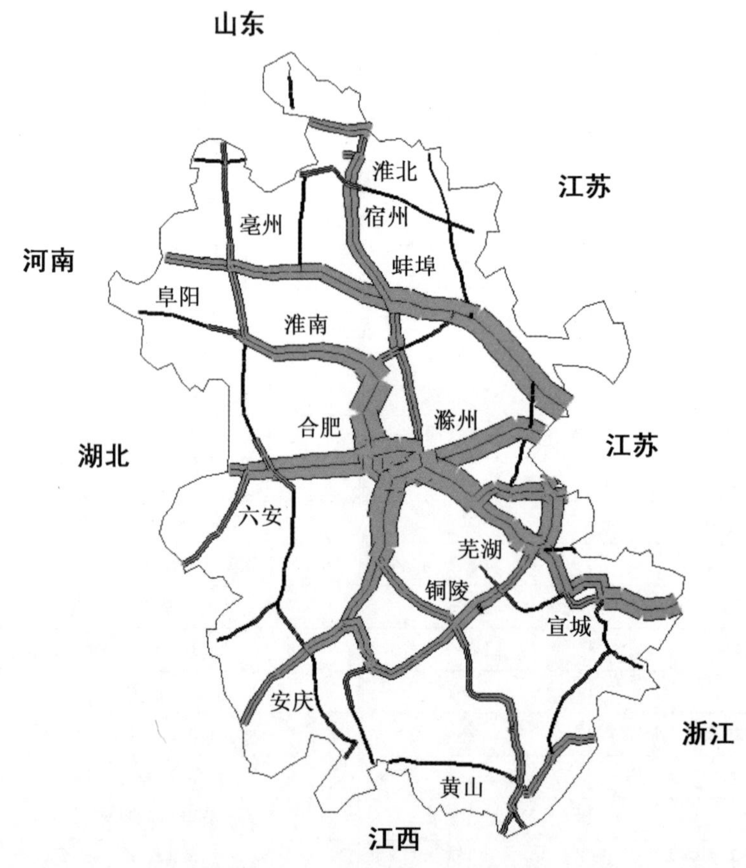

图 4.22　2015 年安徽省高速公路日均客运密度

4.8.2　货运密度分布如表4.23和图4.23所示。

2015年安徽省高速公路货运密度　　表4.23

路段起止点	货运密度(吨/公里)	路段起止点	货运密度(吨/公里)
皖豫—皖苏	25 005	皖苏—皖豫	37 438
朱圩子—宿州	64 042	宿州—朱圩子	39 301
宿州—蚌埠	57 541	蚌埠—宿州	33 943
蚌埠—合肥	50 316	合肥—蚌埠	33 530
合肥—芜湖	58 577	芜湖—合肥	59 983
芜湖—苏皖	36 990	苏皖—芜湖	28 611
界首—蚌埠	48 367	蚌埠—界首	43 369
蚌埠—曹庄	76 568	曹庄—蚌埠	58 773
黄庄—阜阳	28 250	阜阳—黄庄	25 929
阜阳—淮南	23 288	淮南—阜阳	25 605
淮南—合肥	39 980	合肥—淮南	29 342
合肥—庐江	78 803	庐江—合肥	63 765
庐江—铜陵	14 931	铜陵—庐江	12 632
铜陵—黄山	13 210	黄山—铜陵	9 822
黄山—徽州	14 257	徽州—黄山	14 094
庐江—怀宁	62 334	怀宁—庐江	52 394
怀宁—宿松	56 427	宿松—怀宁	47 612
怀宁—安庆	26 379	安庆—怀宁	25 242
叶集—六安	75 612	六安—叶集	72 186
六安—合肥	86 429	合肥—六安	86 597
合肥—吴庄	40 380	吴庄—合肥	51 791
大顾店—长岭关	56 128	长岭关—大顾店	39 235
潜山互通—六安西	8 558	六安西—潜山互通	8 358
马鞍山—芜湖	37 184	芜湖—马鞍山	31 883
芜湖—铜陵	27 703	铜陵—芜湖	24 422
铜陵—安庆	21 316	安庆—铜陵	21 092
安庆—皖赣花园	25 578	皖赣花园—安庆	26 299
宿州—泗县	3 164	泗县—宿州	1 987
合肥绕城(顺时针)	67 310	合肥绕城(逆时针)	63 346
亳鹿主线—亳永主线	4 476	亳永主线—亳鹿主线	4 422
宿州—淮永主线	9 005	淮永主线—宿州	12 573
芜湖—水阳	3 276	水阳—芜湖	2 768
阜阳南—皖豫临泉	4 388	阜阳南—皖豫临泉	5 501
屯溪西—皖赣新安	884	屯溪西—皖赣新安	1 368
巢湖互通—皖苏博望	32 824	巢湖互通—皖苏博望	39 825
宣城互通—接宁绩	2 481	宣城互通—接宁绩	2 061
宁国—皖浙千秋关	777	皖浙千秋关—宁国	42
明光互通—皖苏主线	3 214	皖苏主线—明光互通	4 485

续上表

路段起止点	货运密度（吨/公里）	路段起止点	货运密度（吨/公里）
潜山互通—皖赣香隅	257	皖赣香隅—潜山互通	164
滁州互通—和县	102	和县—滁州互通	159
无为南—宣城	8 391	宣城—无为南	6 781
砀永主线—皖鲁主线	122	皖鲁主线—砀永主线	493
淮永主线—利辛东	621	利辛东—淮永主线	297
岳西互通—皖鄂主线	97	皖鄂主线—岳西互通	80
阜阳南—六安西	16 099	六安西—阜阳南	23 034
凤阳—淮南东	10 268	淮南东—凤阳	6 206
宁国—歙县东	3 293	歙县东—宁国	2 473

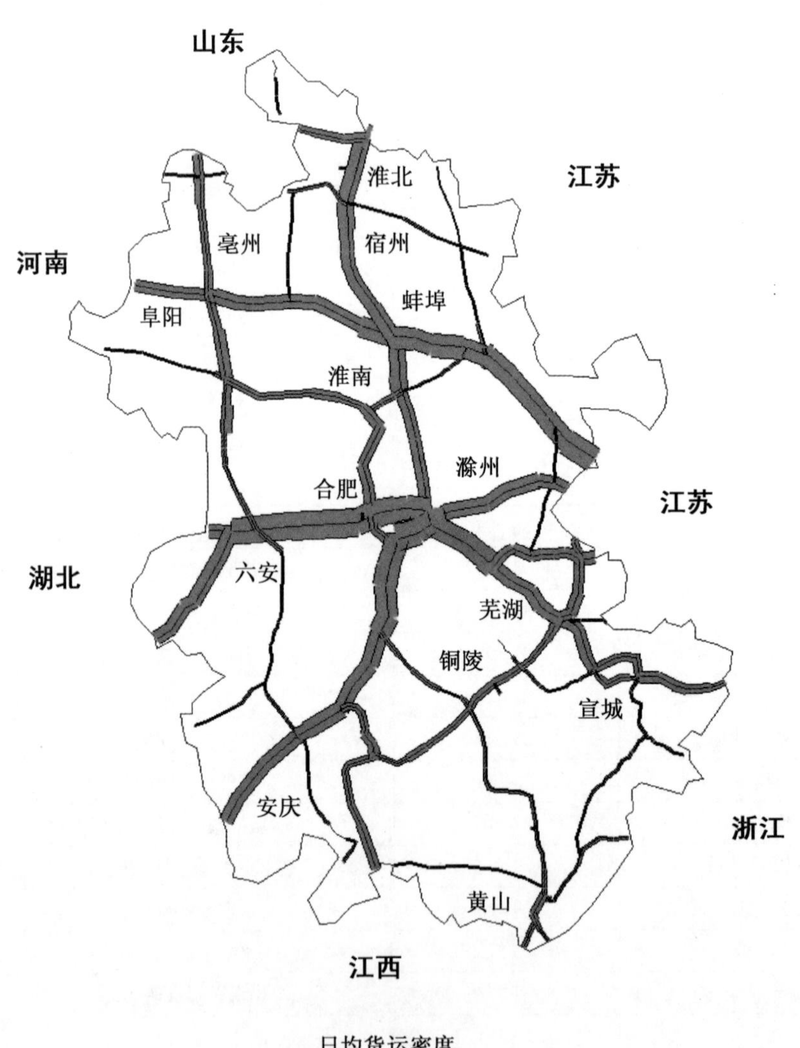

图 4.23　2015 年安徽省高速公路日均货运密度

4.8.3　交通量分布如表 4.24 和图 4.24 所示。

2015 年安徽省高速公路交通量　　表 4.24

路段起止点	正向		小计	反向		小计
	客车折算交通量（辆/日）	货车折算交通量（辆/日）		客车折算交通量（辆/日）	货车折算交通量（辆/日）	
皖豫—皖苏	4 587	5 149	9 735	4 592	5 505	10 097
朱圩子—宿州	5 364	9 453	14 817	5 482	8 563	14 045
宿州—蚌埠	5 623	8 468	14 091	5 812	6 670	12 482
蚌埠—合肥	4 137	7 275	11 413	4 639	6 669	11 308
合肥—芜湖	10 808	10 361	21 169	11 007	11 171	22 179
芜湖—苏皖	7 109	6 187	13 296	7 110	6 209	13 319
界首—蚌埠	4 647	7 489	12 136	5 100	7 605	12 704
蚌埠—曹庄	8 408	11 528	19 935	9 206	10 708	19 914
黄庄—阜阳	2 723	4 204	6 927	2 719	4 876	7 595
阜阳—淮南	5 959	4 632	10 591	6 013	4 844	10 857
淮南—合肥	13 448	6 904	20 351	13 663	6 715	20 378
合肥—庐江	13 972	12 115	26 087	13 715	11 994	25 708
庐江—铜陵	4 703	2 793	7 496	4 672	2 613	7 285
铜陵—黄山	3 309	2 308	5 617	3 334	2 149	5 483
黄山—徽州	2 250	2 691	4 941	2 111	2 451	4 562
庐江—怀宁	6 600	9 026	15 627	6 461	9 085	15 546
怀宁—宿松	4 255	8 138	12 393	4 188	8 023	12 211
怀宁—安庆	4 766	4 302	9 067	4 876	4 647	9 523
叶集—六安	5 945	11 456	17 401	6 263	12 446	18 709
六安—合肥	9 551	13 339	22 889	10 240	15 112	25 351
合肥—吴庄	8 640	8 870	17 509	8 712	8 770	17 482
大顾店—长岭关	2 715	8 692	11 407	2 553	6 751	9 304
潜山互通—六安西	1 430	1 635	3 064	1 466	1 404	2 869
马鞍山—芜湖	9 872	7 141	17 014	9 700	7 228	16 928
芜湖—铜陵	5 600	4 913	10 513	5 606	5 013	10 620
铜陵—安庆	4 692	3 628	8 320	4 550	4 033	8 583
安庆—皖赣花园	1 759	3 766	5 525	1 697	4 454	6 152
宿州—泗县	1 140	580	1 719	1 139	455	1 593
合肥绕城(顺时针)	11 197	11 661	22 858	11 459	12 138	23 597
亳鹿主线—亳永主线	1 316	1 015	2 331	1 328	922	2 250
宿州—淮永主线	1 994	1 765	3 759	1 914	2 124	4 038
芜湖—水阳	941	676	1 618	940	676	1 617
阜阳南—皖豫临泉	1 075	960	2 035	1 054	1 064	2 117
屯溪西—皖赣新安	878	271	1 149	783	301	1 085
巢湖互通—皖苏博望	5 658	6 282	11 940	5 952	7 161	13 113
宣城互通—接宁绩	1 341	585	1 926	1 424	653	2 077
接宁绩—皖浙千秋关	355	174	528	44	26	70

续上表

路段起止点	正向			反向		
	客车折算交通量（辆/日）	货车折算交通量（辆/日）	小计	客车折算交通量（辆/日）	货车折算交通量（辆/日）	小计
明光互通—皖苏主线	399	678	1 077	423	679	1 103
潜山互通—皖赣香隅	227	56	284	90	38	128
滁州互通—和县	61	26	87	107	43	150
无为南—宣城	2 054	1 409	3 464	2 155	1 418	3 573
砀永主线—皖鲁主线	224	75	299	219	97	316
淮永主线—利辛东	160	118	278	228	99	327
岳西互通—皖鄂主线	215	35	250	61	24	85
阜阳南—六安西	2 157	3 320	5 477	2 128	3 587	5 715
凤阳—淮南东	1 856	1 645	3 502	1 980	1 400	3 380
宁国—歙县东	896	565	1 461	929	625	1 554

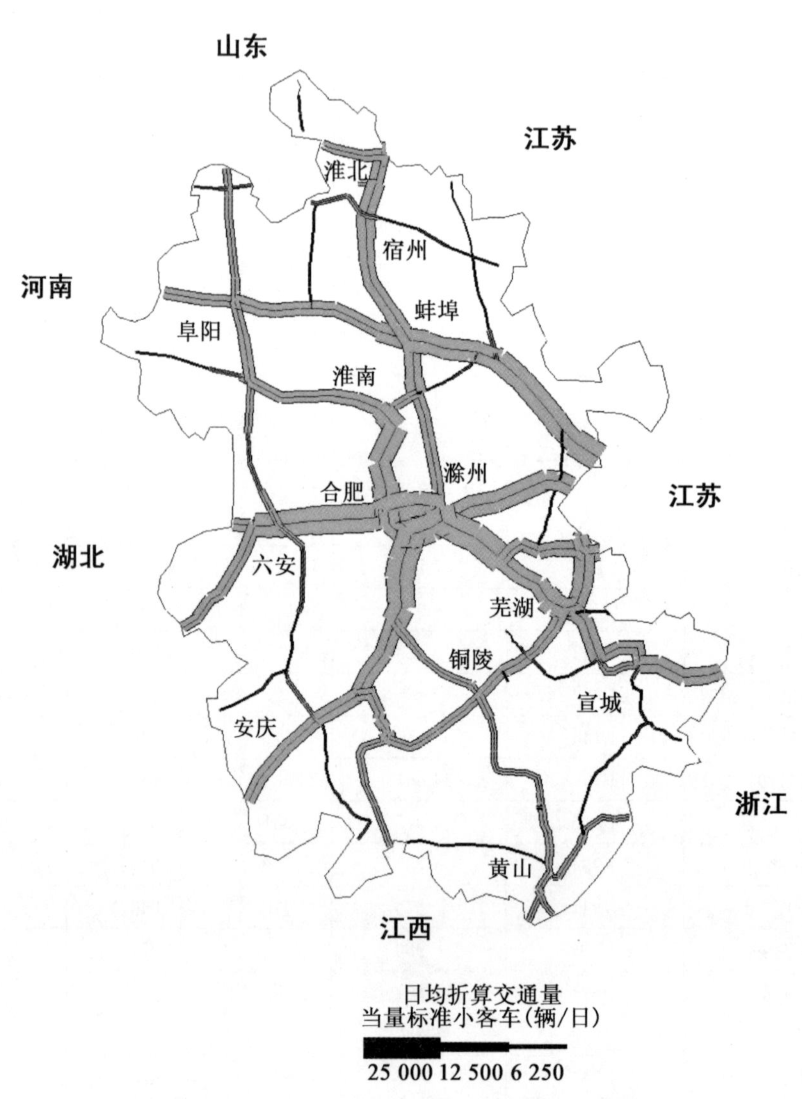

图 4.24　2015 年安徽省高速公路日均交通量

4.9　福建省高速公路运输密度

4.9.1　客运密度分布如表 4.25 和图 4.25 所示。

2015 年福建省高速公路客运密度　　表 4.25

路段起止点	客运密度（人公里/公里）	路段起止点	客运密度（人公里/公里）
闽浙—福鼎	14 839	福鼎—闽浙	12 075
福鼎—霞浦	19 404	霞浦—福鼎	18 068
霞浦—宁德	24 700	宁德—霞浦	24 326
宁德—连江	34 144	连江—宁德	33 355
连江—闽侯	12 085	闽侯—连江	16 502
连江—福州	32 264	福州—连江	33 991
营前—福州机场	29 424	福州机场—营前	21 871
福州—莆田	45 500	莆田—福州	42 919
平潭—渔溪	14 262	渔溪—平潭	14 153
莆田—泉州	51 136	泉州—莆田	49 751
湄洲岛—仙游大济	8 693	仙游大济—湄洲岛	8 556
惠东—南安	11 052	南安—惠东	11 079
泉州—厦门	78 439	厦门—泉州	78 254
晋江龙湖—内坑	16 542	内坑—晋江龙湖	16 017
厦门—漳州	62 869	漳州—厦门	60 518
漳州—云霄	27 840	云霄—漳州	25 198
云霄—诏安	21 282	诏安—云霄	19 532
诏安—闽粤	18 464	闽粤—诏安	17 431
漳州—龙岩	22 387	龙岩—漳州	18 710
龙岩—新泉	22 620	新泉—龙岩	25 053
溪南—龙岩	5 952	龙岩—溪南	5 140
龙岩—永定下洋	5 447	永定下洋—龙岩	5 696
下道湖—古石	8 269	古石—下道湖	9 134
新泉—夏成闽赣	13 020	夏成闽赣—新泉	11 663
泉州—永春	33 435	永春—泉州	32 581
亭川—安溪龙门	12 514	安溪龙门—亭川	11 790
永春—永安	16 858	永安—永春	16 545
德化—蓬壶	8 290	蓬壶—德化	9 089
永安—泉南闽赣	7 737	泉南闽赣—永安	7 505
福州—青州	16 390	青州—福州	15 070
夏茂—闽赣省际	11 799	闽赣省际—夏茂	11 842
湾坞—屏南	7 150	屏南—湾坞	8 360
松溪旧县—建瓯东峰	3 719	建瓯东峰—松溪旧县	3 515

续上表

路段起止点	客运密度 (人公里/公里)	路段起止点	客运密度 (人公里/公里)
杨源—将口	2 867	将口—杨源	2 537
兴田—宁上闽赣	3 990	宁上闽赣—兴田	3 662
兴田—和平	4 034	和平—兴田	3 583
浦建闽浙—浦城	629	浦城—浦建闽浙	601
京台闽浙—浦城	3 521	浦城—京台闽浙	2 744
浦城—南平	6 645	南平—浦城	6 337
南平—三明	16 322	三明—南平	15 786
三明—永安	18 457	永安—三明	18 248
永安—新泉	4 798	新泉—永安	4 448
新泉—长深闽粤	5 659	长深闽粤—新泉	5 270
永春湖洋—安溪福田	7 834	安溪福田—永春湖洋	7 087
长泰枋洋—漳州西	4 306	漳州西—长泰枋洋	3 739
漳州西—沈海复线闽粤	3 792	沈海复线闽粤—漳州西	3 590
福州南—永泰梧桐	13 429	永泰梧桐—福州南	12 895
涵江江口—仙游榜头	2 572	仙游榜头—涵江江口	2 489
仙游龙华—亭川	3 146	亭川—仙游龙华	3 279
仙游大济—湖洋	6 082	湖洋—仙游大济	5 954
南安—水头	17 649	水头—南安	16 282
惠安—樟井	6 321	樟井—惠安	6 393
厦门—长泰枋洋	9 990	长泰枋洋—厦门	9 923
长泰—厦门	9 753	厦门—长泰	8 359
桃源—漳平	3 738	漳平—桃源	3 925
漳平—华安开发区	4 412	华安开发区—漳平	5 522
东山岛—东山	2 852	东山—东山岛	842
南靖靖城—龙海东泗	1 654	龙海东泗—南靖靖城	1 454
莆田—秀屿棣头	1 195	秀屿棣头—莆田	124
安溪东—南安	10 794	南安—安溪东	10 207
建瓯—闽侯甘蔗	3 837	闽侯甘蔗—建瓯	5 459
福荣—拓荣	2 301	拓荣—福荣	1 413
寿宁犀溪—福安	1 183	福安—寿宁犀溪	1 921
飞鸾—连江	572	连江—飞鸾	1 954
海沧—紫泥	24 161	紫泥—海沧	22 416
厦漳大桥—漳州港	9 096	漳州港—厦漳大桥	10 922
古武闽赣—武平	1 348	武平—古武闽赣	1 875
浦建闽赣—泰宁	850	泰宁—浦建闽赣	752

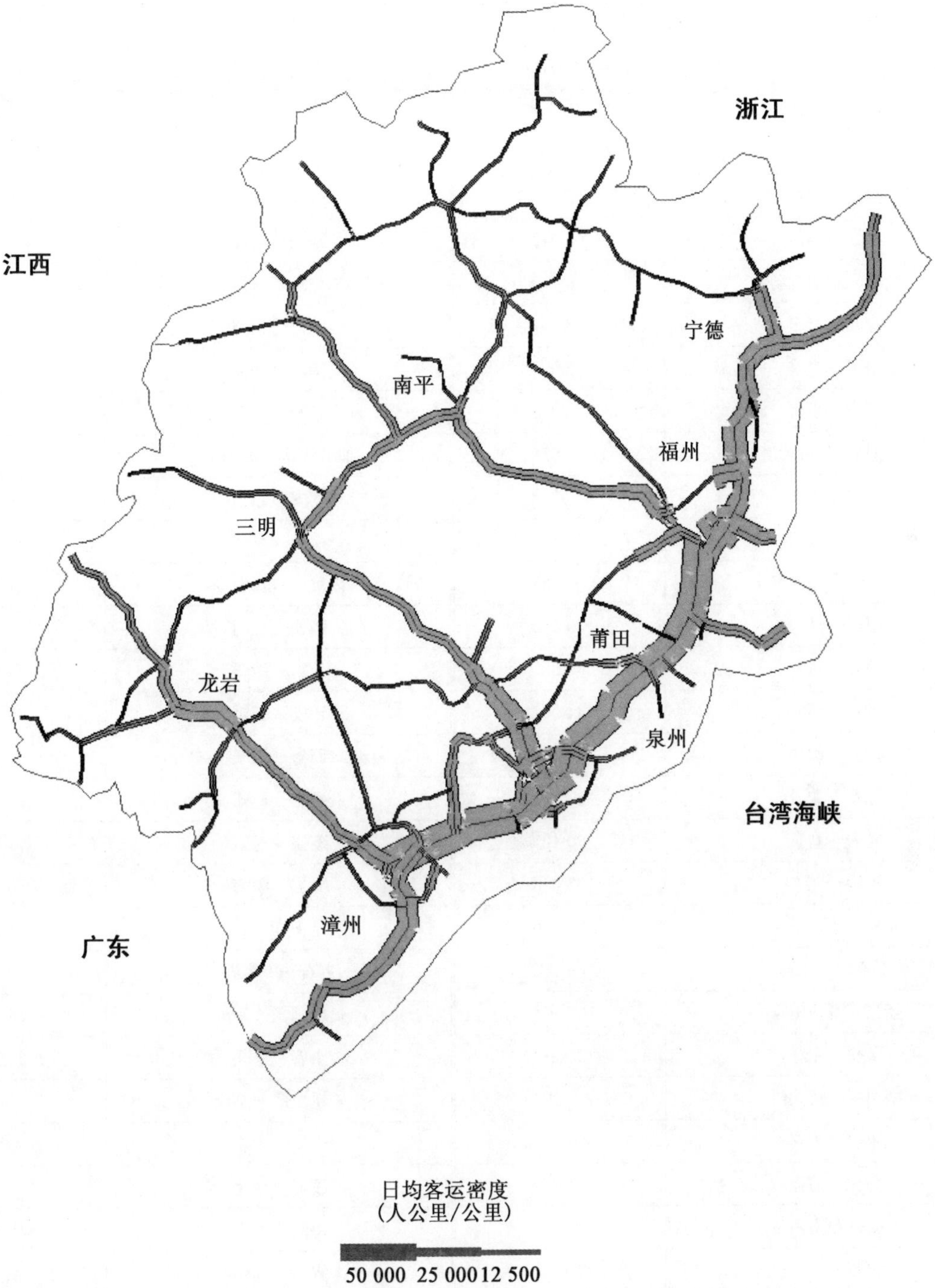

图4.25　2015年福建省高速公路日均客运密度

4.9.2 货运密度分布如表4.26和图4.26所示。

2015年福建省高速公路货运密度 表4.26

路段起止点	货运密度（吨公里/公里）	路段起止点	货运密度（吨公里/公里）
闽浙—福鼎	76 596	福鼎—闽浙	73 177
福鼎—霞浦	73 514	霞浦—福鼎	76 375
霞浦—宁德	71 547	宁德—霞浦	81 536
宁德—连江	75 418	连江—宁德	82 840
连江—闽侯	8 113	闽侯—连江	6 219
连江—福州	56 042	福州—连江	56 711
营前—福州机场	6 770	福州机场—营前	5 461
福州—莆田	72 067	莆田—福州	76 807
平潭—渔溪	3 800	渔溪—平潭	5 652
莆田—泉州	75 955	泉州—莆田	79 510
湄洲岛—仙游大济	6 573	仙游大济—湄洲岛	10 759
惠东—南安	5 988	南安—惠东	6 019
泉州—厦门	78 347	厦门—泉州	80 341
晋江龙湖—内坑	8 123	内坑—晋江龙湖	7 691
厦门—漳州	59 682	漳州—厦门	71 815
漳州—云霄	39 238	云霄—漳州	36 771
云霄—诏安	44 001	诏安—云霄	39 613
诏安—闽粤	49 578	闽粤—诏安	41 262
漳州—龙岩	27 522	龙岩—漳州	28 537
龙岩—新泉	20 401	新泉—龙岩	19 542
溪南—龙岩	5 033	龙岩—溪南	6 972
龙岩—永定下洋	2 676	永定下洋—龙岩	2 705
下道湖—古石	3 162	古石—下道湖	2 878
新泉—夏成闽赣	16 721	夏成闽赣—新泉	16 019
泉州—永春	25 674	永春—泉州	27 046
亭川—安溪龙门	4 203	安溪龙门—亭川	4 819
永春—永安	30 833	永安—永春	40 969
德化—蓬壶	4 875	蓬壶—德化	6 275
永安—泉南闽赣	22 139	泉南闽赣—永安	18 077
福州—青州	22 504	青州—福州	28 792
夏茂—闽赣省际	13 269	闽赣省际—夏茂	18 947
湾坞—屏南	4 913	屏南—湾坞	5 731
松溪旧县—建瓯东峰	2 985	建瓯东峰—松溪旧县	4 183
杨源—将口	3 354	将口—杨源	5 405
兴田—宁上闽赣	3 713	宁上闽赣—兴田	4 357

续上表

路段起止点	货运密度（吨公里/公里）	路段起止点	货运密度（吨公里/公里）
兴田—和平	2 571	和平—兴田	4 656
浦建闽浙—浦城	609	浦城—浦建闽浙	583
京台闽浙—浦城	19 048	浦城—京台闽浙	13 923
浦城—南平	12 493	南平—浦城	12 492
南平—三明	22 783	三明—南平	25 732
三明—永安	20 449	永安—三明	18 467
永安—新泉	12 464	新泉—永安	10 498
新泉—长深闽粤	15 184	长深闽粤—新泉	12 162
永春湖洋—安溪福田	8 213	安溪福田—永春湖洋	17 948
长泰枋洋—漳州西	6 223	漳州西—长泰枋洋	5 293
漳州西—沈海复线闽粤	2 080	沈海复线闽粤—漳州西	3 132
福州南—永泰梧桐	3 489	永泰梧桐—福州南	2 671
涵江江口—仙游榜头	1 173	仙游榜头—涵江江口	1 094
仙游龙华—亭川	1 560	亭川—仙游龙华	1 406
仙游大济—湖洋	8 795	湖洋—仙游大济	21 163
南安—水头	9 674	水头—南安	12 982
惠安—樟井	3 800	樟井—惠安	2 849
厦门—长泰枋洋	2 853	长泰枋洋—厦门	6 141
长泰—厦门	8 133	厦门—长泰	6 749
桃源—漳平	6 583	漳平—桃源	3 983
漳平—华安开发区	5 600	华安开发区—漳平	3 979
东山岛—东山	774	东山—东山岛	360
南靖靖城—龙海东泗	908	龙海东泗—南靖靖城	1 288
莆田—秀屿棣头	358	秀屿棣头—莆田	54
安溪东—南安	2 664	南安—安溪东	3 045
建瓯—闽侯甘蔗	3 759	闽侯甘蔗—建瓯	4 586
福荣—拓荣	1 849	拓荣—福荣	912
寿宁犀溪—福安	428	福安—寿宁犀溪	954
飞鸾—连江	265	连江—飞鸾	367
海沧—紫泥	41 542	紫泥—海沧	40 892
厦漳大桥—漳州港	2 777	漳州港—厦漳大桥	3 778
古武闽赣—武平	539	武平—古武闽赣	1 111
浦建闽赣—泰宁	564	泰宁—浦建闽赣	433

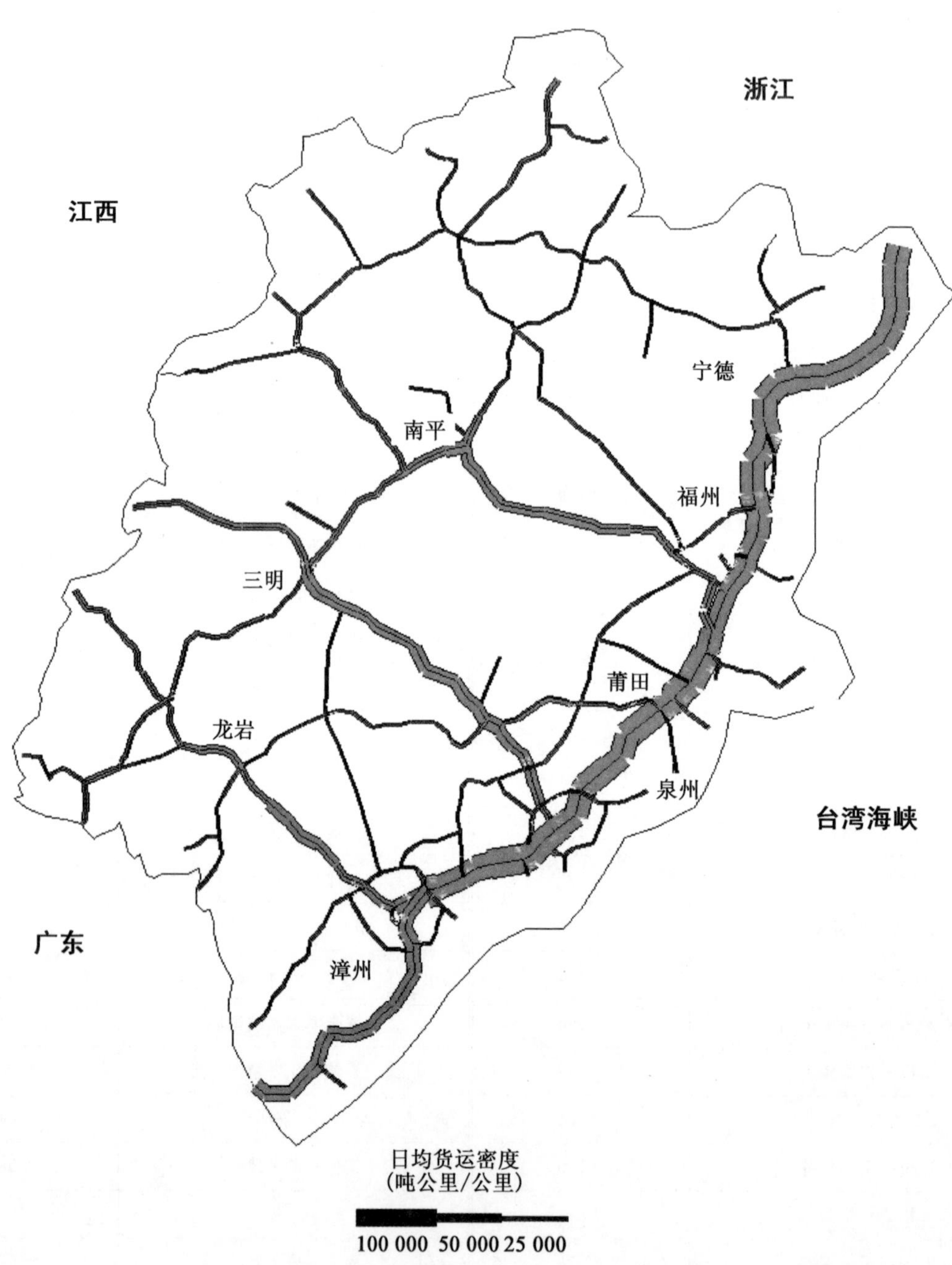

图 4.26　2015 年福建省高速公路日均货运密度

4.9.3 道路负荷分布如表 4.27 和图 4.27 所示。

2015 年福建省高速公路轴载　　表 4.27

路段起止点	轴载（标准轴载当量轴次/日）	路段起止点	轴载（标准轴载当量轴次/日）
闽浙—福鼎	16 991	福鼎—闽浙	14 064
福鼎—霞浦	15 586	霞浦—福鼎	14 902
霞浦—宁德	15 479	宁德—霞浦	16 440
宁德—连江	17 053	连江—宁德	17 814
连江—闽侯	3 027	闽侯—连江	1 972
连江—福州	10 914	福州—连江	11 269
营前—福州机场	1 296	福州机场—营前	1 089
福州—莆田	14 307	莆田—福州	14 986
平潭—渔溪	863	渔溪—平潭	1 340
莆田—泉州	14 369	泉州—莆田	15 990
湄洲岛—仙游大济	1 438	仙游大济—湄洲岛	2 530
惠东—南安	1 136	南安—惠东	1 358
泉州—厦门	16 480	厦门—泉州	17 014
晋江龙湖—内坑	1 980	内坑—晋江龙湖	2 005
厦门—漳州	15 046	漳州—厦门	16 939
漳州—云霄	8 393	云霄—漳州	7 021
云霄—诏安	9 335	诏安—云霄	7 762
诏安—闽粤	11 081	闽粤—诏安	8 017
漳州—龙岩	6 565	龙岩—漳州	7 858
龙岩—新泉	3 732	新泉—龙岩	3 774
溪南—龙岩	1 137	龙岩—溪南	1 781
龙岩—永定下洋	615	永定下洋—龙岩	667
下道湖—古石	605	古石—下道湖	612
新泉—夏成闽赣	2 726	夏成闽赣—新泉	2 733
泉州—永春	5 314	永春—泉州	6 321
亭川—安溪龙门	1 012	安溪龙门—亭川	1 234
永春—永安	6 098	永安—永春	12 106
德化—蓬壶	1 067	蓬壶—德化	1 659
永安—泉南闽赣	4 120	泉南闽赣—永安	4 039
福州—青州	4 841	青州—福州	7 512
夏茂—闽赣省际	2 408	闽赣省际—夏茂	3 291
湾坞—屏南	1 113	屏南—湾坞	1 227
松溪旧县—建瓯东峰	536	建瓯东峰—松溪旧县	1 022
杨源—将口	667	将口—杨源	1 146
兴田—宁上闽赣	757	宁上闽赣—兴田	888

续上表

路段起止点	轴载（标准轴载当量轴次/日）	路段起止点	轴载（标准轴载当量轴次/日）
兴田—和平	508	和平—兴田	1 059
浦建闽浙—浦城	97	浦城—浦建闽浙	119
京台闽浙—浦城	3 331	浦城—京台闽浙	2 391
浦城—南平	2 021	南平—浦城	2 206
南平—三明	3 940	三明—南平	4 631
三明—永安	3 778	永安—三明	3 126
永安—新泉	2 375	新泉—永安	1 796
新泉—长深闽粤	2 937	长深闽粤—新泉	2 099
永春湖洋—安溪福田	1 894	安溪福田—永春湖洋	5 000
长泰枋洋—漳州西	1 678	漳州西—长泰枋洋	1 655
漳州西—沈海复线闽粤	702	沈海复线闽粤—漳州西	565
福州南—永泰梧桐	1 185	永泰梧桐—福州南	690
涵江江口—仙游榜头	385	仙游榜头—涵江江口	310
仙游龙华—亭川	411	亭川—仙游龙华	453
仙游大济—湖洋	2 238	湖洋—仙游大济	5 609
南安—水头	2 322	水头—南安	2 957
惠安—樟井	774	樟井—惠安	646
厦门—长泰枋洋	823	长泰枋洋—厦门	1 569
长泰—厦门	2 252	厦门—长泰	1 990
桃源—漳平	1 421	漳平—桃源	779
漳平—华安开发区	1 221	华安开发区—漳平	849
东山岛—东山	179	东山—东山岛	81
南靖靖城—龙海东泗	370	龙海东泗—南靖靖城	504
莆田—秀屿棣头	99	秀屿棣头—莆田	28
安溪东—南安	611	南安—安溪东	648
建瓯—闽侯甘蔗	829	闽侯甘蔗—建瓯	1 260
福荣—拓荣	568	拓荣—福荣	315
寿宁犀溪—福安	90	福安—寿宁犀溪	237
飞鸾—连江	62	连江—飞鸾	79
海沧—紫泥	9 295	紫泥—海沧	7 901
厦漳大桥—漳州港	726	漳州港—厦漳大桥	1 047
古武闽赣—武平	110	武平—古武闽赣	237
浦建闽赣—泰宁	244	泰宁—浦建闽赣	127

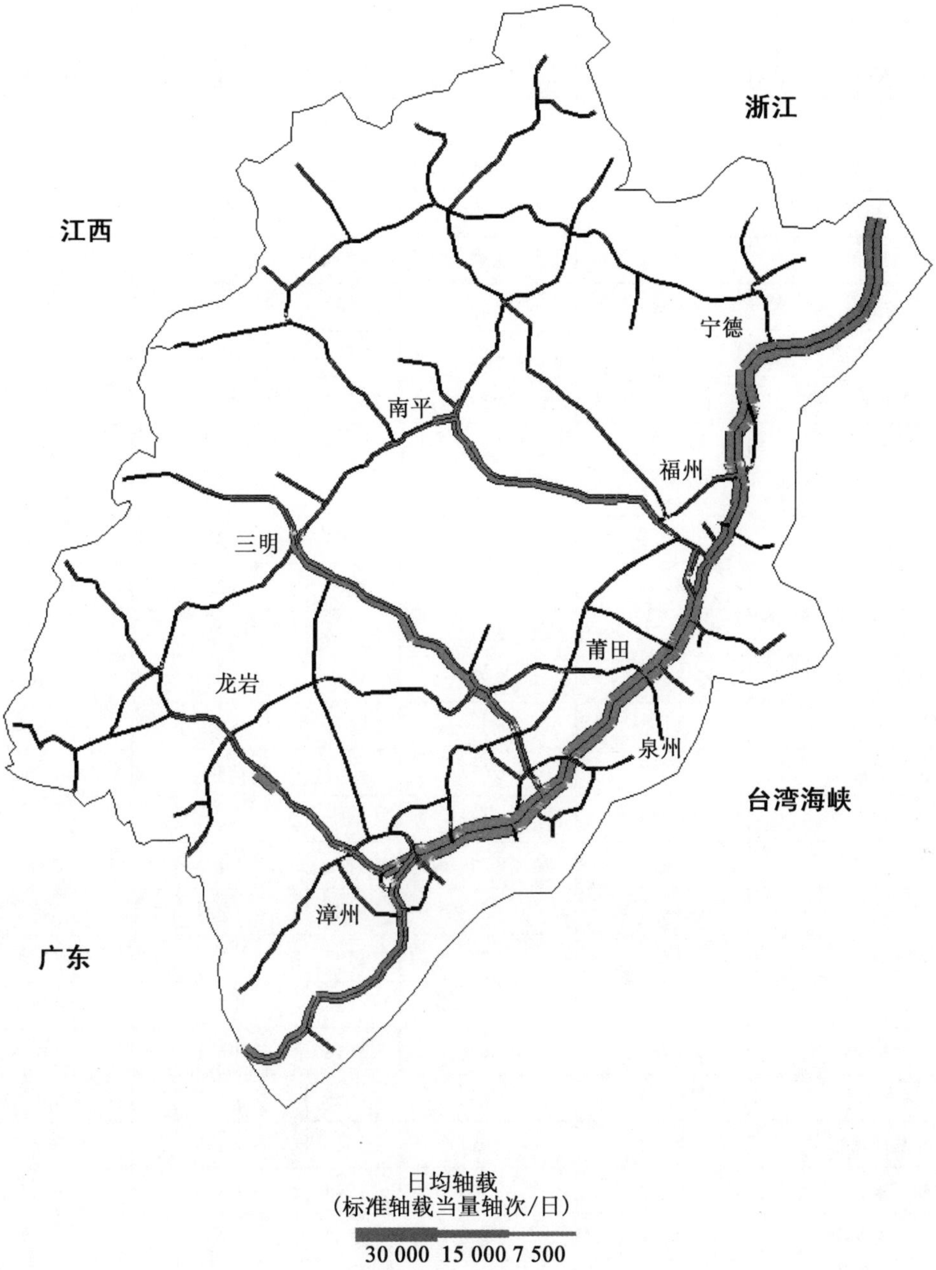

浙江
江西
宁德
南平
福州
三明
莆田
龙岩
泉州
台湾海峡
漳州
广东

日均轴载
(标准轴载当量轴次/日)
30 000 15 000 7 500

图 4.27 2015 年福建省高速公路日均轴载

4.9.4 交通量分布如表4.28和图4.28所示。

2015年福建省高速公路交通量 表4.28

路段起止点	正向			反向		
	客车折算交通量（辆/日）	货车折算交通量（辆/日）	小计	客车折算交通量（辆/日）	货车折算交通量（辆/日）	小计
闽浙—福鼎	3 393	12 536	15 929	2 496	11 973	14 469
福鼎—霞浦	4 409	12 517	16 926	3 943	12 658	16 601
霞浦—宁德	5 725	13 551	19 277	5 552	13 525	19 077
宁德—连江	8 169	14 699	22 868	7 855	14 620	22 476
连江—闽侯	3 084	1 740	4 824	4 398	1 874	6 272
连江—福州	8 540	11 301	19 842	9 004	11 733	20 737
营前—福州机场	8 553	2 279	10 833	6 557	2 238	8 794
福州—莆田	11 068	15 285	26 353	10 313	14 799	25 113
平潭—渔溪	3 856	1 658	5 514	3 869	1 634	5 502
莆田—泉州	12 261	17 189	29 450	12 038	16 579	28 617
湄洲岛—仙游大济	2 925	2 013	4 939	2 843	2 140	4 983
惠东—南安	3 704	1 979	5 683	3 717	1 945	5 661
泉州—厦门	19 470	19 846	39 316	19 214	19 165	38 379
晋江龙湖—内坑	5 134	2 906	8 040	5 065	2 705	7 771
厦门—漳州	14 605	16 466	31 072	14 069	16 353	30 422
漳州—云霄	6 383	8 054	14 437	5 600	7 902	13 503
云霄—诏安	4 338	8 137	12 475	3 813	8 041	11 854
诏安—闽粤	3 277	8 528	11 806	3 100	8 462	11 562
漳州—龙岩	4 652	6 833	11 485	3 820	5 536	9 357
龙岩—新泉	4 717	4 078	8 795	5 510	4 834	10 344
溪南—龙岩	1 898	1 529	3 428	1 644	1 590	3 234
龙岩—永定下洋	1 785	831	2 616	1 871	1 046	2 917
下道湖—古石	2 146	952	3 098	2 431	1 382	3 813
新泉—夏成闽赣	2 428	3 014	5 441	2 235	3 052	5 287
泉州—永春	8 749	6 500	15 249	8 361	6 155	14 515
亭川—安溪龙门	3 827	1 506	5 333	3 439	1 428	4 867
永春—永安	3 324	6 589	9 913	3 205	6 261	9 466
德化—蓬壶	2 555	1 579	4 133	2 684	1 531	4 215
永安—泉南闽赣	1 524	3 528	5 052	1 447	2 889	4 337
福州—青州	3 766	4 676	8 442	3 362	5 276	8 638
夏茂—闽赣省际	2 093	2 645	4 738	2 079	3 614	5 693
湾坞—屏南	1 816	1 205	3 021	2 039	1 434	3 474
松溪旧县—建瓯东峰	971	896	1 867	932	902	1 834
杨源—将口	757	791	1 547	664	885	1 548

续上表

路段起止点	正向		小计	反向		小计
	客车折算交通量（辆/日）	货车折算交通量（辆/日）		客车折算交通量（辆/日）	货车折算交通量（辆/日）	
兴田—宁上闽赣	1 140	857	1 996	1 056	862	1 919
兴田—和平	1 089	850	1 938	944	949	1 893
浦建闽浙—浦城	183	219	401	179	169	348
京台闽浙—浦城	954	2 966	3 921	717	2 356	3 073
浦城—南平	1 841	2 415	4 256	1 720	2 353	4 074
南平—三明	3 507	4 871	8 378	3 297	4 884	8 181
三明—永安	4 058	4 319	8 378	3 952	4 097	8 049
永安—新泉	1 237	2 124	3 361	1 125	2 014	3 139
新泉—长深闽粤	1 585	2 567	4 152	1 486	2 512	3 998
永春湖洋—安溪福田	2 167	2 513	4 679	1 960	2 833	4 793
长泰枋洋—漳州西	1 344	1 599	2 943	1 180	1 337	2 517
漳州西—沈海复线闽粤	1 234	775	2 008	1 150	913	2 062
福州南—永泰梧桐	3 882	1 069	4 951	3 727	998	4 725
涵江江口—仙游榜头	701	312	1 013	686	272	958
仙游龙华—亭川	923	537	1 460	985	438	1 423
仙游大济—湖洋	1 610	2 774	4 384	1 575	3 090	4 665
南安—水头	5 324	3 160	8 485	5 008	3 344	8 352
惠安—樟井	2 136	1 266	3 402	2 193	1 146	3 339
厦门—长泰枋洋	2 917	1 633	4 550	2 971	1 584	4 555
长泰—厦门	2 929	2 007	4 936	2 479	2 089	4 568
桃源—漳平	883	1 157	2 040	873	884	1 757
漳平—华安开发区	1 125	1 083	2 207	1 407	1 153	2 560
东山岛—东山	945	448	1 393	271	118	389
南靖靖城—龙海东泗	540	343	883	460	390	851
莆田—秀屿棣头	434	174	608	45	22	67
安溪东—南安	3 169	1 124	4 293	3 021	1 189	4 209
建瓯—闽侯甘蔗	986	813	1 798	1 474	942	2 416
福荣—拓荣	667	458	1 125	399	263	661
寿宁犀溪—福安	344	223	567	517	265	782
飞鸾—连江	205	159	364	692	289	981
海沧—紫泥	5 171	8 595	13 766	4 720	8 385	13 105
厦漳大桥—漳州港	2 821	1 182	4 002	3 406	1 378	4 784
古武闽赣—武平	450	216	666	617	417	1 035
浦建闽赣—泰宁	254	169	423	222	148	369

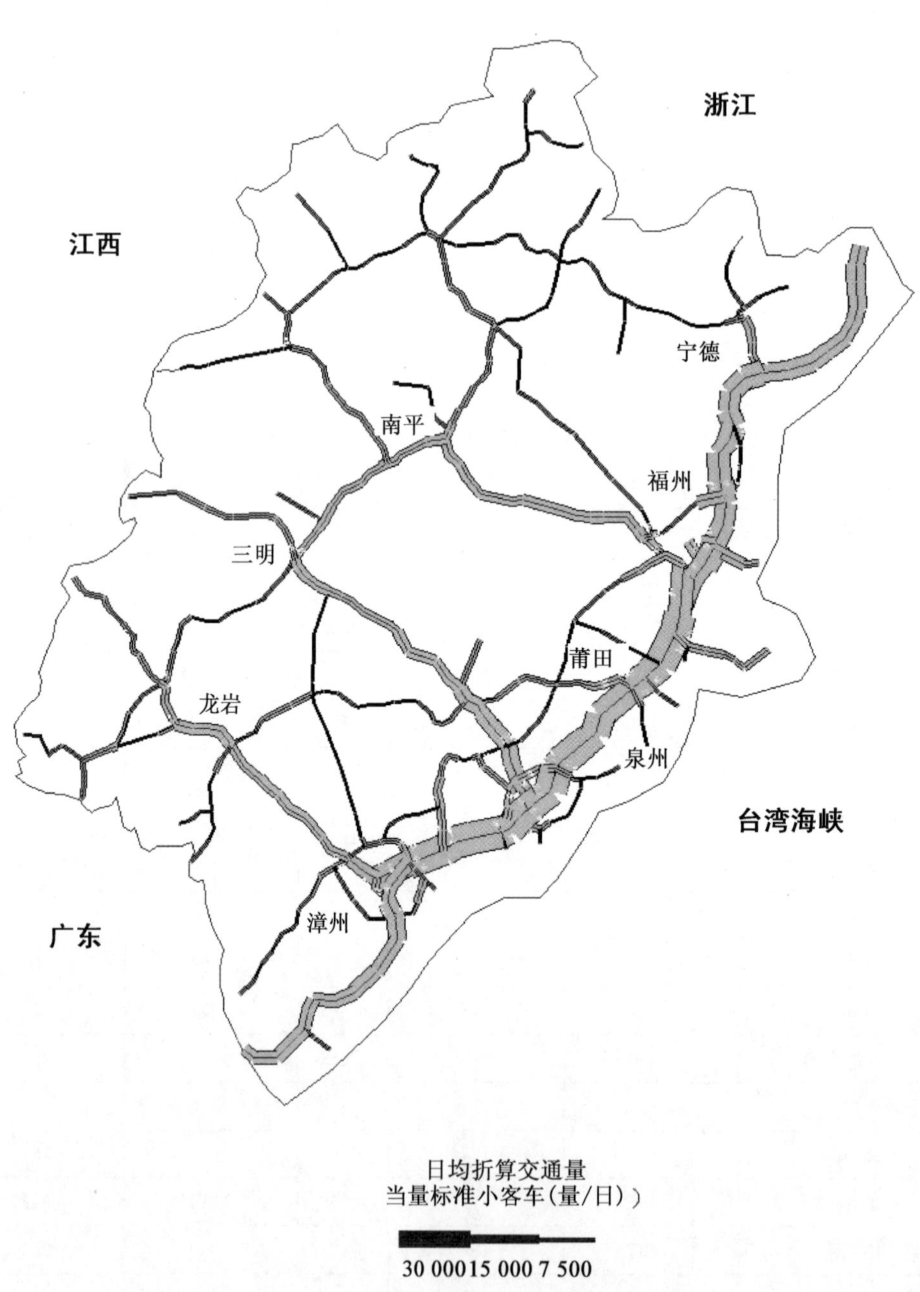

图 4.28　2015 年福建省高速公路日均交通量

4.10　江西省高速公路运输密度

4.10.1　客运密度分布如表 4.29 和图 4.29 所示。

2015 年江西省高速公路客运密度　　表 4.29

路段起止点	客运密度(人公里/公里)	路段起止点	客运密度(人公里/公里)
九江—南昌	35 227	南昌—九江	36 305
南昌北—厚田	19 635	厚田—南昌北	18 550
厚田—昌傅	37 039	昌傅—厚田	36 944
昌傅—吉安	13 904	吉安—昌傅	13 917
吉安—赣鄂	8 783	赣鄂—吉安	8 591
吉安—泰和	24 764	泰和—吉安	25 358
泰和—赣闽界石城站	10 840	赣闽界石城站—泰和	11 148
泰和—井冈山	6 033	井冈山—泰和	5 675
泰和—南康	21 215	南康—泰和	21 997
南康—赣粤界	24 381	赣粤界—南康	24 319
南康—梅关	11 506	梅关—南康	11 821
赣浙界—上饶	33 934	上饶—赣浙界	32 408
上饶—鹰潭	31 756	鹰潭—上饶	30 829
鹰潭—赣皖	79 00	赣皖—鹰潭	8 147
鹰潭—温家圳	28 705	温家圳—鹰潭	27 824
鹰潭—金溪	9 216	金溪—鹰潭	8 970
金溪—南城	9 051	南城—金溪	8 536
南城—瑞金	11 653	瑞金—南城	11 517
温家圳—厚田	28 533	厚田—温家圳	28 037
机场互通—温家圳(顺时针)	22 500	温家圳(顺时针)—机场互通	20 748
南昌(长埈)—生米	29 696	生米—南昌(长埈)	26 313
生米—梅岭	35 071	梅岭—生米	35 330
乐化—南昌(长埈)	18 504	南昌(长埈)—乐化	19 017
九江—景德镇	25 010	景德镇—九江	24 332
景德镇—婺源	20 336	婺源—景德镇	20 230
婺源—塔岭	11 641	塔岭—婺源	11 831
婺源—白沙关	11 119	白沙关—婺源	11 002
温家圳—抚州	18 336	抚州—温家圳	17 746

续上表

路段起止点	客运密度（人公里/公里）	路段起止点	客运密度（人公里/公里）
抚州—南城	15 073	南城—抚州	14 250
南城—赣闽界	12 389	赣闽界—南城	12 469
昌傅—新余	23 227	新余—昌傅	23 261
新余—宜春	27 014	宜春—新余	26 047
宜春—萍乡	24 510	萍乡—宜春	24 729
萍乡—赣湘界	23 213	赣湘界—萍乡	21 311
湖口—彭泽	3 016	彭泽—湖口	2 551
赣州北—崇义	8 370	崇义—赣州北	7 679
崇义—赣湘界崇义西站	1 802	赣湘界崇义西站—崇义	1 500
赣州北—赣县	7 939	赣县—赣州北	9 121
赣县—南康东(顺时针)	12 415	南康东(顺时针)—赣县	12 289
赣县—会昌北	14 897	会昌北—赣县	15 262
会昌—赣粤界南桥站	5 807	赣粤界南桥站—会昌	4 838
德兴—南昌东	10 725	南昌东—德兴	10 555
南昌西—奉新	9 910	奉新—南昌西	7 491
奉新—天宝	3 387	天宝—奉新	3 343
天宝—赣湘界铜鼓西站	5 200	赣湘界铜鼓西站—天宝	4 431
上饶—赣闽界	7 641	赣闽界—上饶	7 641
九江县—赣鄂界	5 088	赣鄂界—九江县	4 227
军山枢纽—武宁	6 491	武宁—军山枢纽	5 818
瑞金西—赣闽界隘岭站	9 226	赣闽界隘岭站—瑞金西	10 539
泰和—赣湘界界化垄站	9 848	赣湘界界化垄站—泰和	9 665
临川南—乐安	2 700	乐安—临川南	2 678
乐安—吉安北	3 021	吉安北—乐安	2 678
龙南—安远	3 211	安远—龙南	2 888
星子—姑塘	1 876	姑塘—星子	1 865
南昌—万载	4 835	南昌—万载	4 563
万载—上栗	711	万载—上栗	704
南昌—乐安	2 556	南昌—乐安	2 742
乐安—宁都	1 910	乐安—宁都	2 034

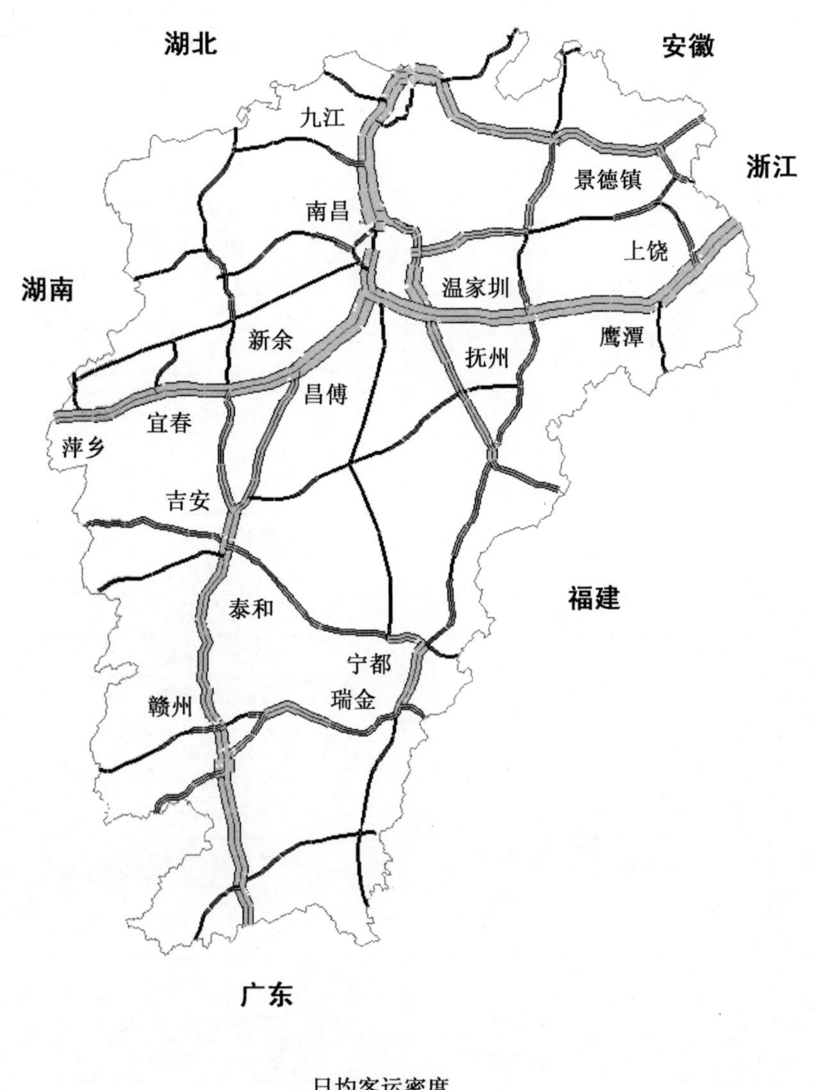

图 4.29　2015 年江西省高速公路日均客运密度

4.10.2　货运密度分布如表 4.30 和图 4.30 所示。

2015 年江西省高速公路货运密度　　表 4.30

路段起止点	货运密度（吨公里/公里）	路段起止点	货运密度（吨公里/公里）
九江—南昌	85 927	南昌—九江	69 219
南昌北—厚田	49 734	厚田—南昌北	44 746
厚田—昌傅	99 369	昌傅—厚田	96 622
昌傅—吉安	64 783	吉安—昌傅	59 225
吉安—赣鄂	20 069	赣鄂—吉安	33 487
吉安—泰和	98 882	泰和—吉安	80 577
泰和—赣闽界石城站	17 884	赣闽界石城站—泰和	20 209
泰和—井冈山	5 202	井冈山—泰和	5 820
泰和—南康	100 993	南康—泰和	79 472
南康—赣粤界	50 771	赣粤界—南康	31 704
南康—梅关	67 226	梅关—南康	73 070
赣浙界—上饶	87 261	上饶—赣浙界	94 564
上饶—鹰潭	90 938	鹰潭—上饶	93 860
鹰潭—赣皖	28 422	赣皖—鹰潭	27 257
鹰潭—温家圳	74 980	温家圳—鹰潭	80 139
鹰潭—金溪	39 532	金溪—鹰潭	39 258
金溪—南城	38 606	南城—金溪	38 246
南城—瑞金	36 725	瑞金—南城	36 939
温家圳—厚田	75 468	厚田—温家圳	82 221
机场互通—温家圳(顺时针)	35 026	温家圳(顺时针)—机场互通	26 254
南昌(长埈)—生米	49 177	生米—南昌(长埈)	44 835
生米—梅岭	84 246	梅岭—生米	83 161
乐化—南昌(长埈)	51 495	南昌(长埈)—乐化	48 817
九江—景德镇	32 433	景德镇—九江	27 831
景德镇—婺源	23 907	婺源—景德镇	20 373
婺源—塔岭	11 635	塔岭—婺源	13 165
婺源—白沙关	13 328	白沙关—婺源	9 665
温家圳—抚州	24 962	抚州—温家圳	19 403
抚州—南城	23 038	南城—抚州	19 337
南城—赣闽界	21 837	赣闽界—南城	19 129
昌傅—新余	38 045	新余—昌傅	35 014
新余—宜春	44 688	宜春—新余	38 310
宜春—萍乡	57 015	萍乡—宜春	50 237
萍乡—赣湘界	68 637	赣湘界—萍乡	55 285
湖口—彭泽	4 899	彭泽—湖口	4 206
赣州北—崇义	3 185	崇义—赣州北	3 753
崇义—赣湘界崇义西站	2 626	赣湘界崇义西站—崇义	1 740
赣州北—赣县	4 344	赣县—赣州北	3 930
赣县—南康东(顺时针)	12 839	南康东(顺时针)—赣县	13 997
赣县—会昌北	9 970	会昌北—赣县	10 991

续上表

路段起止点	货运密度（吨公里/公里）	路段起止点	货运密度（吨公里/公里）
会昌—赣粤界南桥站	24 104	赣粤界南桥站—会昌	20 887
德兴—南昌东	7 364	南昌东—德兴	7 828
南昌西—奉新	4 188	奉新—南昌西	2 813
奉新—天宝	1 694	天宝—奉新	1 686
天宝—赣湘界铜鼓西站	9 735	赣湘界铜鼓西站—天宝	6 622
上饶—赣闽界	17 733	赣闽界—上饶	18 915
九江县—赣鄂界	14 301	赣鄂界—九江县	15 240
军山枢纽—武宁	4 147	武宁—军山枢纽	3 590
瑞金西—赣闽界隘岭站	14 135	赣闽界隘岭站—瑞金西	18 001
泰和—赣湘界界化垄站	7 086	赣湘界界化垄站—泰和	5 422
临川南—乐安	846	乐安—临川南	1 109
乐安—吉安北	5 943	吉安北—乐安	4 372
龙南—安远	8 791	安远—龙南	13 946
星子—姑塘	1 490	姑塘—星子	2 643
南昌—万载	5 426	南昌—万载	7 088
万载—上栗	1 271	万载—上栗	1 560
南昌—乐安	7 907	南昌—乐安	8 965
乐安—宁都	7 755	乐安—宁都	8 746

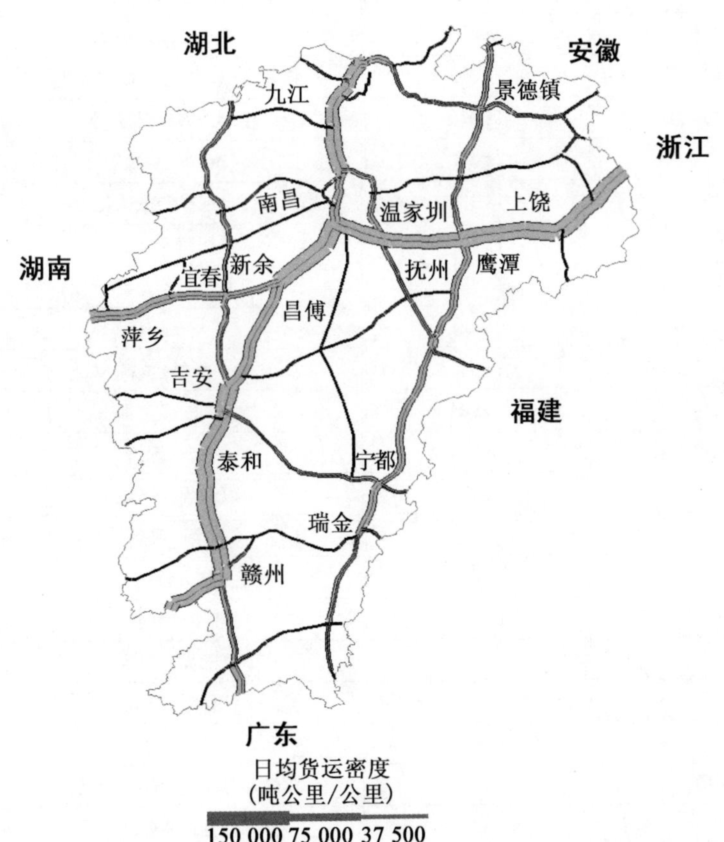

图 4.30　2015 年江西省高速公路日均货运密度

4.10.3 道路负荷分布如表 4.31 和图 4.31 所示。

2015 年江西省高速公路轴载 表 4.31

路段起止点	轴载（标准轴载当量轴次/日）	路段起止点	轴载（标准轴载当量轴次/日）
九江—南昌	22 275	南昌—九江	14 136
南昌北—厚田	13 992	厚田—南昌北	9 482
厚田—昌傅	26 562	昌傅—厚田	25 628
昌傅—吉安	19 216	吉安—昌傅	13 836
吉安—赣鄂	5 748	赣鄂—吉安	11 479
吉安—泰和	32 249	泰和—吉安	22 261
泰和—赣闽界石城站	5 381	赣闽界石城站—泰和	6 256
泰和—井冈山	1 317	井冈山—泰和	1 945
泰和—南康	30 369	南康—泰和	22 111
南康—赣粤界	13 532	赣粤界—南康	11 337
南康—梅关	20 831	梅关—南康	16 783
赣浙界—上饶	22 414	上饶—赣浙界	22 262
上饶—鹰潭	24 161	鹰潭—上饶	23 502
鹰潭—赣皖	9 845	赣皖—鹰潭	6 282
鹰潭—温家圳	20 086	温家圳—鹰潭	20 603
鹰潭—金溪	14 786	金溪—鹰潭	8 951
金溪—南城	12 775	南城—金溪	10 515
南城—瑞金	12 712	瑞金—南城	9 168
温家圳—厚田	24 443	厚田—温家圳	22 415
机场互通—温家圳(顺时针)	12 003	温家圳(顺时针)—机场互通	5 660
南昌(长埈)—生米	14 070	生米—南昌(长埈)	9 303
生米—梅岭	23 352	梅岭—生米	22 033
乐化—南昌(长埈)	14 427	南昌(长埈)—乐化	11 922
九江—景德镇	17 178	景德镇—九江	6 309
景德镇—婺源	15 554	婺源—景德镇	6 726
婺源—塔岭	2 427	塔岭—婺源	5 987
婺源—白沙关	13 355	白沙关—婺源	2 152
温家圳—抚州	5 684	抚州—温家圳	5 128
抚州—南城	5 214	南城—抚州	4 171
南城—赣闽界	6 357	赣闽界—南城	5 635
昌傅—新余	8 900	新余—昌傅	10 967
新余—宜春	12 223	宜春—新余	12 197
宜春—萍乡	13 213	萍乡—宜春	14 774
萍乡—赣湘界	22 398	赣湘界—萍乡	19 795
湖口—彭泽	935	彭泽—湖口	1 280
赣州北—崇义	1 876	崇义—赣州北	1 164
崇义—赣湘界崇义西站	1 996	赣湘界崇义西站—崇义	511
赣州北—赣县	1 141	赣县—赣州北	2 865
赣县—南康东(顺时针)	3 615	南康东(顺时针)—赣县	4 262

续上表

路段起止点	轴载 (标准轴载当量轴次/日)	路段起止点	轴载 (标准轴载当量轴次/日)
赣县—会昌北	3 493	会昌北—赣县	3 585
会昌—赣粤界南桥站	11 230	赣粤界南桥站—会昌	5 023
德兴—南昌东	2 553	南昌东—德兴	4 736
南昌西—奉新	1 068	奉新—南昌西	1 160
奉新—天宝	413	天宝—奉新	408
天宝—赣湘界铜鼓西站	3 000	赣湘界铜鼓西站—天宝	1 918
上饶—赣闽界	4 573	赣闽界—上饶	4 549
九江县—赣鄂界	4 738	赣鄂界—九江县	3 835
军山枢纽—武宁	1 026	武宁—军山枢纽	925
瑞金西—赣闽界隘岭站	4 302	赣闽界隘岭站—瑞金西	4 035
泰和—赣湘界界化垄站	2 061	赣湘界界化垄站—泰和	1 716
临川南—乐安	294	乐安—临川南	322
乐安—吉安北	2 894	吉安北—乐安	1 374
龙南—安远	3 106	安远—龙南	3 240
星子—姑塘	669	姑塘—星子	700
南昌—万载	1 854	南昌—万载	1 367
万载—上栗	377	万载—上栗	340
南昌—乐安	1 508	南昌—乐安	1 862
乐安—宁都	1 442	乐安—宁都	1 838

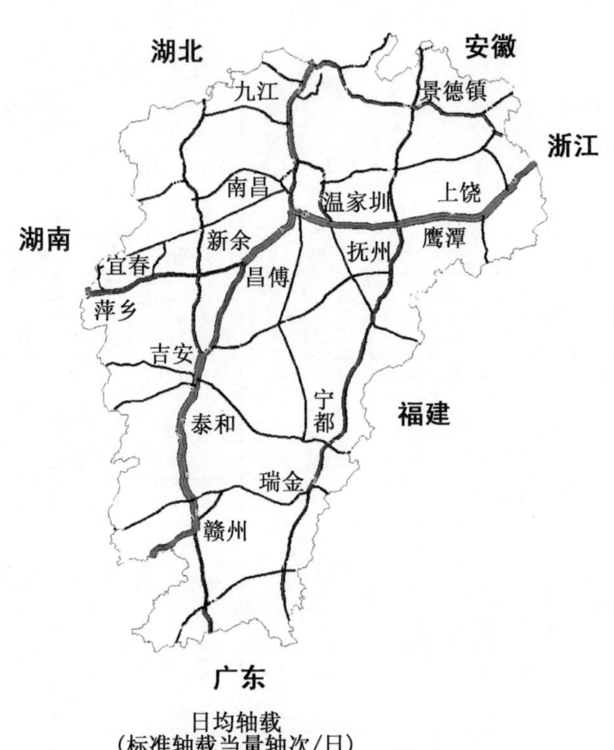

图 4.31　2015 年江西省高速公路日均轴载

4.10.4　交通量分布如表 4.32 和图 4.32 所示。

2015 年江西省高速公路交通量　　表 4.32

路段起止点	正向			反向		
	客车折算交通量（辆/日）	货车折算交通量（辆/日）	小计	客车折算交通量（辆/日）	货车折算交通量（辆/日）	小计
九江—南昌	9 308	14 066	23 373	9 623	13 170	22 793
南昌北—厚田	5 743	7 032	12 775	5 283	6 519	11 802
厚田—昌傅	8 222	18 249	26 471	8 059	18 016	26 075
昌傅—吉安	3 722	10 344	14 066	3 779	10 590	14 369
吉安—赣鄂	2 310	3 702	6 012	2 218	5 193	7 411
吉安—泰和	6 393	15 130	21 523	6 722	14 076	20 797
泰和—赣闽界石城站	1 743	2 572	4 315	1 812	2 859	4 671
泰和—井冈山	1 698	394	2 092	1 591	348	1 939
泰和—南康	5 187	15 318	20 504	5 546	13 876	19 423
南康—赣粤界	5 585	8 694	14 279	5 663	6 300	11 963
南康—梅关	2 608	9 816	12 424	2 787	10 917	13 705
赣浙界—上饶	6 336	14 410	20 746	5 906	13 721	19 627
上饶—鹰潭	6 145	14 567	20 712	5 853	13 917	19 769
鹰潭—赣皖	2 097	5 324	7 421	2 168	4 569	6 737
鹰潭—温家圳	5 542	12 979	18 521	5 262	12 713	17 976
鹰潭—金溪	2 060	6 433	8 493	1 995	6 639	8 633
金溪—南城	1 985	6 159	8 144	1 844	6 420	8 264
南城—瑞金	2 499	7 187	9 686	2 476	7 827	10 303
温家圳—厚田	5 543	13 064	18 607	5 328	13 323	18 651
机场互通—温家圳(顺时针)	5 784	7 255	13 039	5 451	6 632	12 083
南昌(长堎)—生米	8 951	7 271	16 222	7 641	6 624	14 265
生米—梅岭	8 431	15 384	23 815	8 565	15 384	23 949
乐化—南昌(长堎)	5 232	6 961	12 193	5 392	6 534	11 926
九江—景德镇	5 362	5 604	10 966	5 209	5 585	10 794
景德镇—婺源	4 034	4 017	8 051	4 036	3 951	7 987
婺源—塔岭	2 870	2 281	5 151	2 927	2 440	5 367
婺源—白沙关	1 664	2 047	3 712	1 620	1 901	3 521
温家圳—抚州	4 498	6 254	10 752	4 304	5 731	10 035
抚州—南城	3 390	5 647	9 037	3 221	5 341	8 562
南城—赣闽界	2 389	4 331	6 721	2 410	4 033	6 443
昌傅—新余	4 303	8 070	12 373	4 152	7 440	11 592
新余—宜春	5 179	9 457	14 636	4 780	8 933	13 712
宜春—萍乡	4 509	9 372	13 881	4 436	9 003	13 439
萍乡—赣湘界	4 128	10 335	14 463	3 698	9 307	13 005
湖口—彭泽	1 032	1 211	2 244	852	918	1 770
赣州北—崇义	2 562	1 033	3 596	2 373	1 168	3 541
崇义—赣湘界崇义西站	533	447	980	432	477	909
赣州北—赣县	2 283	1 215	3 498	2 549	1 178	3 727

续上表

路段起止点	正向		小计	反向		小计
	客车折算交通量（辆/日）	货车折算交通量（辆/日）		客车折算交通量（辆/日）	货车折算交通量（辆/日）	
赣县—南康东(顺时针)	3 097	2 432	5 528	3 077	2 738	5 815
赣县—会昌北	4 045	2 322	6 368	4 144	2 299	6 443
会昌—赣粤界南桥站	1 134	3 708	4 842	8 50	3 583	4 433
德兴—南昌东	2 849	1 480	4 329	2 812	1 537	4 349
南昌西—奉新	3 578	1 938	5 516	2 689	1 451	4 140
奉新—天宝	1 181	1 191	2 372	1 134	1 088	2 223
天宝—赣湘界铜鼓西站	1 418	1 439	2 857	1 240	1 722	2 962
上饶—赣闽界	1 762	2 967	4 729	1 724	2 901	4 626
九江县—赣鄂界	1 501	2 457	3 958	1 206	2 391	3 598
军山枢纽—武宁	1 886	885	2 771	1 651	834	2 486
瑞金西—赣闽界隘岭站	1 767	2 612	4 378	1 965	3 016	4 981
泰和—赣湘界界化垄站	1 663	1 234	2 897	1 631	1 051	2 682
临川南—乐安	904	343	1 247	914	384	1 298
乐安—吉安北	907	1 780	2 687	847	1 492	2 338
龙南—安远	898	2 103	3 002	803	2 625	3 428
星子—姑塘	591	386	977	580	448	1 029
南昌—万载	1 271	1 083	2 354	1 296	1 400	2 697
万载—上栗	191	244	436	209	321	530
南昌—乐安	465	1 242	1 707	495	1 481	1 976
乐安—宁都	313	1 202	1 515	324	1 422	1 746

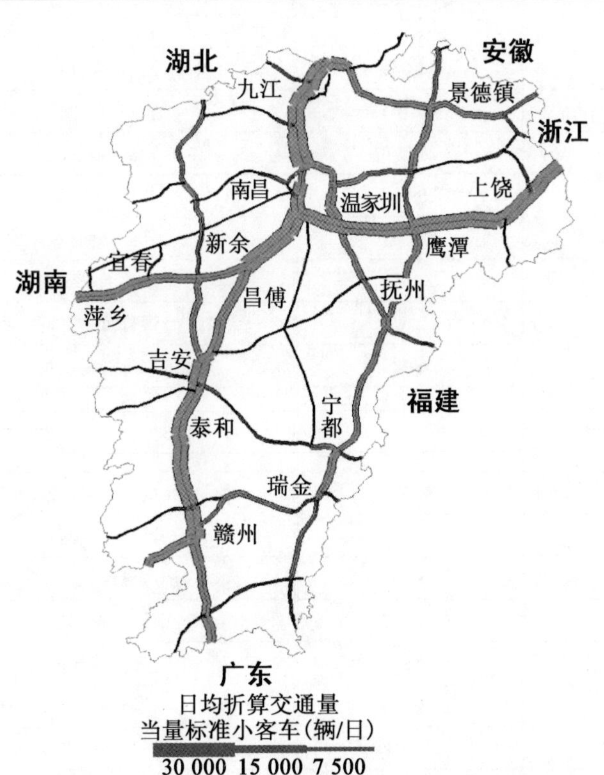

图 4.32　2015 年江西省高速公路日均交通量

4.11 山东省高速公路运输密度

4.11.1 客运密度分布如表4.33和图4.33所示。

2015年山东省高速公路客运密度 表4.33

路段起止点	客运密度（人公里/公里）	路段起止点	客运密度（人公里/公里）
京福鲁冀（德州）—齐河	2 8948	齐河—京福鲁冀（德州）	30 042
齐河—济南	54 039	济南—齐河	63 384
济南—泰安	52 440	泰安—济南	49 136
泰安—曲阜	31 671	曲阜—泰安	30 107
曲阜—京福鲁苏	18 719	京福鲁苏—曲阜	18 045
鲁北—博山	19 561	博山—鲁北	19 343
博山—莱芜	22 536	莱芜—博山	22 202
莱芜—泰安	18 818	泰安—莱芜	19 480
海港—青州	15 502	青州—海港	16 868
坊子—明村	6 514	明村—坊子	6 907
明村—周格庄	6 978	周格庄—明村	6 370
八角—明村	17 175	明村—八角	17 634
八角—莱山	26 358	莱山—八角	25 872
福山—栖霞	29 935	栖霞—福山	30 330
栖霞—胶州	12 961	胶州—栖霞	12 997
胶州—同三鲁苏	31 720	同三鲁苏—胶州	30 844
齐河—冠县	24 447	冠县—齐河	22 373
济南—潍坊	31 089	潍坊—济南	24 590
潍坊—胶州	14 164	胶州—潍坊	13 833
胶州—青岛	21 370	青岛—胶州	20 116
菏泽—曲阜	25 038	曲阜—菏泽	25 478
曲阜—日照	22 557	日照—曲阜	22 490
泰安—京沪鲁苏	23 579	京沪鲁苏—泰安	22 581
齐河—青银鲁冀	12 001	青银鲁冀—齐河	10 700
济南机场—济南	26 027	济南—济南机场	42 823
济南—郓城	30 996	郓城—济南	30 471
济南—胶南	17 601	胶南—济南	16 474
柳花泊—海伯河	19 705	海伯河—柳花泊	21 273
齐河—章丘	29 529	章丘—齐河	23 637
菏泽—济广鲁豫	8 008	济广鲁豫—菏泽	9 094
东明主—菏泽	4 127	菏泽—东明主	5 282
滨州港—前郭	12 294	前郭—滨州港	12 518
寿光—新河	34 721	新河—寿光	31 422
平度—青岛高新	31 512	青岛高新—平度	34 409
即墨—威海	16 999	威海—即墨	16 385

续上表

路段起止点	客运密度（人公里/公里）	路段起止点	客运密度（人公里/公里）
菏关鲁豫—菏泽	12 790	菏泽—菏关鲁豫	12 267
黄岛—海湾大桥	28 470	海湾大桥—黄岛	25 931
滨州港—德州	4 932	德州—滨州港	4 734
青州—沂水北	14 224	沂水北—青州	14 180
沂水北—莒县	12 472	莒县—沂水北	11 862
莒县—长深鲁苏	7 476	长深鲁苏—莒县	7 256
枣庄新城—苍山	7 672	苍山—枣庄新城	8 131
莱山—双岛	21 270	双岛—莱山	22 544
滨德鲁冀—德州北	7 832	德州北—滨德鲁冀	8 118
烟台—海阳东	3 826	海阳东—烟台	3 574
东平南—济宁北	6 636	济宁北—东平南	6 766
高唐西—高邢鲁冀	3 514	高邢鲁冀—高唐西	3 168
乐陵南—济阳	2 891	济阳—乐陵南	3 221
乐陵南—京沪鲁冀	1 108	京沪鲁冀—乐陵南	965
菏泽北—德商鲁豫	590	德商鲁豫—菏泽北	522
聊城南—德商鲁豫	4 816	德商鲁豫—聊城南	1 524
城阳南—河头店	11 238	河头店—城阳南	7 192
文登—荣成	749	荣成—文登	202
滕州南—枣庄东城	9 733	枣庄东城—滕州南	11 224

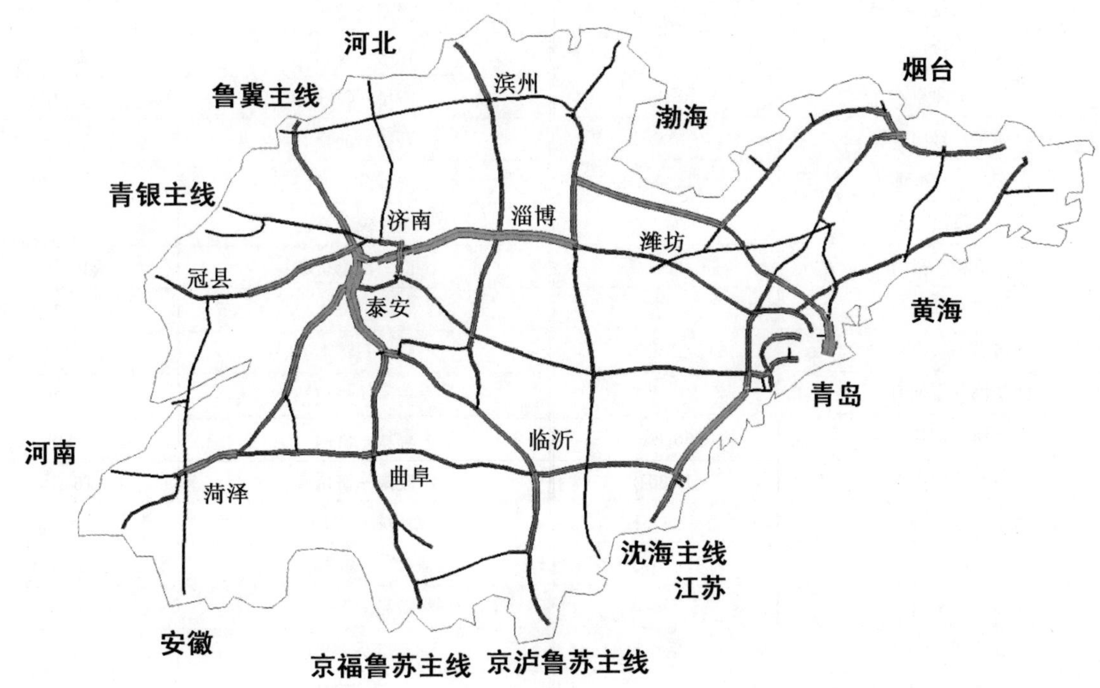

图 4.33　2015 年山东省高速公路日均客运密度

4.11.2 货运密度分布如表4.34和图4.34所示。

2015年山东省高速公路货运密度　　表4.34

路段起止点	货运密度（吨公里/公里）	路段起止点	货运密度（吨公里/公里）
京福鲁冀(德州)—齐河	133 460	齐河—京福鲁冀(德州)	108 304
齐河—济南	238 212	济南—齐河	175 595
济南—泰安	186 366	泰安—济南	137 465
泰安—曲阜	75 991	曲阜—泰安	53 207
曲阜—京福鲁苏	77 366	京福鲁苏—曲阜	48 648
鲁北—博山	109 435	博山—鲁北	113 815
博山—莱芜	76 892	莱芜—博山	64 370
莱芜—泰安	35 456	泰安—莱芜	37 589
海港—青州	41 686	青州—海港	41 670
坊子—明村	9 200	明村—坊子	7 590
明村—周格庄	12 018	周格庄—明村	8 358
八角—明村	23 212	明村—八角	19 892
八角—莱山	13 372	莱山—八角	9 998
福山—栖霞	22 156	栖霞—福山	24 019
栖霞—胶州	34 390	胶州—栖霞	30 069
胶州—同三鲁苏	63 665	同三鲁苏—胶州	54 765
齐河—冠县	41 621	冠县—齐河	26 604
济南—潍坊	62 154	潍坊—济南	65 984
潍坊—胶州	20 489	胶州—潍坊	15 840
胶州—青岛	21 930	青岛—胶州	17 676
菏泽—曲阜	69 860	曲阜—菏泽	86 466
曲阜—日照	45 664	日照—曲阜	55 782
泰安—京沪鲁苏	142 483	京沪鲁苏—泰安	112 240
齐河—青银鲁冀	70 921	青银鲁冀—齐河	103 710
济南机场—济南	22 162	济南—济南机场	23 404
济南—郓城	73 158	郓城—济南	45 773
济南—胶南	31 601	胶南—济南	40 943
柳花泊—海伯河	13 787	海伯河—柳花泊	18 727
齐河—章丘	103 411	章丘—齐河	108 685
菏泽—济广鲁豫	29 097	济广鲁豫—菏泽	26 813
东明主—菏泽	8 986	菏泽—东明主	9 623
滨州港—前郭	38 809	前郭—滨州港	52 999
寿光—新河	86 877	新河—寿光	93 313
平度—青岛高新	25 515	青岛高新—平度	18 342
即墨—威海	16 924	威海—即墨	12 357
菏关鲁豫—菏泽	56 701	菏泽—菏关鲁豫	87 961
黄岛—海湾大桥	11 977	海湾大桥—黄岛	9 455
滨州港—德州	10 349	德州—滨州港	8 161

续上表

路段起止点	货运密度（吨公里/公里）	路段起止点	货运密度（吨公里/公里）
青州—沂水北	86 244	沂水北—青州	76 542
沂水北—莒县	71 639	莒县—沂水北	51 754
莒县—长深鲁苏	66 340	长深鲁苏—莒县	49 601
枣庄新城—苍山	8 826	苍山—枣庄新城	12 575
莱山—双岛	9 345	双岛—莱山	6 230
滨德鲁冀—德州北	33 968	德州北—滨德鲁冀	29 666
烟台—海阳东	1 231	海阳东—烟台	885
东平南—济宁北	6 916	济宁北—东平南	6 207
高唐西—高邢鲁冀	16 342	高邢鲁冀—高唐西	23 730
乐陵南—济阳	5 916	济阳—乐陵南	5 612
乐陵南—京沪鲁冀	2 247	京沪鲁冀—乐陵南	2 924
菏泽北—德商鲁豫	909	德商鲁豫—菏泽北	707
聊城南—德商鲁豫	5 108	德商鲁豫—聊城南	882
城阳南—河头店	1 852	河头店—城阳南	1 168
文登—荣成	665	荣成—文登	35
滕州南—枣庄东城	9 174	枣庄东城—滕州南	5 705

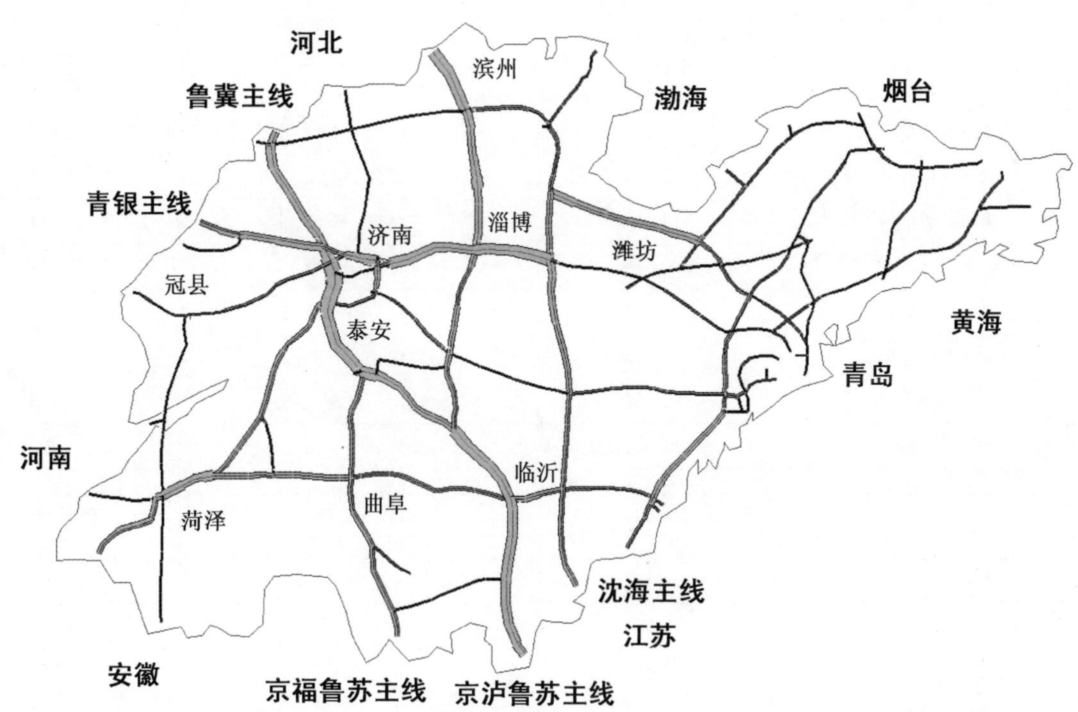

图 4.34　2015 年山东省高速公路日均货运密度

4.11.3 道路负荷分布如表4.35和图4.35所示。

2015年山东省高速公路轴载　　表4.35

路段起止点	轴载（标准轴载当量轴次/日）	路段起止点	轴载（标准轴载当量轴次/日）
京福鲁冀(德州)—齐河	31 289	齐河—京福鲁冀(德州)	25 694
齐河—济南	57 994	济南—齐河	40 752
济南—泰安	45 886	泰安—济南	30 407
泰安—曲阜	21 574	曲阜—泰安	12 244
曲阜—京福鲁苏	23 627	京福鲁苏—曲阜	10 969
鲁北—博山	20 440	博山—鲁北	18 646
博山—莱芜	15 830	莱芜—博山	11 174
莱芜—泰安	7 602	泰安—莱芜	8 018
海港—青州	7 126	青州—海港	6 977
坊子—明村	1 688	明村—坊子	1 390
明村—周格庄	2 122	周格庄—明村	1 545
八角—明村	4 126	明村—八角	3 986
八角—莱山	2 571	莱山—八角	2 064
福山—栖霞	4 879	栖霞—福山	4 910
栖霞—胶州	7 517	胶州—栖霞	5 634
胶州—同三鲁苏	13 425	同三鲁苏—胶州	9 014
齐河—冠县	8 673	冠县—齐河	5 549
济南—潍坊	11 543	潍坊—济南	12 391
潍坊—胶州	3 518	胶州—潍坊	2 528
胶州—青岛	3 623	青岛—胶州	3 092
菏泽—曲阜	15 216	曲阜—菏泽	18 351
曲阜—日照	8 643	日照—曲阜	11 711
泰安—京沪鲁苏	29 841	京沪鲁苏—泰安	21 620
齐河—青银鲁冀	12 615	青银鲁冀—齐河	23 795
济南机场—济南	5 064	济南—济南机场	4 825
济南—郓城	14 846	郓城—济南	9 439
济南—胶南	6 042	胶南—济南	7 772
柳花泊—海伯河	2 641	海伯河—柳花泊	3 987
齐河—章丘	21 927	章丘—齐河	22 401
菏泽—济广鲁豫	5 684	济广鲁豫—菏泽	6 056
东明主—菏泽	1 828	菏泽—东明主	1 751
滨州港—前郭	6 489	前郭—滨州港	8 125
寿光—新河	16 354	新河—寿光	16 267
平度—青岛高新	4 536	青岛高新—平度	3 084
即墨—威海	2 801	威海—即墨	2 224
菏关鲁豫—菏泽	11 774	菏泽—菏关鲁豫	19 005

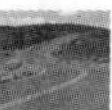

续上表

路段起止点	轴载 (标准轴载当量轴次/日)	路段起止点	轴载 (标准轴载当量轴次/日)
黄岛—海湾大桥	2 055	海湾大桥—黄岛	1 731
滨州港—德州	1 796	德州—滨州港	1 474
青州—沂水北	15 897	沂水北—青州	11 908
沂水北—莒县	12 802	莒县—沂水北	8 126
莒县—长深鲁苏	12 354	长深鲁苏—莒县	8 090
枣庄新城—苍山	1 605	苍山—枣庄新城	2 895
莱山—双岛	1 766	双岛—莱山	1 198
滨德鲁冀—德州北	7 792	德州北—滨德鲁冀	5 748
烟台—海阳东	322	海阳东—烟台	133
东平南—济宁北	1 405	济宁北—东平南	1 324
高唐西—高邢鲁冀	3 034	高邢鲁冀—高唐西	5 771
乐陵南—济阳	1 038	济阳—乐陵南	1 002
乐陵南—京沪鲁冀	390	京沪鲁冀—乐陵南	527
菏泽北—德商鲁豫	186	德商鲁豫—菏泽北	185
聊城南—德商鲁豫	810	德商鲁豫—聊城南	162
城阳南—河头店	283	河头店—城阳南	217
文登—荣成	119	荣成—文登	3
滕州南—枣庄东城	2 399	枣庄东城—滕州南	1 351

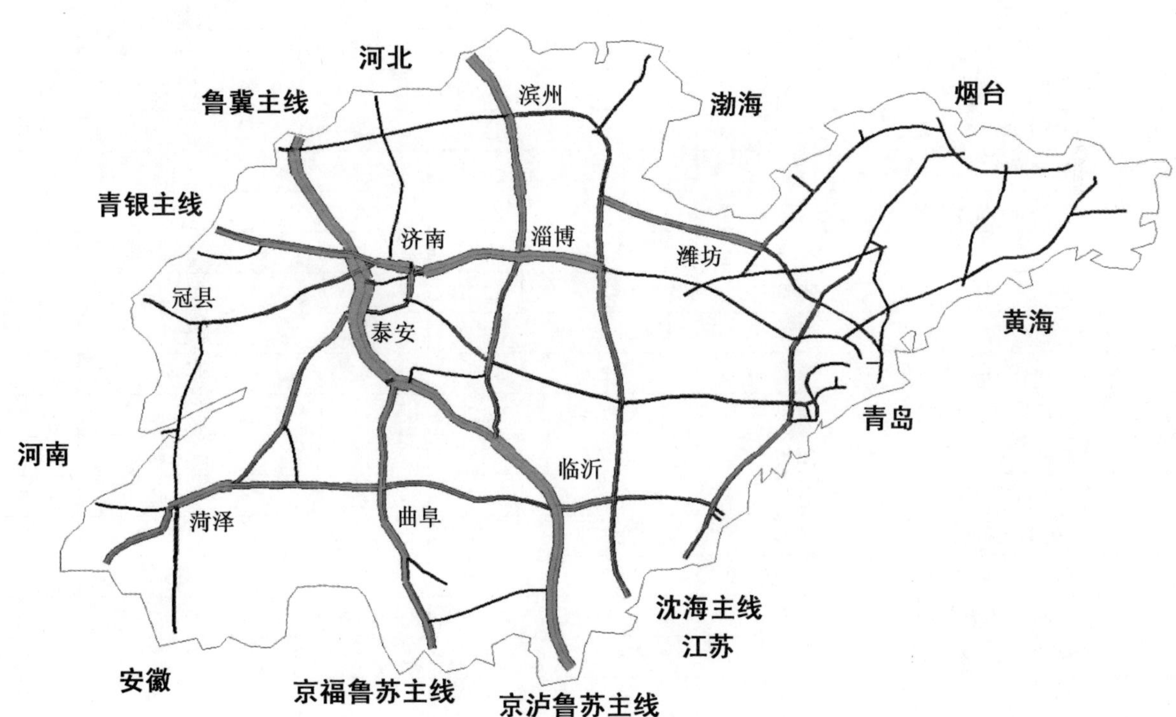

图 4.35　2015 年山东省高速公路日均轴载

4.11.4 交通量分布如表 4.36 和图 4.36 所示。

2015 年山东省高速公路交通量　　表 4.36

路段起止点	正向		小计	反向		小计
	客车折算交通量（辆/日）	货车折算交通量（辆/日）		客车折算交通量（辆/日）	货车折算交通量（辆/日）	
京福鲁冀(德州)—齐河	6 483	20 081	26 564	6 894	18 700	25 594
齐河—济南	12 153	34 043	46 195	15 154	30 540	45 694
济南—泰安	11 742	26 806	38 548	10 639	24 015	34 654
泰安—曲阜	7 287	12 009	19 296	6 812	10 928	17 740
曲阜—京福鲁苏	4 379	11 507	15 885	4 132	10 148	14 280
鲁北—博山	5 154	18 100	23 254	5 126	19 802	24 928
博山—莱芜	4 898	12 467	17 365	4 777	12 699	17 476
莱芜—泰安	4 243	6 554	10 796	4 488	7 104	11 592
海港—青州	4 085	8 879	12 964	4 293	9 092	13 386
坊子—明村	1 812	2 653	4 465	1 882	2 561	4 444
明村—周格庄	1 681	2 705	4 386	1 554	2 590	4 144
八角—明村	3 886	5 073	8 959	3 867	4 937	8 805
八角—莱山	6 717	3 656	10 372	6 695	4 057	10 751
福山—栖霞	6 728	5 273	12 001	6 605	5 299	11 904
栖霞—胶州	2 829	6 686	9 516	2 892	6 501	9 392
胶州—同三鲁苏	5 992	11 712	17 704	5 865	11 802	17 667
齐河—冠县	5 591	7 358	12 949	4 927	5 790	10 717
济南—潍坊	7 438	13 106	20 544	6 271	13 493	19 763
潍坊—胶州	3 882	4 822	8 704	3 758	4 979	8 737
胶州—青岛	5 310	5 412	10 723	5 054	5 272	10 326
菏泽—曲阜	5 514	12 886	18 400	5 692	13 797	19 489
曲阜—日照	4 883	8 931	13 814	4 932	9 221	14 153
泰安—京沪鲁苏	5 384	20 038	25 422	5 129	20 043	25 172
齐河—青银鲁冀	3 203	13 348	16 551	2 854	13 912	16 765
济南机场—济南	7 556	6 123	13 679	10 345	6 948	17 293
济南—郓城	6 912	11 402	18 314	6 588	10 087	16 675
济南—胶南	4 390	6 220	10 610	4 326	7 057	11 383
柳花泊—海伯河	3 881	4 774	8 655	4 331	6 751	11 082
齐河—章丘	6 978	18 395	25 373	6 063	19 960	26 023
菏泽—济广鲁豫	1 582	4 426	6 008	1 814	5 453	7 267
东明主—菏泽	1 132	2 276	3 408	1 538	2 267	3 806
滨州港—前郭	3 113	8 782	11 894	3 133	9 449	12 582
寿光—新河	7 721	17 654	25 374	7 339	17 498	24 837
平度—青岛高新	9 213	5 318	14 531	10 050	5 231	15 281
即墨—威海	3 362	3 574	6 936	3 215	3 202	6 418
菏关鲁豫—菏泽	2 736	9 504	12 241	2 613	12 701	15 314
黄岛—海湾大桥	6 881	3 996	10 877	6 154	3 607	9 761
滨州港—德州	1 702	2 219	3 920	1 657	2 309	3 966
青州—沂水北	3 794	15 079	18 873	3 799	15 421	19 220

续上表

路段起止点	正　　向		小计	反　　向		小计
	客车折算交通量(辆/日)	货车折算交通量(辆/日)		客车折算交通量(辆/日)	货车折算交通量(辆/日)	
沂水北—莒县	3 422	11 787	15 209	3 333	11 334	14 668
莒县—长深鲁苏	2 023	10 075	12 098	1 981	9 602	11 583
枣庄新城—苍山	2 279	2 952	5 231	2 398	2 593	4 991
莱山—双岛	4 688	2 898	7 586	4 963	3 158	8 121
滨德鲁冀—德州北	2 249	5 933	8 181	2 422	5 988	8 410
烟台—海阳东	1 232	407	1 639	1 168	372	1 540
东平南—济宁北	1 801	1 573	3 373	1 764	1 771	3 535
高唐西—高邢鲁冀	1 036	3 487	4 523	872	3 395	4 267
乐陵南—济阳	924	1 230	2 154	1 015	1 311	2 326
乐陵南—京沪鲁冀	417	610	1 028	362	597	959
菏泽北—德商鲁豫	202	215	418	184	164	348
聊城南—德商鲁豫	1 391	936	2 327	512	272	784
城阳南—河头店	2 695	678	3 374	1 609	444	2 053
文登—荣成	236	144	381	45	23	68
滕州南—枣庄东城	2 501	1 904	4 406	2 788	2 164	4 952

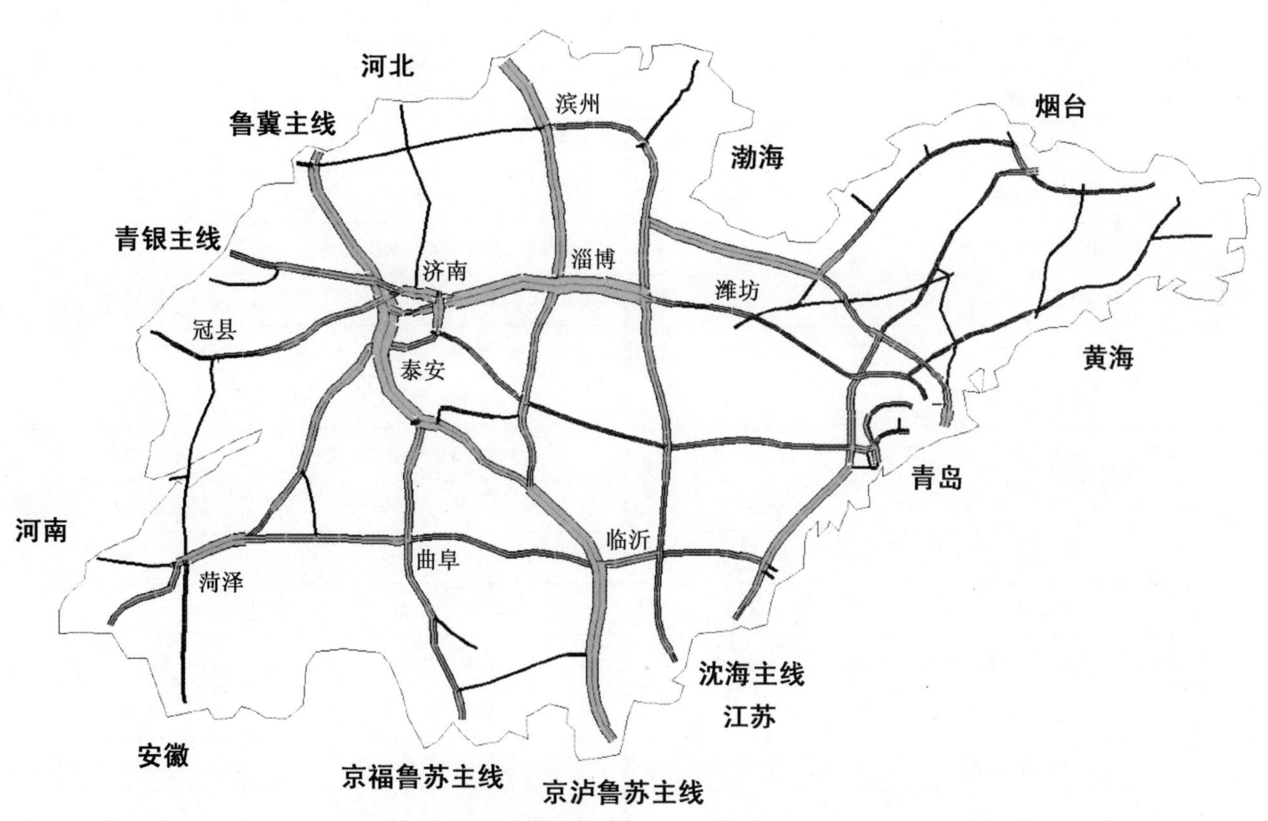

图 4.36　2015 年山东省高速公路日均交通量

4.12 河南省高速公路运输密度

4.12.1 客运密度分布如表 4.37 和图 4.37 所示。

2015 年河南省高速公路客运密度

表 4.37

路段起止点	客运密度（人公里/公里）	路段起止点	客运密度（人公里/公里）
京港澳豫冀界—鹤壁	21 052	鹤壁—京港澳豫冀界	21 260
鹤壁—新乡	39 146	新乡—鹤壁	39 671
新乡—郑州	55 954	郑州—新乡	56 690
郑州—许昌	61 557	许昌—郑州	59 132
许昌—漯河	36 428	漯河—许昌	36 047
漯河—驻马店	25 706	驻马店—漯河	25 429
驻马店—京港澳豫鄂界	12 797	京港澳豫鄂界—驻马店	12 701
大广豫冀省界—濮阳	19 065	濮阳—大广豫冀省界	18 769
濮阳—周口	16 282	周口—濮阳	15 802
周口—大广豫鄂界	9 005	大广豫鄂界—周口	8 854
二广豫晋省界—济源	3 431	济源—二广豫晋省界	3 126
济源—洛阳	19 391	洛阳—济源	18 780
洛阳—汝阳	18 429	汝阳—洛阳	18 226
汝阳—南阳	5 644	南阳—汝阳	5 632
南阳—二广豫鄂界	12 029	二广豫鄂界—南阳	11 721
连霍豫皖界—商丘	20 987	商丘—连霍豫皖界	21 780
商丘—开封	30 846	开封—商丘	31 508
开封—郑州	58 149	郑州—开封	58 727
郑州—洛阳	39 680	洛阳—郑州	38 753
洛阳—三门峡	19 817	三门峡—洛阳	19 844
三门峡—连霍豫陕界	13 290	连霍豫陕界—三门峡	13 190
宁洛豫皖界—漯河	21 687	漯河—宁洛豫皖界	21 313
漯河—平顶山	15 438	平顶山—漯河	15 363
平顶山—汝阳	13 169	汝阳—平顶山	13 160
沪陕豫皖界—南阳	13 396	南阳—沪陕豫皖界	13 148
南阳—沪陕豫陕界	10 807	沪陕豫陕界—南阳	10 562
日兰豫鲁界—兰考	13 606	兰考—日兰豫鲁界	13 739
兰考—许昌	11 604	许昌—兰考	11 763
许昌—南阳	27 478	南阳—许昌	26 881

续上表

路段起止点	客运密度（人公里/公里）	路段起止点	客运密度（人公里/公里）
大广安南互通—林州	8 568	林州—大广安南互通	8 699
濮阳—鹤壁	20 030	鹤壁—濮阳	20 514
长垣—新乡	8 735	新乡—长垣	8 904
新乡—济源	13 347	济源—新乡	13 328
济源—济邵豫晋	5 952	济邵豫晋—济源	5 946
原阳—焦作	27 485	焦作—原阳	27 457
焦作—晋新豫晋界	13 692	晋新豫晋界—焦作	13 361
焦作—温县	4 738	温县—焦作	4 600
济广豫鲁界—济广豫皖界	6 991	济广豫皖界—济广豫鲁界	6 940
商丘—周口	11 131	周口—商丘	11 308
许亳省界—鄢陵	8 997	鄢陵—许亳省界	9 078
十八里河—郑州西	46 034	郑州西—十八里河	46 797
郑州南—机场	72 032	机场—郑州南	63 801
郑州侯寨—禹州	39 699	禹州—郑州侯寨	39 498
禹州—尧山	10 912	尧山—禹州	11 121
郑州站—登封	35 069	登封—郑州站	35 670
登封—洛阳	14 303	洛阳—登封	14 445
登封—许昌	12 214	许昌—登封	11 933
叶县—泌阳	6 370	泌阳—叶县	6 171
泌阳—焦桐豫鄂界	5 944	焦桐豫鄂界—泌阳	5 592
泌阳—新蔡	7 324	新蔡—泌阳	7 339
安阳—南林豫晋界	7 625	南林豫晋界—安阳	7 663
濮阳—龙王庄	5 225	龙王庄—濮阳	4 416
永亳—永登豫皖界	5 551	永登豫皖界—永亳	5 581
新蔡—新阳豫皖界	2 634	新阳豫皖界—新蔡	2 687
小茴店—固始	3 792	固始—小茴店	3 495
永城—永登豫皖界	6 996	永登豫皖界—永城	7 464
洛龙—栾川	6 345	栾川—洛龙	6 378
周山—灵宝	3 528	灵宝—周山	3 520
灵宝—卢氏	2 016	卢氏—灵宝	1 776
卢氏—三淅豫鄂界	595	三淅豫鄂界—卢氏	183
尉氏西—周口刘园	21 243	周口刘园—尉氏西	17 466
商丘机场—富航路	5 036	富航路—商丘机场	6 231

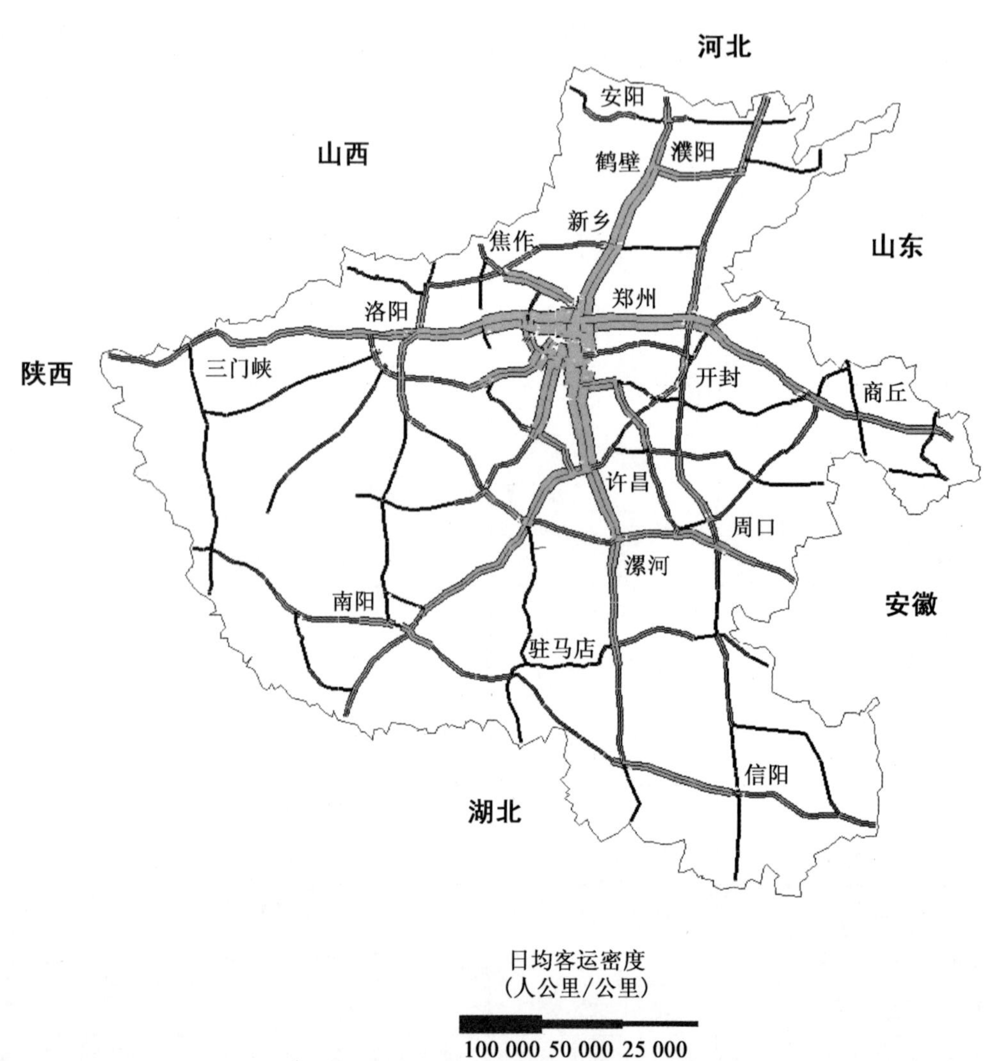

图 4.37　2015 年河南省高速公路日均客运密度

4.12.2　货运密度分布如表4.38和图4.38所示。

2015年河南省高速公路货运密度　　表4.38

路段起止点	货运密度（吨公里/公里）	路段起止点	货运密度（吨公里/公里）
京港澳豫冀界—鹤壁	54 805	鹤壁—京港澳豫冀界	47 960
鹤壁—新乡	68 112	新乡—鹤壁	59 117
新乡—郑州	132 669	郑州—新乡	84 951
郑州—许昌	90 429	许昌—郑州	80 208
许昌—漯河	106 483	漯河—许昌	79 106
漯河—驻马店	113 669	驻马店—漯河	92 031
驻马店—京港澳豫鄂界	106 095	京港澳豫鄂界—驻马店	91 870
大广豫冀省界—濮阳	60 774	濮阳—大广豫冀省界	49 277
濮阳—周口	42 463	周口—濮阳	31 918
周口—大广豫鄂界	38 582	大广豫鄂界—周口	31 013
二广豫晋省界—济源	4 766	济源—二广豫晋省界	5 440
济源—洛阳	54 098	洛阳—济源	31 595
洛阳—汝阳	36 196	汝阳—洛阳	36 692
汝阳—南阳	6 229	南阳—汝阳	4 552
南阳—二广豫鄂界	40 433	二广豫鄂界—南阳	32 778
连霍豫皖界—商丘	19 568	商丘—连霍豫皖界	17 980
商丘—开封	30 835	开封—商丘	38 208
开封—郑州	71 101	郑州—开封	69 821
郑州—洛阳	73 574	洛阳—郑州	68 331
洛阳—三门峡	111 722	三门峡—洛阳	86 366
三门峡—连霍豫陕界	114 665	连霍豫陕界—三门峡	90 260
宁洛豫皖界—漯河	34 084	漯河—宁洛豫皖界	41 869
漯河—平顶山	25 903	平顶山—漯河	37 821
平顶山—汝阳	27 761	汝阳—平顶山	44 544
沪陕豫皖界—南阳	14 929	南阳—沪陕豫皖界	17 703
南阳—沪陕豫陕界	15 420	沪陕豫陕界—南阳	19 492
日兰豫鲁界—兰考	84 189	兰考—日兰豫鲁界	54 184
兰考—许昌	61 943	许昌—兰考	49 955
许昌—南阳	61 280	南阳—许昌	56 239
大广安南互通—林州	3 263	林州—大广安南互通	4 468
濮阳—鹤壁	18 676	鹤壁—濮阳	12 545
长垣—新乡	7 870	新乡—长垣	8 346
新乡—济源	25 707	济源—新乡	21 849
济源—济邵豫晋	10 537	济邵豫晋—济源	20 524
原阳—焦作	20 846	焦作—原阳	53 513
焦作—晋新豫晋界	12 422	晋新豫晋界—焦作	29 480
焦作—温县	1 282	温县—焦作	1 128
济广豫鲁界—济广豫皖界	22 117	济广豫皖界—济广豫鲁界	16 905
商丘—周口	22 492	周口—商丘	24 832
许亳省界—鄢陵	4 472	鄢陵—许亳省界	5 899

续上表

路段起止点	货运密度（吨公里/公里）	路段起止点	货运密度（吨公里/公里）
十八里河—郑州西	30 173	郑州西—十八里河	34 212
郑州南—机场	14 877	机场—郑州南	18 748
郑州侯寨—禹州	11 973	禹州—郑州侯寨	11 800
禹州—尧山	2 299	尧山—禹州	2 807
郑州站—登封	10 786	登封—郑州站	9 427
登封—洛阳	8 351	洛阳—登封	11 784
登封—许昌	13 944	许昌—登封	6 571
叶县—泌阳	32 355	泌阳—叶县	27 229
泌阳—焦桐豫鄂界	35 992	焦桐豫鄂界—泌阳	29 956
泌阳—新蔡	19 208	新蔡—泌阳	4 875
安阳—南林豫晋界	1 915	南林豫晋界—安阳	8 962
濮阳—龙王庄	1 672	龙王庄—濮阳	1 731
永亳—永登豫皖界	2 579	永登豫皖界—永亳	4 567
新蔡—新阳豫皖界	23 075	新阳豫皖界—新蔡	4 916
小茴店—固始	1 341	固始—小茴店	2 113
永城—永登豫皖界	5 412	永登豫皖界—永城	3 477
洛龙—栾川	524	栾川—洛龙	323
周山—灵宝	1 122	灵宝—周山	748
灵宝—卢氏	1 561	卢氏—灵宝	656
卢氏—三淅豫鄂界	643	三淅豫鄂界—卢氏	308
尉氏西—周口刘园	7 375	周口刘园—尉氏西	6 646
商丘机场—富航路	1 363	富航路—商丘机场	1 479

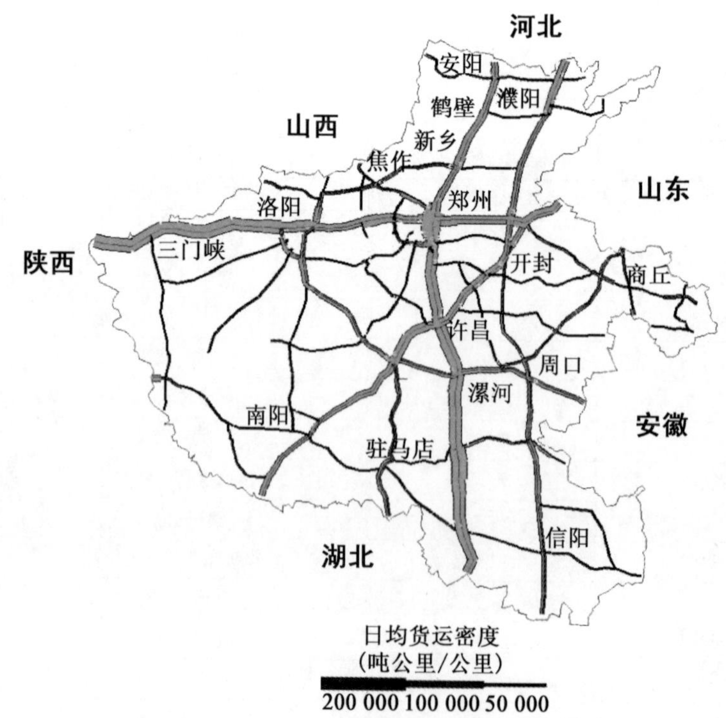

图 4.38　2015 年河南省高速公路日均货运密度

4.12.3　道路负荷分布如表4.39和图4.39所示。

2015年河南省高速公路轴载　　表4.39

路段起止点	轴载（标准轴载当量轴次/日）	路段起止点	轴载（标准轴载当量轴次/日）
京港澳豫冀界—鹤壁	12 440	鹤壁—京港澳豫冀界	8 217
鹤壁—新乡	14 685	新乡—鹤壁	10 060
新乡—郑州	43 223	郑州—新乡	19 425
郑州—许昌	22 449	许昌—郑州	15 377
许昌—漯河	26 344	漯河—许昌	14 846
漯河—驻马店	26 424	驻马店—漯河	17 139
驻马店—京港澳豫鄂界	24 561	京港澳豫鄂界—驻马店	18 976
大广豫冀省界—濮阳	12 081	濮阳—大广豫冀省界	8 080
濮阳—周口	8 844	周口—濮阳	5 367
周口—大广豫鄂界	8 680	大广豫鄂界—周口	6 977
二广豫晋省界—济源	961	济源—二广豫晋省界	996
济源—洛阳	12 796	洛阳—济源	6 489
洛阳—汝阳	9 265	汝阳—洛阳	9 164
汝阳—南阳	1 430	南阳—汝阳	934
南阳—二广豫鄂界	8 874	二广豫鄂界—南阳	5 861
连霍豫皖界—商丘	4 430	商丘—连霍豫皖界	3 794
商丘—开封	6 244	开封—商丘	9 362
开封—郑州	16 368	郑州—开封	17 687
郑州—洛阳	16 194	洛阳—郑州	15 898
洛阳—三门峡	23 288	三门峡—洛阳	16 333
三门峡—连霍豫陕界	23 892	连霍豫陕界—三门峡	16 736
宁洛豫皖界—漯河	7 001	漯河—宁洛豫皖界	9 771
漯河—平顶山	5 417	平顶山—漯河	9 458
平顶山—汝阳	5 953	汝阳—平顶山	10 852
沪陕豫皖界—南阳	2 283	南阳—沪陕豫皖界	3 075
南阳—沪陕豫陕界	2 384	沪陕豫陕界—南阳	3 325
日兰豫鲁界—兰考	18 041	兰考—日兰豫鲁界	11 041
兰考—许昌	12 937	许昌—兰考	9 357
许昌—南阳	14 872	南阳—许昌	11 975
大广安南互通—林州	742	林州—大广安南互通	1 314
濮阳—鹤壁	3 748	鹤壁—濮阳	2 303
长垣—新乡	1 643	新乡—长垣	1 997
新乡—济源	5 335	济源—新乡	4 125
济源—济邵豫晋	2 074	济邵豫晋—济源	4 357
原阳—焦作	4 730	焦作—原阳	17 441
焦作—晋新豫晋界	2 218	晋新豫晋界—焦作	6 972
焦作—温县	294	温县—焦作	279
济广豫鲁界—济广豫皖界	5 622	济广豫皖界—济广豫鲁界	3 569
商丘—周口	4 539	周口—商丘	4 544
许亳省界—鄢陵	905	鄢陵—许亳省界	1 594
十八里河—郑州西	7 677	郑州西—十八里河	8 975

续上表

路段起止点	轴载 (标准轴载当量轴次/日)	路段起止点	轴载 (标准轴载当量轴次/日)
郑州南—机场	3 535	机场—郑州南	6 317
郑州侯寨—禹州	3 260	禹州—郑州侯寨	3 232
禹州—尧山	581	尧山—禹州	771
郑州站—登封	3 212	登封—郑州站	3 302
登封—洛阳	2 172	洛阳—登封	3 343
登封—许昌	4 257	许昌—登封	1 575
叶县—泌阳	8 165	泌阳—叶县	5 330
泌阳—焦桐豫鄂界	8 747	焦桐豫鄂界—泌阳	5 671
泌阳—新蔡	6 244	新蔡—泌阳	1 232
安阳—南林豫晋界	467	南林豫晋界—安阳	2 122
濮阳—龙王庄	548	龙王庄—濮阳	331
永亳—永登豫皖界	551	永登豫皖界—永亳	1 215
新蔡—新阳豫皖界	7 909	新阳豫皖界—新蔡	1 292
小苗店—固始	369	固始—小苗店	603
永城—永登豫皖界	1 360	永登豫皖界—永城	775
洛龙—栾川	113	栾川—洛龙	83
周山—灵宝	283	灵宝—周山	198
灵宝—卢氏	371	卢氏—灵宝	133
卢氏—三淅豫鄂界	190	三淅豫鄂界—卢氏	66
尉氏西—周口刘园	1 855	周口刘园—尉氏西	1 221
商丘机场—富航路	246	富航路—商丘机场	371

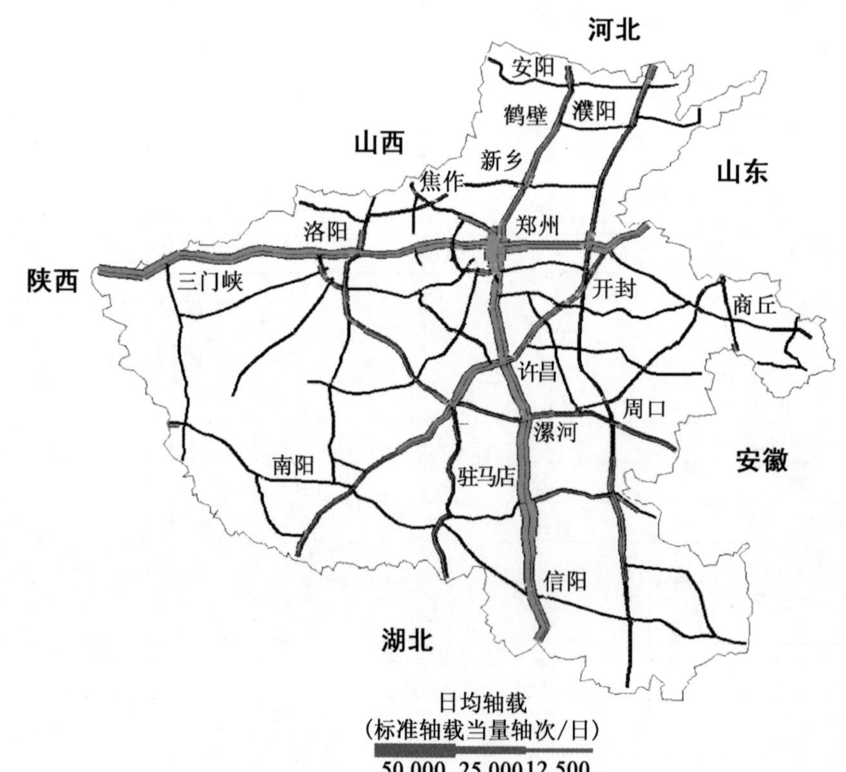

图 4.39　2015 年河南省高速公路日均轴载

4.12.4 交通量分布如表 4.40 和图 4.40 所示。

2015 年河南省高速公路交通量　　表 4.40

路段起止点	正向			反向		
	客车折算交通量(辆/日)	货车折算交通量(辆/日)	小计	客车折算交通量(辆/日)	货车折算交通量(辆/日)	小计
京港澳豫冀界—鹤壁	6 418	8 723	15 141	6 311	10 442	16 753
鹤壁—新乡	11 524	11 216	22 740	11 515	12 270	23 785
新乡—郑州	17 799	20 232	38 031	18 083	21 670	39 753
郑州—许昌	18 638	14 030	32 668	17 572	16 166	33 738
许昌—漯河	10 310	15 378	25 688	10 078	16 120	26 197
漯河—驻马店	7 052	16 035	23 087	6 973	16 325	23 298
驻马店—京港澳豫鄂界	3 333	14 850	18 182	3 317	14 476	17 793
大广豫冀省界—濮阳	5 013	9 468	14 481	4 859	8 858	13 717
濮阳—周口	4 320	6 558	10 878	4 150	6 319	10 469
周口—大广豫鄂界	2 321	6 230	8 551	2 301	4 960	7 260
二广豫晋省界—济源	1 001	856	1 857	960	1 247	2 208
济源—洛阳	5 731	8 492	14 223	5 506	6 916	12 422
洛阳—汝阳	5 491	6 966	12 456	5 476	7 099	12 574
汝阳—南阳	1 746	1 043	2 789	1 691	1 266	2 957
南阳—二广豫鄂界	3 183	5 770	8 952	3 074	5 978	9 052
连霍豫皖界—商丘	5 603	3 953	9 556	5 670	3 703	9 373
商丘—开封	8 732	6 411	15 143	8 809	6 180	14 989
开封—郑州	18 735	13 914	32 649	18 964	11 942	30 906
郑州—洛阳	12 289	15 108	27 396	11 987	11 860	23 847
洛阳—三门峡	5 671	18 572	24 243	5 717	13 748	19 465
三门峡—连霍豫陕界	3 892	17 918	21 810	3 932	13 783	17 715
宁洛豫皖界—漯河	5 398	7 402	12 800	5 337	6 748	12 084
漯河—平顶山	4 158	6 114	10 272	4 157	5 669	9 826
平顶山—汝阳	3 772	6 115	9 887	3 736	6 364	10 100
沪陕豫皖界—南阳	3 060	2 828	5 888	2 972	2 927	5 900
南阳—沪陕豫陕界	3 170	2 891	6 061	3 088	3 225	6 314
日兰豫鲁界—兰考	3 642	12 470	16 112	3 653	9 521	13 173
兰考—许昌	3 314	9 186	12 500	3 378	8 498	11 876
许昌—南阳	7 060	9 212	16 272	6 969	9 555	16 525
大广安南互通—林州	2 612	1 473	4 084	2 702	1 135	3 837
濮阳—鹤壁	5 975	3 659	9 635	6 095	2 886	8 981
长垣—新乡	2 960	1 864	4 824	3 022	1 676	4 698
新乡—济源	4 173	4 845	9 019	4 122	4 155	8 278
济源—济邵豫晋	1 554	2 547	4 101	1 576	3 162	4 737
原阳—焦作	8 200	8 860	17 060	8 194	8 471	16 665
焦作—晋新豫晋界	3 678	5 428	9 106	3 604	4 472	8 076
焦作—温县	1 753	399	2 152	1 705	731	2 436
济广豫鲁界—济广豫皖界	2 068	3 412	5 480	2 065	3 628	5 693
商丘—周口	3 244	3 957	7 200	3 272	4 762	8 034
许亳省界—鄢陵	2 444	1 856	4 300	2 428	1 190	3 617
十八里河—郑州西	15 120	10 395	25 515	15 537	9 324	24 862

续上表

路段起止点	正向			反向		
	客车折算交通量（辆/日）	货车折算交通量（辆/日）	小计	客车折算交通量（辆/日）	货车折算交通量（辆/日）	小计
郑州南—机场	25 279	4 892	30 171	21 722	5 328	27 049
郑州侯寨—禹州	10 779	3 444	14 223	10 685	3 523	14 208
禹州—尧山	3 450	853	4 303	3 430	835	4 265
郑州站—登封	10 941	3 289	14 230	11 082	2 978	14 060
登封—洛阳	4 227	2 444	6 671	4 269	2 428	6 697
登封—许昌	3 208	2 088	5 296	3 149	2 496	5 645
叶县—泌阳	1 936	4 519	6 455	1 886	4 803	6 690
泌阳—焦桐豫鄂界	1 684	5 013	6 696	1 634	5 247	6 882
泌阳—新蔡	2 321	2 467	4 788	2 291	2 819	5 110
安阳—南林豫晋界	2 326	1 483	3 809	2 334	1 291	3 625
濮阳—龙王庄	1 907	666	2 574	1 629	570	2 199
永亳—永登豫皖界	1 716	828	2 544	1 736	905	2 641
新蔡—新阳豫皖界	620	2 634	3 255	655	2 709	3 364
小茴店—固始	899	349	1 248	852	429	1 281
永城—永登豫皖界	1 883	969	2 852	2 107	948	3 056
洛龙—栾川	2 021	229	2 250	2 028	212	2 239
周山—灵宝	1 140	357	1 497	1 133	343	1 476
灵宝—卢氏	736	362	1 097	644	231	875
卢氏—三淅豫鄂界	225	173	397	66	86	152
尉氏西—周口刘园	5 706	1 572	7 278	4 667	2 023	6 690
商丘机场—富航路	1 415	457	1 872	1 774	434	2 208

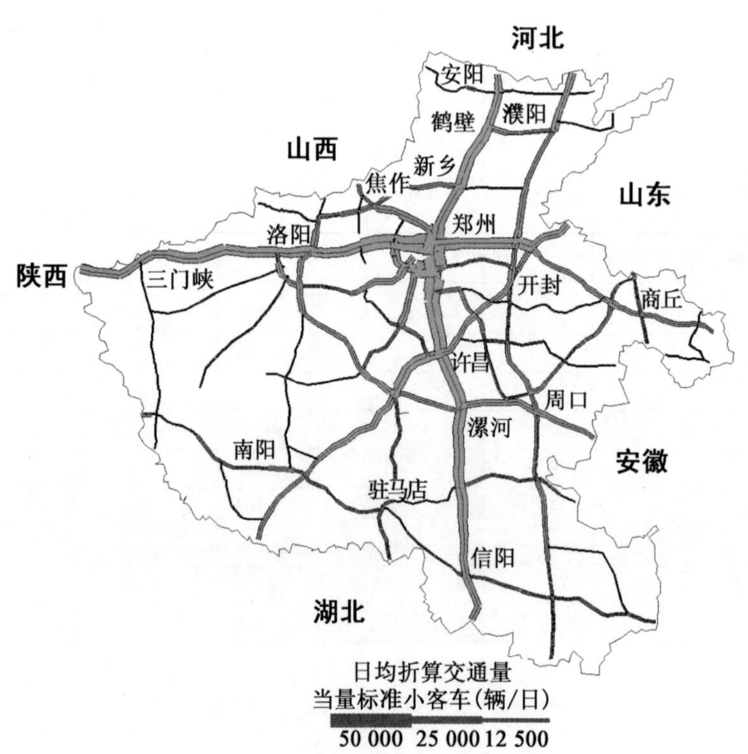

图 4.40　2015 年河南省高速公路日均交通量

4.13 湖北省高速公路运输密度

4.13.1 客运密度分布如表 4.41 和图 4.41 所示。

2015 年湖北省高速公路客运密度　　表 4.41

路段起止点	客运密度（人公里/公里）	路段起止点	客运密度（人公里/公里）
鄂西北—十堰东	5 762	十堰东—鄂西北	6 189
十堰东—襄樊北	17 923	襄樊北—十堰东	18 654
襄樊北—孝感	17 012	孝感—襄樊北	18 205
襄阳北—荆门	12 424	荆门—襄阳北	11 937
荆门—荆州	8 766	荆州—荆门	8 355
荆州—东岳庙	13 153	东岳庙—荆州	10 559
武汉北—京山	19 510	京山—武汉北	19 389
京山—荆门	11 554	荆门—京山	11 529
荆门—宜都	13 253	宜都—荆门	13 135
宜都—恩施	13 603	恩施—宜都	12 566
恩施—白羊塘	10 723	白羊塘—恩施	10 308
宜昌—枝江	21 932	枝江—宜昌	26 385
枝江—潜江	25 177	潜江—枝江	26 485
潜江—仙桃	34 168	仙桃—潜江	35 317
仙桃—武汉西	38 631	武汉西—仙桃	40 622
鄂豫—潜江	8 372	潜江—鄂豫	7 966
潜江—荆岳桥	14 658	荆岳桥—潜江	14 407
鄂北—武汉北	13 589	武汉北—鄂北	13 502
武汉北—鄂南	19 865	鄂南—武汉北	19 937
武汉—麻城	16 495	麻城—武汉	16 386
麻城—鄂东	7 784	鄂东—麻城	9 139
武汉—杨柳	7 383	杨柳—武汉	7 406
武东—黄石	52 788	黄石—武东	53 208
黄石—黄梅	33 868	黄梅—黄石	33 914
黄梅—鄂皖界	15 145	鄂皖界—黄梅	15 543
黄梅—鄂赣界	23 945	鄂赣界—黄梅	24 491
黄冈北—黄石	7 809	黄石—黄冈北	7 795
黄陂—府河	43 237	府河—黄陂	39 655
武汉绕城(顺时针)	19 040	武汉绕城(逆时针)	18 533
汉南—新滩	11 721	新滩—汉南	9 107

续上表

路段起止点	客运密度（人公里/公里）	路段起止点	客运密度（人公里/公里）
麻城—浠水	9 897	浠水—麻城	9 912
龚家岭—黄石西	11 821	黄石西—龚家岭	11 487
黄石西—鄂赣界	7 088	鄂赣界—黄石西	7 430
鄂东南—鄂湘	3 663	鄂湘—鄂东南	3 340
十堰西—鄂陕	6 727	鄂陕—十堰西	6 429
咸安—大冶	4 713	大冶—咸安	4 760
咸宁—通山	5 224	通山—咸宁	5 594
玉泉—远安北	1 318	远安北—玉泉	1 581
葛店—黄州	7 277	黄州—葛店	6 885
宜昌北—神农溪	9 394	神农溪—宜昌北	9 615
恩施北—丁寨	4 282	丁寨—恩施北	4 053
宜都—石首南	2 191	石首南—宜都	1 948
宜城—关垭子	1 212	关垭子—宜都	1 153
安居—宜城	1 835	宜城—安居	1 719

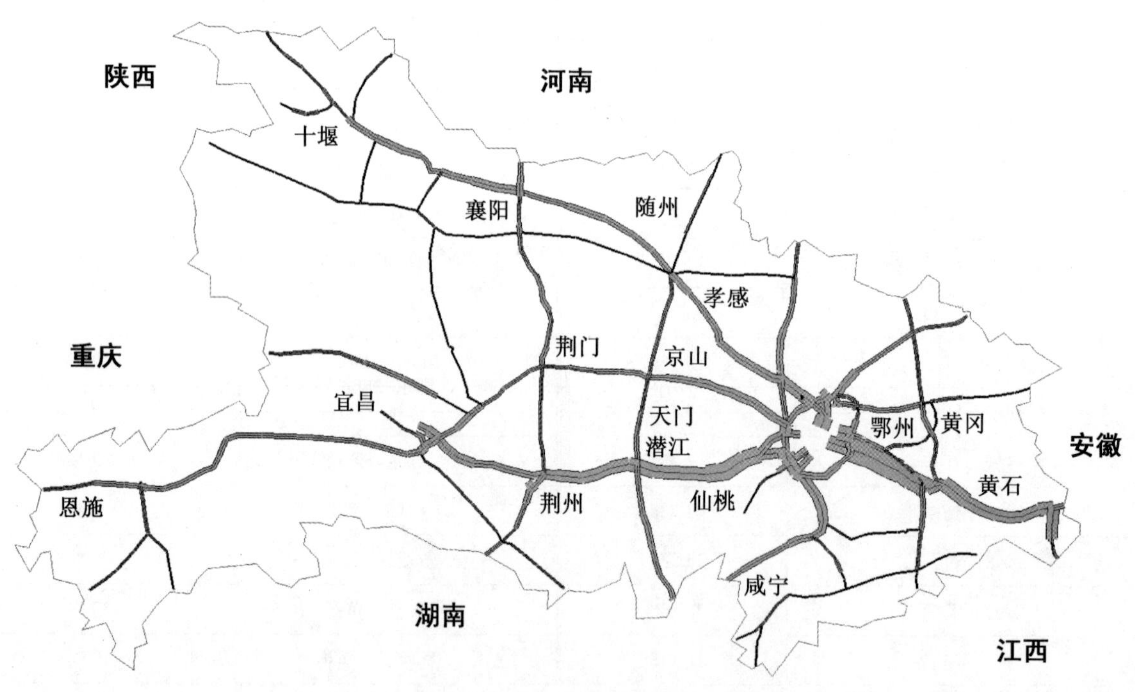

图 4.41　2015 年湖北省高速公路日均客运密度

4.13.2　货运密度分布如表 4.42 和图 4.42 所示。

2015 年湖北省高速公路货运密度　　表 4.42

路段起止点	货运密度（吨公里/公里）	路段起止点	货运密度（吨公里/公里）
鄂西北—十堰东	26 631	十堰东—鄂西北	15 631
十堰东—襄樊北	33 294	襄樊北—十堰东	31 207
襄樊北—孝感	29 762	孝感—襄樊北	20 964
襄阳北—荆门	48 703	荆门—襄阳北	34 227
荆门—荆州	33 682	荆州—荆门	19 204
荆州—东岳庙	34 797	东岳庙—荆州	21 309
武汉北—京山	9 330	京山—武汉北	12 928
京山—荆门	6 315	荆门—京山	9 209
荆门—宜都	34 844	宜都—荆门	23 845
宜都—恩施	39 040	恩施—宜都	18 971
恩施—白羊塘	32 114	白羊塘—恩施	17 092
宜昌—枝江	15 872	枝江—宜昌	27 840
枝江—潜江	32 758	潜江—枝江	45 675
潜江—仙桃	33 172	仙桃—潜江	44 972
仙桃—武汉西	26 899	武汉西—仙桃	36 368
鄂豫—潜江	48 489	潜江—鄂豫	35 345
潜江—荆岳桥	65 170	荆岳桥—潜江	47 909
鄂北—武汉北	95 440	武汉北—鄂北	72 309
武汉北—鄂南	109 416	鄂南—武汉北	93 895
武汉—麻城	29 254	麻城—武汉	47 185
麻城—鄂东	33 970	鄂东—麻城	51 481
武汉—杨柳	6 523	杨柳—武汉	5 781
武东—黄石	40 126	黄石—武东	37 512
黄石—黄梅	50 440	黄梅—黄石	41 782
黄梅—鄂皖界	50 082	鄂皖界—黄梅	54 790
黄梅—鄂赣界	51 202	鄂赣界—黄梅	40 464
黄冈北—黄石	34 324	黄石—黄冈北	20 695
黄陂—府河	4 630	府河—黄陂	2 836
武汉绕城(顺时针)	54 788	武汉绕城(逆时针)	55 681
汉南—新滩	6 181	新滩—汉南	5 647
麻城—浠水	43 774	浠水—麻城	27 559

续上表

路段起止点	货运密度（吨公里/公里）	路段起止点	货运密度（吨公里/公里）
龚家岭—黄石西	6 260	黄石西—龚家岭	6 139
黄石西—鄂赣界	33 760	鄂赣界—黄石西	25 450
鄂东南—鄂湘	4 969	鄂湘—鄂东南	5 816
十堰西—鄂陕	11 515	鄂陕—十堰西	8 149
咸安—大冶	17 903	大冶—咸安	15 929
咸宁—通山	2 970	通山—咸宁	2 362
玉泉—远安北	1 054	远安北—玉泉	1 502
葛店—黄州	4 473	黄州—葛店	4 098
宜昌北—神农溪	4 453	神农溪—宜昌北	3 309
恩施北—丁寨	1 731	丁寨—恩施北	527
宜都—石首南	2 345	石首南—宜都	1 639
宜城—关垭子	755	关垭子—宜都	456
安居—宜城	638	宜城—安居	696

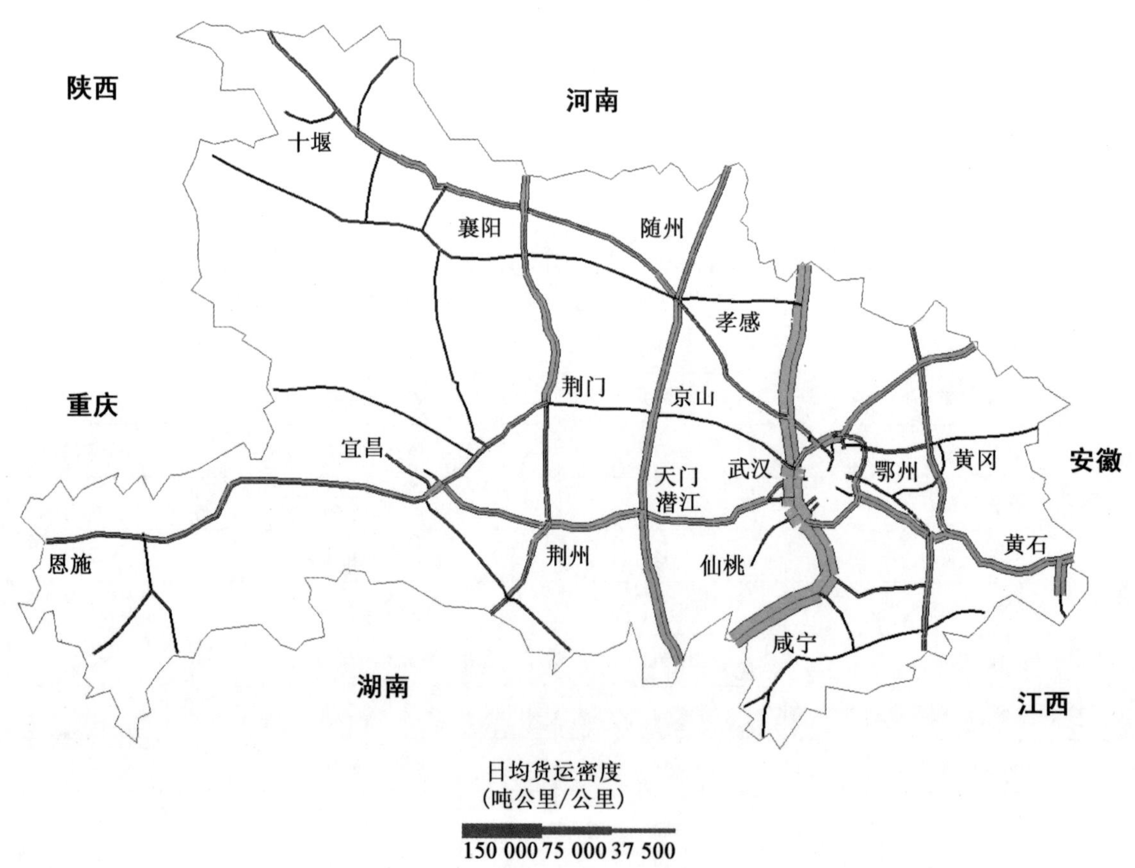

图 4.42　2015 年湖北省高速公路日均货运密度

4.13.3 道路负荷分布如表4.43和图4.43所示。

2015年湖北省高速公路轴载　　表4.43

路段起止点	轴载（标准轴载当量轴次/日）	路段起止点	轴载（标准轴载当量轴次/日）
鄂西北—十堰东	4 551	十堰东—鄂西北	2 303
十堰东—襄樊北	5 908	襄樊北—十堰东	5 842
襄樊北—孝感	5 877	孝感—襄樊北	3 851
襄阳北—荆门	10 869	荆门—襄阳北	6 581
荆门—荆州	7 657	荆州—荆门	3 668
荆州—东岳庙	7 495	东岳庙—荆州	3 887
武汉北—京山	2 585	京山—武汉北	3 038
京山—荆门	1 620	荆门—京山	2 284
荆门—宜都	9 576	宜都—荆门	5 580
宜都—恩施	7 537	恩施—宜都	3 237
恩施—白羊塘	5 407	白羊塘—恩施	2 615
宜昌—枝江	2 984	枝江—宜昌	6 278
枝江—潜江	5 999	潜江—枝江	8 919
潜江—仙桃	5 923	仙桃—潜江	8 292
仙桃—武汉西	4 792	武汉西—仙桃	6 865
鄂豫—潜江	11 156	潜江—鄂豫	5 473
潜江—荆岳桥	13 427	荆岳桥—潜江	7 885
鄂北—武汉北	20 525	武汉北—鄂北	12 195
武汉北—鄂南	22 397	鄂南—武汉北	15 645
武汉—麻城	5 079	麻城—武汉	8 826
麻城—鄂东	5 753	鄂东—麻城	9 137
武汉—杨柳	1 658	杨柳—武汉	1 255
武东—黄石	9 787	黄石—武东	9 888
黄石—黄梅	10 334	黄梅—黄石	7 386
黄梅—鄂皖界	9 061	鄂皖界—黄梅	10 456
黄梅—鄂赣界	10 636	鄂赣界—黄梅	6 834
黄冈北—黄石	6 587	黄石—黄冈北	3 640
黄陂—府河	1 128	府河—黄陂	730
武汉绕城(顺时针)	10 790	武汉绕城(逆时针)	11 549
汉南—新滩	1 905	新滩—汉南	1 551
麻城—浠水	8 871	浠水—麻城	5 181

续上表

路段起止点	轴载 (标准轴载当量轴次/日)	路段起止点	轴载 (标准轴载当量轴次/日)
龚家岭—黄石西	1 856	黄石西—龚家岭	2 125
黄石西—鄂赣界	6 704	鄂赣界—黄石西	4 972
鄂东南—鄂湘	988	鄂湘—鄂东南	1 123
十堰西—鄂陕	1 997	鄂陕—十堰西	1 190
咸安—大冶	3 404	大冶—咸安	3 372
咸宁—通山	834	通山—咸宁	560
玉泉—远安北	255	远安北—玉泉	502
葛店—黄州	1 150	黄州—葛店	1 283
宜昌北—神农溪	1 425	神农溪—宜昌北	502
恩施北—丁寨	515	丁寨—恩施北	164
宜都—石首南	662	石首南—宜都	361
宜城—关垭子	214	关垭子—宜都	99
安居—宜城	128	宜城—安居	157

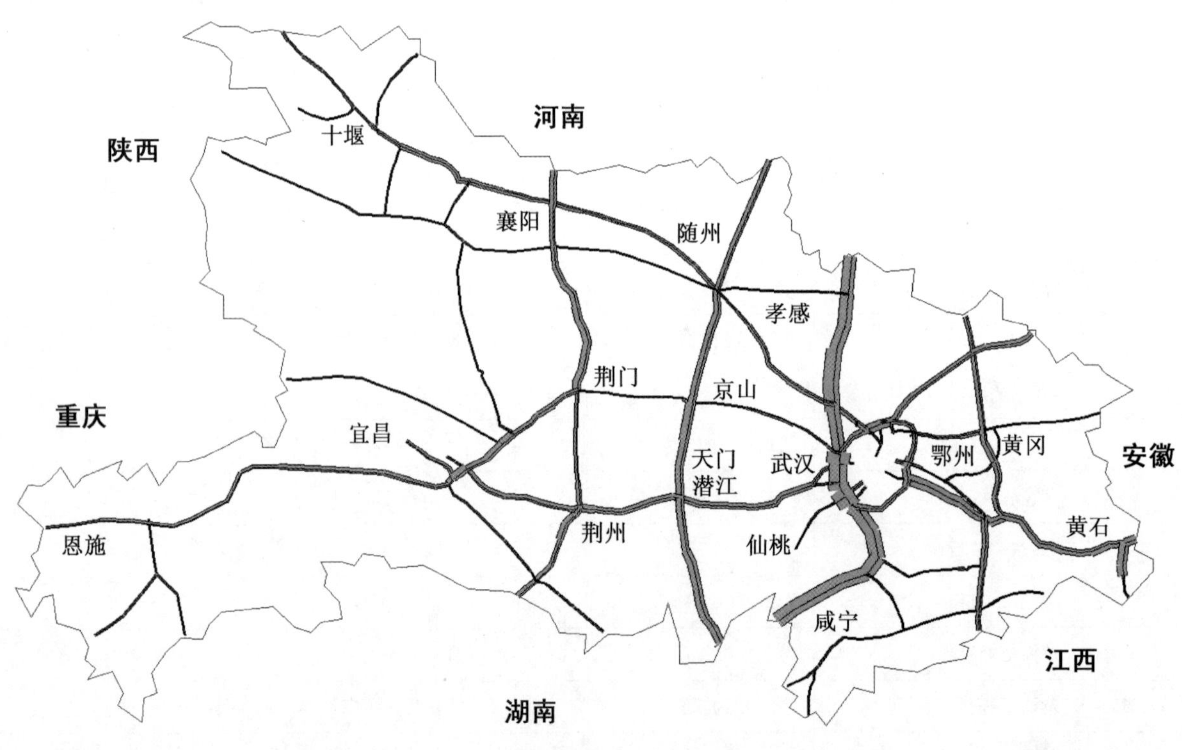

图 4.43　2015 年湖北省高速公路日均轴载

4.13.4　交通量分布如表4.44和图4.44所示。

2015年湖北省高速公路交通量　　表4.44

路段起止点	正向			反向		
	客车折算交通量（辆/日）	货车折算交通量（辆/日）	小计	客车折算交通量（辆/日）	货车折算交通量（辆/日）	小计
鄂西北—十堰东	1 584	4 220	5 803	1 594	3 583	5 177
十堰东—襄樊北	4 528	6 336	10 864	4 601	5 984	10 585
襄樊北—孝感	4 170	4 967	9 137	4 195	4 562	8 757
襄阳北—荆门	3 061	7 096	10 158	2 897	7 046	9 943
荆门—荆州	2 306	4 906	7 212	2 234	4 950	7 184
荆州—东岳庙	3 205	5 209	8 414	2 743	5 354	8 098
武汉北—京山	5 031	2 982	8 013	4 873	2 788	7 661
京山—荆门	3 005	1 979	4 983	2 837	1 990	4 827
荆门—宜都	3 307	5 488	8 795	3 222	5 435	8 657
宜都—恩施	2 644	6 411	9 055	2 387	4 891	7 278
恩施—白羊塘	2 199	5 444	7 644	2 134	3 888	6 022
宜昌—枝江	5 983	4 272	10 254	7 007	5 523	12 530
枝江—潜江	5 287	7 031	12 318	5 712	8 479	14 191
潜江—仙桃	7 375	6 960	14 335	7 831	8 206	16 037
仙桃—武汉西	7 855	5 845	13 701	8 343	6 840	15 183
鄂豫—潜江	1 715	6 612	8 327	1 710	6 365	8 075
潜江—荆岳桥	2 816	8 932	11 748	2 888	8 501	11 389
鄂北—武汉北	3 051	13 048	16 099	3 177	12 948	16 125
武汉北—鄂南	4 597	15 644	20 241	4 590	16 063	20 652
武汉—麻城	3 973	6 307	10 280	4 153	8 166	12 319
麻城—鄂东	2 054	6 432	8 486	2 188	8 493	10 681
武汉—杨柳	1 893	1 242	3 135	1 762	1 182	2 944
武东—黄石	11 625	7 859	19 484	11 423	7 565	18 988
黄石—黄梅	6 070	8 427	14 497	5 951	7 871	13 823
黄梅—鄂皖界	3 019	8 859	11 878	3 012	8 658	11 670
黄梅—鄂赣界	5 125	8 178	13 303	5 054	7 752	12 806
黄冈北—黄石	1 803	5 034	6 836	1 861	3 801	5 662
黄陂—府河	10 047	1 033	11 079	9 010	913	9 922
武汉绕城(顺时针)	4 628	10 957	15 585	4 536	10 678	15 213
汉南—新滩	3 386	1 825	5 210	2 676	1 742	4 417
麻城—浠水	2 237	6 445	8 683	2 286	5 069	7 354
龚家岭—黄石西	3 644	1 590	5 234	3 613	1 491	5 104

续上表

路段起止点	正向			反向		
	客车折算交通量（辆/日）	货车折算交通量（辆/日）	小计	客车折算交通量（辆/日）	货车折算交通量（辆/日）	小计
黄石西—鄂赣界	1 809	4 971	6 781	1 924	4 226	6 150
鄂东南—鄂湘	1 035	920	1 955	914	1 037	1 950
十堰西—鄂陕	1 330	2 037	3 367	1 246	1 767	3 013
咸安—大冶	1 089	3 011	4 101	1 099	2 595	3 694
咸宁—通山	1 633	599	2 232	1 519	611	2 131
玉泉—远安北	413	375	788	472	313	785
葛店—黄州	2 098	933	3 031	2 085	890	2 976
宜昌北—神农溪	1 575	1 219	2 793	1 509	1 290	2 798
恩施北—丁寨	1 276	446	1 721	1 219	404	1 624
宜都—石首南	583	493	1 076	486	478	964
宜城—关垭子	308	172	481	310	164	474
安居—宜城	525	186	712	504	187	691

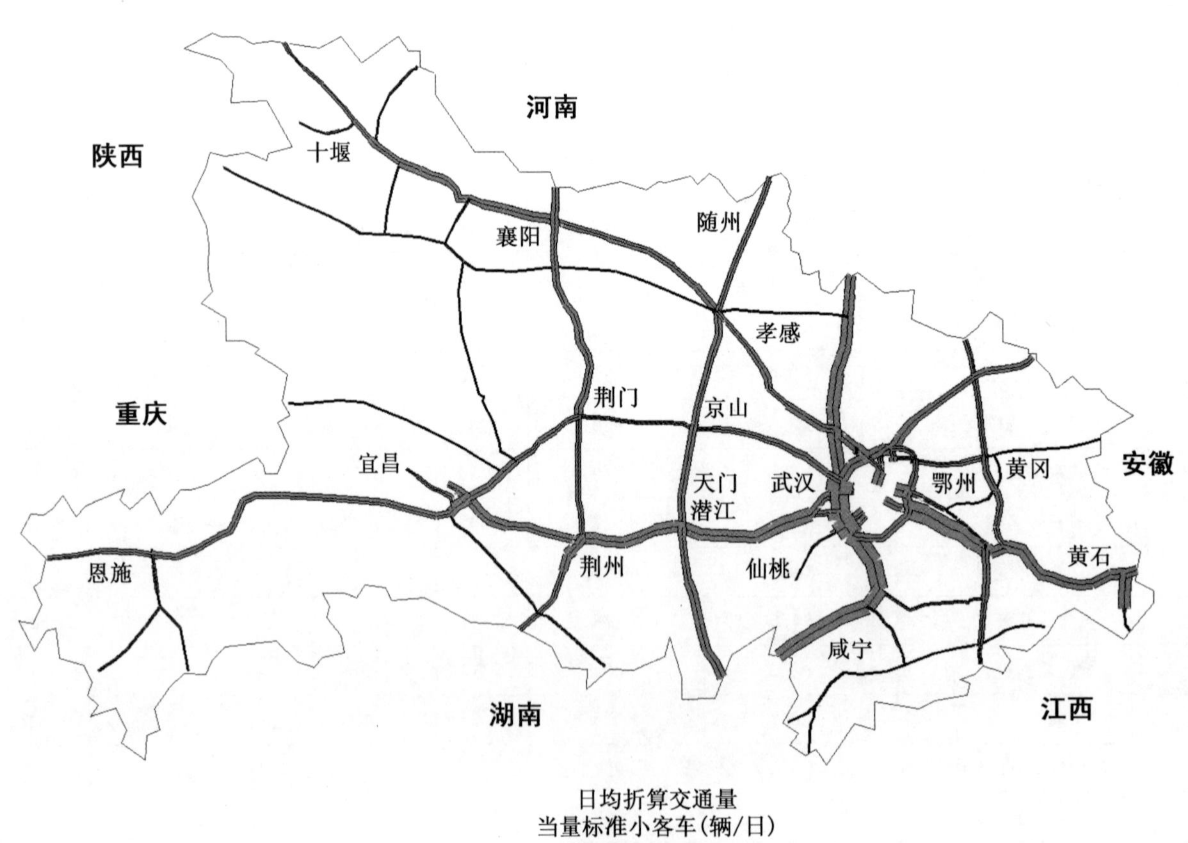

图 4.44　2015 年湖北省高速公路日均交通量

4.14　湖南省高速公路运输密度

4.14.1　客运密度分布如表 4.45 和图 4.45 所示。

2015 年湖南省高速公路客运密度　　表 4.45

路段起止点	客运密度（人公里/公里）	路段起止点	客运密度（人公里/公里）
羊楼司(湘鄂)—岳阳	27 089	岳阳—羊楼司(湘鄂)	25 460
岳阳—长沙	64 572	长沙—岳阳	64 761
长沙—永安	54 944	永安—长沙	65 337
长沙—湘潭	81 320	湘潭—长沙	79 000
湘潭—醴陵	49 014	醴陵—湘潭	49 546
望城区—湘潭	25 381	湘潭—望城区	26 285
湘潭—衡阳蒸湘	26 156	衡阳蒸湘—湘潭	25 039
衡阳—常宁	21 329	常宁—衡阳	19 984
常宁—临武	21 104	临武—常宁	19 065
新晃(湘黔界)—怀化南	29 739	怀化南—新晃(湘黔界)	32 069
怀化南—洞口	68 933	洞口—怀化南	70 961
洞口—隆回	71 888	隆回—洞口	74 850
隆回—邵阳南	82 028	邵阳南—隆回	84 301
邵阳南—娄底	37 485	娄底—邵阳南	39 553
娄底—新化	18 652	新化—娄底	18 154
娄底—韶山	48 114	韶山—娄底	48 671
韶山—湘潭	67 575	湘潭—韶山	70 704
小塘(湘粤界)—宜章	64 690	宜章—小塘(湘粤界)	65 924
宜章—郴州	69 584	郴州—宜章	69 252
郴州—耒阳	63 926	耒阳—郴州	63 410
耒阳—衡阳	64 588	衡阳—耒阳	64 454
衡阳—湘潭	74 648	湘潭—衡阳	72 772
枣木铺(湘桂界)—永州	18 441	永州—枣木铺(湘桂界)	19 919
永州—石埠	19 462	石埠—永州	19 616
石埠—衡阳	23 593	衡阳—石埠	20 952
张家界—常德	23 652	常德—张家界	26 594
常德—益阳	65 985	益阳—常德	68 134
益阳—长沙	87 441	长沙—益阳	98 783
常德—吉首	14 616	吉首—常德	14 998
吉首—茶峒	34 458	茶峒—吉首	33 989
吉首—怀化南	49 383	怀化南—吉首	48 452
邵阳县—永州东	47 237	永州东—邵阳县	46 575
永州东—宁远	51 462	宁远—永州东	50 782
宁远东—蓝山	55 222	蓝山—宁远东	54 042
衡东—炎陵	11 708	炎陵—衡东	12 127
大浦—松木塘	32 824	松木塘—大浦	32 843

续上表

路段起止点	客运密度（人公里/公里）	路段起止点	客运密度（人公里/公里）
松木塘—邵阳	19 445	邵阳—松木塘	21 151
长沙—株洲	38 836	株洲—长沙	42 111
郴州南—嘉禾	4 513	嘉禾—郴州南	4 740
嘉禾—宁远南	8 364	宁远南—嘉禾	8 001
宁远南—道州西	4 910	道州西—宁远南	4 248
道州—江永	3 309	江永—道州	3 067
郴州—汝城	10 902	汝城—郴州	11 194
宜章—堡城	7 290	堡城—宜章	6 061
张家界—花垣东	12 169	花垣东—张家界	10 787
怀化南—通道	8 107	通道—怀化南	7 625
醴陵—上塔市	5 622	上塔市—醴陵	5 973
蕉溪—张坊	5 756	张坊—蕉溪	7 770
洞阳—大瑶	10 683	大瑶—洞阳	8 625
凤凰—凤凰西	22 747	凤凰西—凤凰	23 553
醴陵工业园—攸县	10 787	攸县—醴陵工业园	10 311
常德—城头山	18 736	城头山—常德	21 145
湘潭—学士	52 579	学士—湘潭	53 758
怀化—新化	13 183	新化—怀化	12 887
涟源—娄底	6 417	娄底—涟源	7 026
娄底—岳麓	17 515	岳麓—娄底	16 654

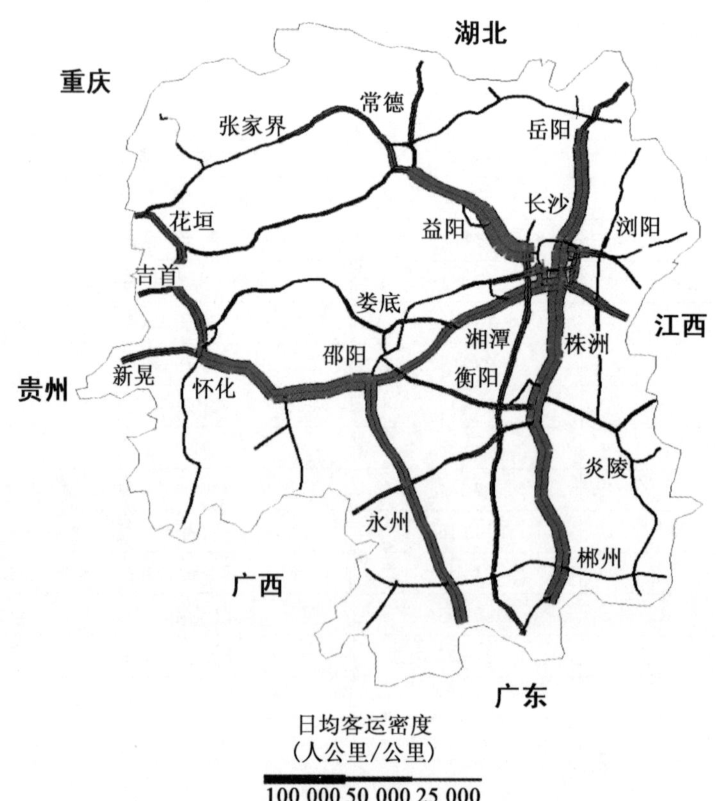

图 4.45　2015 年湖南省高速公路日均客运密度

4.14.2 货运密度分布如表4.46和图4.46所示。

2015年湖南省高速公路货运密度　表4.46

路段起止点	货运密度（吨公里/公里）	路段起止点	货运密度（吨公里/公里）
羊楼司(湘鄂)—岳阳	106 555	岳阳—羊楼司(湘鄂)	90 308
岳阳—长沙	179 186	长沙—岳阳	139 084
长沙—永安	22 669	永安—长沙	24 906
长沙—湘潭	139 748	湘潭—长沙	120 421
湘潭—醴陵	55 099	醴陵—湘潭	57 961
望城区—湘潭	13 221	湘潭—望城区	13 714
湘潭—衡阳蒸湘	10 445	衡阳蒸湘—湘潭	9 643
衡阳—常宁	9 435	常宁—衡阳	6 145
常宁—临武	6 471	临武—常宁	4 550
新晃(湘黔界)—怀化南	23 518	怀化南—新晃(湘黔界)	33 056
怀化南—洞口	37 152	洞口—怀化南	52 486
洞口—隆回	37 507	隆回—洞口	54 105
隆回—邵阳南	58 648	邵阳南—隆回	58 648
邵阳南—娄底	37 509	娄底—邵阳南	36 965
娄底—新化	5 389	新化—娄底	5 389
娄底—韶山	43 378	韶山—娄底	43 359
韶山—湘潭	54 777	湘潭—韶山	54 777
小塘(湘粤界)—宜章	103 031	宜章—小塘(湘粤界)	103 031
宜章—郴州	103 656	郴州—宜章	103 656
郴州—耒阳	102 082	耒阳—郴州	102 082
耒阳—衡阳	115 143	衡阳—耒阳	115 143
衡阳—湘潭	142 911	湘潭—衡阳	142 505
枣木铺(湘桂界)—永州	62 830	永州—枣木铺(湘桂界)	50 280
永州—石埠	59 625	石埠—永州	53 964
石埠—衡阳	59 819	衡阳—石埠	55 617
张家界—常德	8 835	常德—张家界	15 816
常德—益阳	22 266	益阳—常德	22 981
益阳—长沙	29 378	长沙—益阳	29 159
常德—吉首	20 309	吉首—常德	13 479
吉首—茶峒	18 304	茶峒—吉首	14 101
吉首—怀化南	22 606	怀化南—吉首	26 066
邵阳县—永州东	16 333	永州东—邵阳县	19 671
永州东—宁远	17 076	宁远—永州东	17 822
宁远东—蓝山	15 872	蓝山—宁远东	17 790
衡东—炎陵	5 527	炎陵—衡东	7 450
大浦—松木塘	35 718	松木塘—大浦	31 531
松木塘—邵阳	10 572	邵阳—松木塘	8 712
长沙—株洲	18 389	株洲—长沙	20 850

续上表

路段起止点	货运密度（吨公里/公里）	路段起止点	货运密度（吨公里/公里）
郴州南—嘉禾	4 327	嘉禾—郴州南	4 327
嘉禾—宁远南	6 844	宁远南—嘉禾	6 844
宁远南—道州西	4 513	道州西—宁远南	4 513
道州—江永	3 988	江永—道州	3 988
郴州—汝城	24 312	汝城—郴州	22 267
宜章—堡城	4 475	堡城—宜章	3 311
张家界—花垣东	8 538	花垣东—张家界	5 890
怀化南—通道	3 915	通道—怀化南	4 215
醴陵—上塔市	2 684	上塔市—醴陵	2 114
蕉溪—张坊	3 892	张坊—蕉溪	3 892
洞阳—大瑶	6 766	大瑶—洞阳	11 542
凤凰—凤凰西	14 781	凤凰西—凤凰	11 959
醴陵工业园—攸县	4 740	攸县—醴陵工业园	2 539
常德—城头山	15 579	城头山—常德	25 094
湘潭—学士	8 743	学士—湘潭	8 728
怀化—新化	5 098	新化—怀化	8 654
涟源—娄底	2 607	娄底—涟源	2 996
娄底—岳麓	4 953	岳麓—娄底	4 186

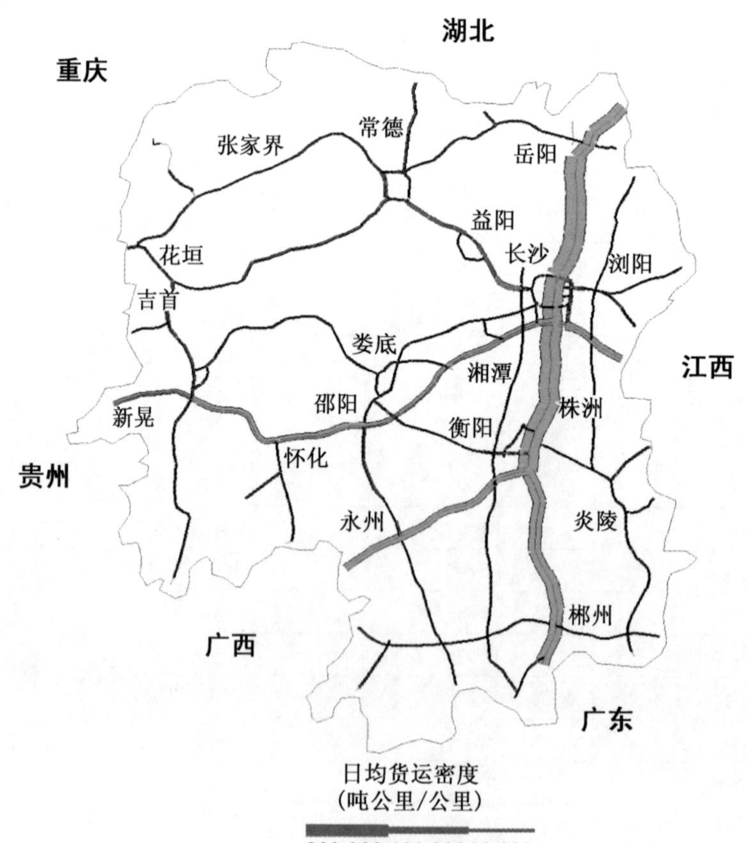

图 4.46　2015 年湖南省高速公路日均货运密度

4.14.3　交通量分布如表 4.47 和图 4.47 所示。

2015 年湖南省高速公路交通量　　表 4.47

路段起止点	正向			反向		
	客车折算交通量（辆/日）	货车折算交通量（辆/日）	小计	客车折算交通量（辆/日）	货车折算交通量（辆/日）	小计
羊楼司(湘鄂)—岳阳	3 986	16 122	20 108	3 583	16 534	20 117
岳阳—长沙	9 524	25 842	35 367	9 968	26 277	36 245
长沙—永安	14 188	6 642	20 830	14 509	6 480	20 988
长沙—湘潭	14 393	26 664	41 057	14 237	27 968	42 204
湘潭—醴陵	6 880	10 033	16 914	6 816	9 833	16 649
望城区—湘潭	4 604	2 818	7 422	4 591	2 792	7 383
湘潭—衡阳蒸湘	4 708	2 047	6 756	4 516	2 169	6 686
衡阳—常宁	3 616	1 746	5 362	3 506	1 401	4 907
常宁—临武	2 934	1 181	4 115	2 861	921	3 782
新晃(湘黔界)—怀化南	3 168	4 417	7 585	3 366	5 775	9 141
怀化南—洞口	6 596	6 910	13 506	7 128	8 744	15 872
洞口—隆回	7 161	7 178	14 339	7 899	9 004	16 903
隆回—邵阳南	9 663	7 962	17 625	10 339	9 763	20 101
邵阳南—娄底	5 954	5 103	11 057	6 417	6 255	12 671
娄底—新化	3 891	1 907	5 798	3 560	1 634	5 194
娄底—韶山	7 940	6 128	14 068	8 146	7 629	15 775
韶山—湘潭	11 826	8 285	20 111	12 821	9 742	22 563
小塘(湘粤界)—宜章	7 698	16 487	24 185	7 090	14 942	22 033
宜章—郴州	8 777	16 964	25 740	7 966	15 180	23 147
郴州—耒阳	8 217	16 829	25 046	7 489	14 942	22 431
耒阳—衡阳	8 557	19 162	27 719	8 033	17 017	25 050
衡阳—湘潭	10 671	24 401	35 072	10 057	21 642	31 699
枣木铺(湘桂界)—永州	2 715	9 415	12 130	2 888	7 810	10 698
永州—石埠	3 088	9 371	12 458	3 114	8 213	11 328
石埠—衡阳	3 526	9 506	13 032	3 482	8 435	11 917
张家界—常德	3 629	2 855	6 483	4 085	2 971	7 056
常德—益阳	10 252	4 847	15 099	10 753	5 197	15 950
益阳—长沙	16 701	6 651	23 352	18 441	6 974	25 415
常德—吉首	2 280	3 304	5 584	2 220	3 179	5 399
吉首—茶峒	4 511	3 424	7 935	4 267	2 949	7 216
吉首—怀化南	5 869	4 635	1 0504	5 957	4 976	10 933
邵阳县—永州东	4 645	3 073	7 718	5 024	3 462	8 485
永州东—宁远	5 288	2 993	8 281	5 715	3 089	8 804
宁远东—蓝山	5 254	2 823	8 077	5 633	3 025	8 659
衡东—炎陵	1 699	1 243	2 942	1 653	1 299	2 952
大浦—松木塘	4 727	6 458	11 186	4 778	6 811	11 589
松木塘—邵阳	2 785	2 135	4 920	2 745	2 021	4 766
长沙—株洲	9 920	5 087	15 006	10 215	5 117	15 332
郴州南—嘉禾	1 280	622	1 903	1 298	786	2 084

续上表

路段起止点	正向		小计	反向		小计
	客车折算交通量（辆/日）	货车折算交通量（辆/日）		客车折算交通量（辆/日）	货车折算交通量（辆/日）	
嘉禾—宁远南	2 031	1 369	3 400	1 865	1 317	3 183
宁远南—道州西	1 238	982	2 220	1 032	919	1 952
道州—江永	866	859	1 725	804	784	1 588
郴州—汝城	1 500	2 334	3 834	1 639	2 574	4 214
宜章—堡城	1 405	994	2 400	1 232	790	2 021
张家界—花垣东	1 924	1 582	3 506	1 742	1 596	3 338
怀化南—通道	1 465	932	2 397	1 379	937	2 315
醴陵—上塔市	1 387	699	2 086	1 461	514	1 975
蕉溪—张坊	1 352	905	2 257	1 642	991	2 633
洞阳—大瑶	2 646	2 306	4 952	2 049	2 264	4 312
凤凰—凤凰西	2 670	2 528	5 197	2 704	2 616	5 320
醴陵工业园—攸县	2 628	1 015	3 643	2 555	845	3 400
常德—城头山	3 366	3 763	7 130	3 620	4 118	7 737
湘潭—学士	10 681	1 421	12 102	11 199	1 925	13 123
怀化—新化	2 018	1 431	3 450	2 078	1 512	3 590
涟源—娄底	1 489	701	2 189	1 920	704	2 624
娄底—岳麓	4 242	1 309	5 550	4 169	1 104	5 273

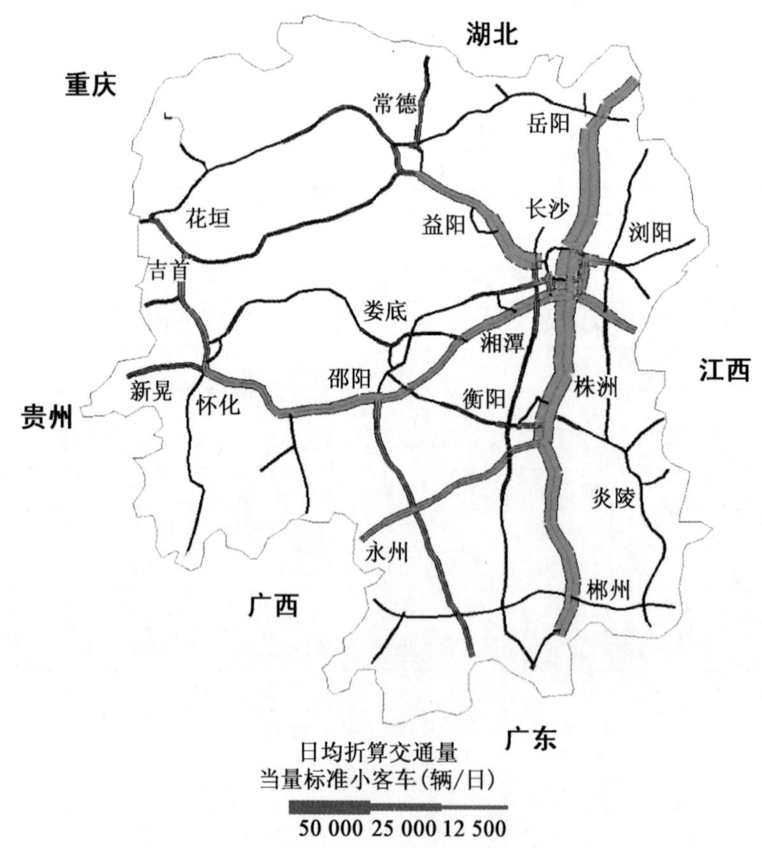

图 4.47　2015 年湖南省高速公路日均交通量

4.15 广东省高速公路运输密度

4.15.1 客运密度分布如表 4.48 和图 4.48 所示。

2015 年广东省高速公路客运密度 表 4.48

路段起止点	客运密度（人公里/公里）	路段起止点	客运密度（人公里/公里）
广州—阳江	70 810	阳江—广州	66 046
阳江—湛江	40 970	湛江—阳江	34 852
粤西—湛江	3 480	湛江—粤西	15 559
湛江—徐闻	10 793	徐闻—湛江	12 309
广州—三水	172 759	三水—广州	179 092
三水—云浮	71 712	云浮—三水	65 098
云浮—平台	32 875	平台—云浮	30 812
粤北主线—广州	13 774	广州—粤北主线	14 543
韶关—梅关	11 862	梅关—韶关	10 509
广州—太平	137 873	太平—广州	139 384
太平—深圳皇岗	116 948	深圳皇岗—太平	108 208
广州—惠州	80 777	惠州—广州	74 219
惠州—河源	66 184	河源—惠州	58 280
惠州—凌坑	39 761	凌坑—惠州	36 376
惠州—龙岗	71 381	龙岗—惠州	68 753
河源—粤赣	27 589	粤赣—河源	26 177
东源—梅州	22 640	梅州—东源	21 126
城西—广福主线	5 683	广福主线—城西	5 549
梅州—揭阳	11 190	揭阳—梅州	10 881
揭阳—潮州	18 441	潮州—揭阳	18 554
揭阳—东港	16 999	东港—揭阳	16 184
汾水关—汕头	18 869	汕头—汾水关	19 482
汕头—陆丰	18 490	陆丰—汕头	25 051
陆丰—惠东	38 177	惠东—陆丰	43 783
惠东—深圳	76 308	深圳—惠东	76 591
珠海—东城	9 152	东城—珠海	9 309

续上表

路段起止点	客运密度（人公里/公里）	路段起止点	客运密度（人公里/公里）
江门—珠海西	21 778	珠海西—江门	22 888
司前—斗山	9 258	斗山—司前	8 712
广州—怀集	59 184	怀集—广州	55 547
清新—凤头岭	26 041	凤头岭—清新	25 547
义和—沥林	11 375	沥林—义和	11 798
月环—南屏主线	24 662	南屏主线—月环	26 388
沙溪—坦洲	52 377	坦洲—沙溪	49 411
附城—蓉滨主线	33 350	蓉滨主线—附城	31 013
粤北—广州(复线)	24 076	广州—粤北主线(复线)	25 993

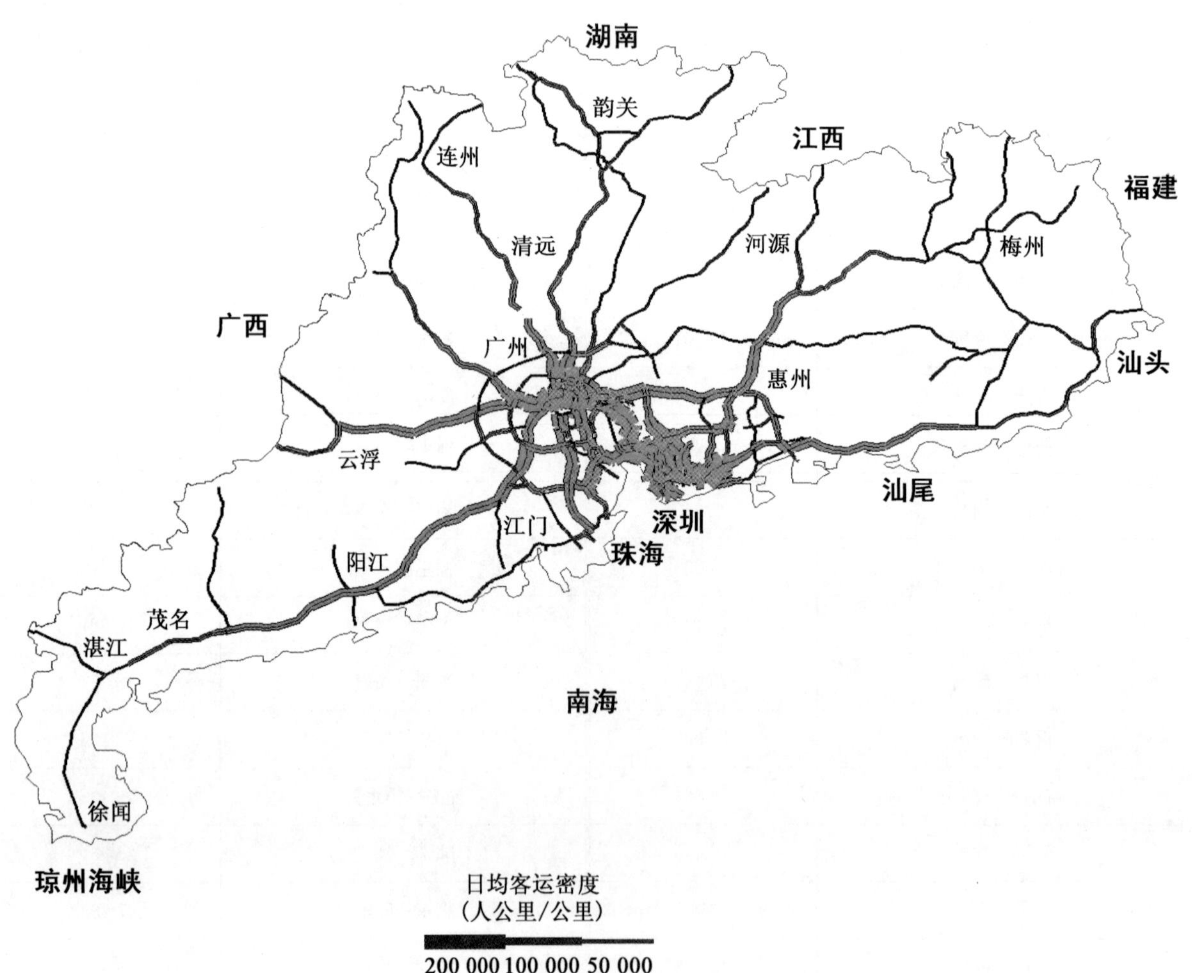

图 4.48　2015 年广东省高速公路日均客运密度

4.15.2　货运密度分布如表4.49和图4.49所示。

2015年广东省高速公路货运密度　　表4.49

路段起止点	货运密度（吨公里/公里）	路段起止点	货运密度（吨公里/公里）
广州—阳江	101 308	阳江—广州	95 382
阳江—湛江	75 159	湛江—阳江	61 774
粤西—湛江	6 905	湛江—粤西	36 158
湛江—徐闻	23 908	徐闻—湛江	32 260
广州—三水	131 021	三水—广州	146 960
三水—云浮	89 067	云浮—三水	95 404
云浮—平台	46 158	平台—云浮	49 457
粤北主线—广州	46 755	广州—粤北主线	44 389
韶关—梅关	91 589	梅关—韶关	92 607
广州—太平	106 920	太平—广州	79 174
太平—深圳皇岗	52 152	深圳皇岗—太平	33 628
广州—惠州	104 251	惠州—广州	84 229
惠州—河源	80 206	河源—惠州	102 765
惠州—凌坑	55 221	凌坑—惠州	37 574
惠州—龙岗	70 369	龙岗—惠州	67 031
河源—粤赣	43 560	粤赣—河源	67 121
东源—梅州	26 208	梅州—东源	24 599
城西—广福主线	23 334	广福主线—城西	26 075
梅州—揭阳	64 563	揭阳—梅州	49 105
揭阳—潮州	52 645	潮州—揭阳	53 947
揭阳—东港	27 787	东港—揭阳	22 180
汾水关—汕头	61 401	汕头—汾水关	55 735
汕头—陆丰	43 344	陆丰—汕头	44 399
陆丰—惠东	54 029	惠东—陆丰	57 921
惠东—深圳	47 600	深圳—惠东	46 076
珠海—东城	10 045	东城—珠海	7 925
江门—珠海西	21 294	珠海西—江门	23 949
司前—斗山	7 444	斗山—司前	7 364

续上表

路段起止点	货运密度（吨公里/公里）	路段起止点	货运密度（吨公里/公里）
广州—怀集	70 692	怀集—广州	73 999
清新—凤头岭	19 655	凤头岭—清新	24 311
义和—沥林	13 987	沥林—义和	8 824
月环—南屏主线	10 779	南屏主线—月环	8 169
沙溪—坦洲	40 094	坦洲—沙溪	30 301
附城—蓸滨主线	47 275	蓸滨主线—附城	49 489
粤北—广州(复线)	168 964	广州—粤北主线(复线)	157 830

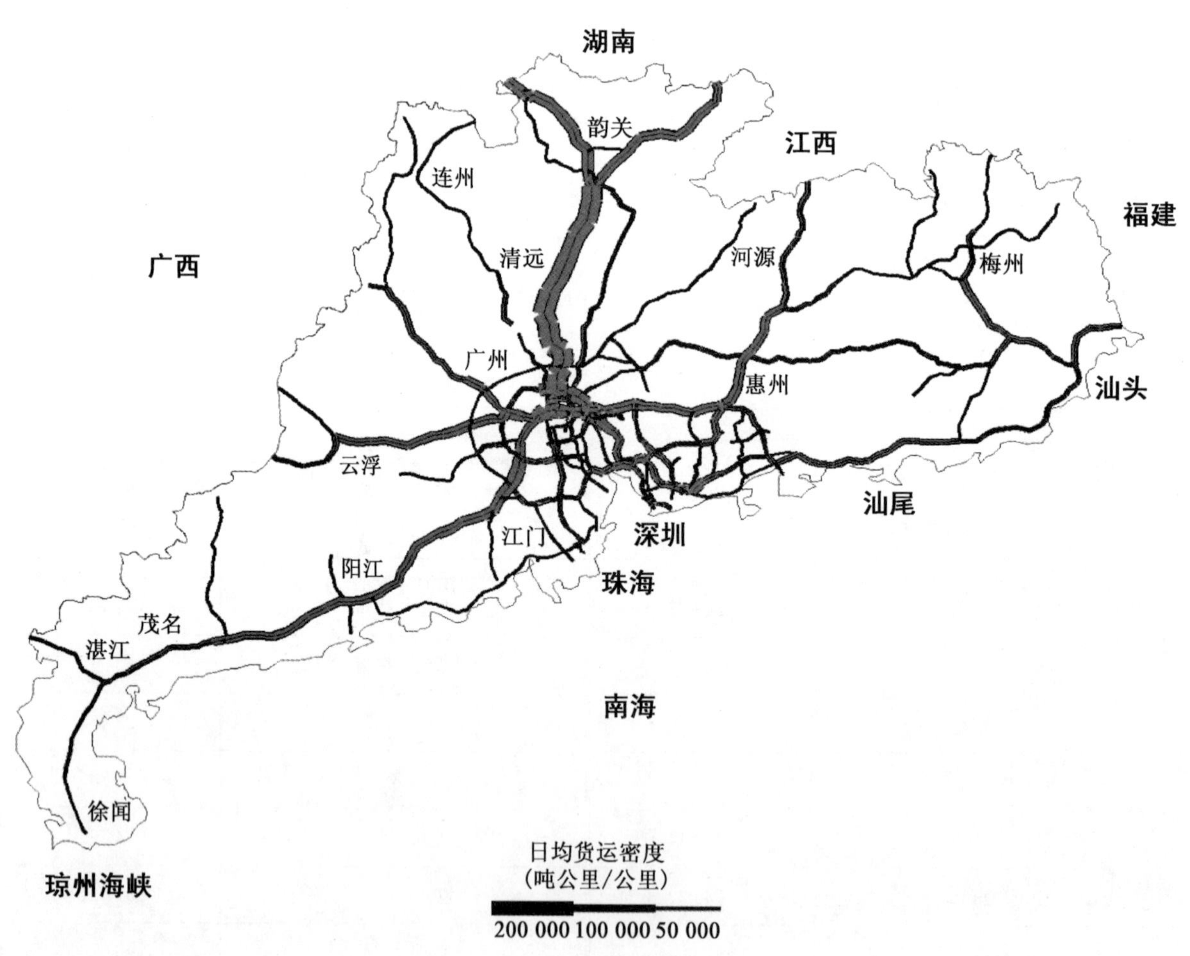

图 4.49　2015 年广东省高速公路日均货运密度

4.16　重庆市高速公路运输密度

4.16.1　客运密度分布如表4.50和图4.50所示。

2015年重庆市高速公路客运密度　　表4.50

路段起止点	客运密度（人公里/公里）	路段起止点	客运密度（人公里/公里）
G65渝北—长寿	59 569	长寿—G65渝北	59 213
长寿—垫江	38 749	垫江—长寿	37 461
垫江—万州	21 115	万州—垫江	20 534
万州—云阳	18 572	云阳—万州	18 312
云阳—小三峡	11 774	小三峡—云阳	11 086
小周—开县	14 829	开县—小周	10 827
夔门—巫溪	4 310	巫溪—夔门	3 388
垫江—牡丹源	7 732	牡丹源—垫江	7 336
垫江—忠县	8 378	忠县—垫江	9 006
忠县—冷水	7 642	冷水—忠县	7 387
长寿—涪陵	13 963	涪陵—长寿	13 880
G65渝北—草坝场	24 153	草坝场—G65渝北	24 771
G65巴南—南川	35 116	南川—G65巴南	34 480
南川—武隆	25 409	武隆—南川	25 237
武隆—黔江	17 205	黔江—武隆	17 254
黔江—酉阳	14 596	酉阳—黔江	14 779
酉阳—G65洪安	14 776	G65洪安—酉阳	14 309
G75巴南—綦江	47 845	綦江—G75巴南	46 177
綦江—崇溪河	25 650	崇溪河—綦江	22 196
綦江—南川	9 378	南川—綦江	9 215
西彭—G93江津	23 659	G93江津—西彭	22 734
G85九龙坡—永川	62 685	永川—G85九龙坡	60 344
永川—渝荣	30 794	渝荣—永川	29 926
G93沙坪坝—铜梁	42 007	铜梁—G93沙坪坝	41 000
铜梁—书房坝	25 452	书房坝—铜梁	24 023
G75北碚—合川	45 001	合川—G75北碚	39 907
合川—兴山	20 504	兴山—合川	19 156
西彭——品	29 739	一品—西彭	31 164
一品—复盛	15 521	复盛——品	14 948
复盛—G75北碚	24 570	G75北碚—复盛	23 283

续上表

路段起止点	客运密度（人公里/公里）	路段起止点	客运密度（人公里/公里）
G75 北碚—璧山	33 710	璧山—G75 北碚	34 192
璧山—西彭	33 543	西彭—璧山	34 610
G50 南岸—麻柳嘴	13 030	麻柳嘴—G50 南岸	13 610
茶店互通—涪陵南	16 375	涪陵南—茶店互通	18 018
涪陵南—丰都	10 392	丰都—涪陵南	10 351
丰都—石柱	7 120	石柱—丰都	7 088
马鞍—双河口	9 416	双河口—马鞍	9 650
沙坪坝—大足	10 000	大足—沙坪坝	9 886
永川—石蟆	3 323	石蟆—永川	3 284

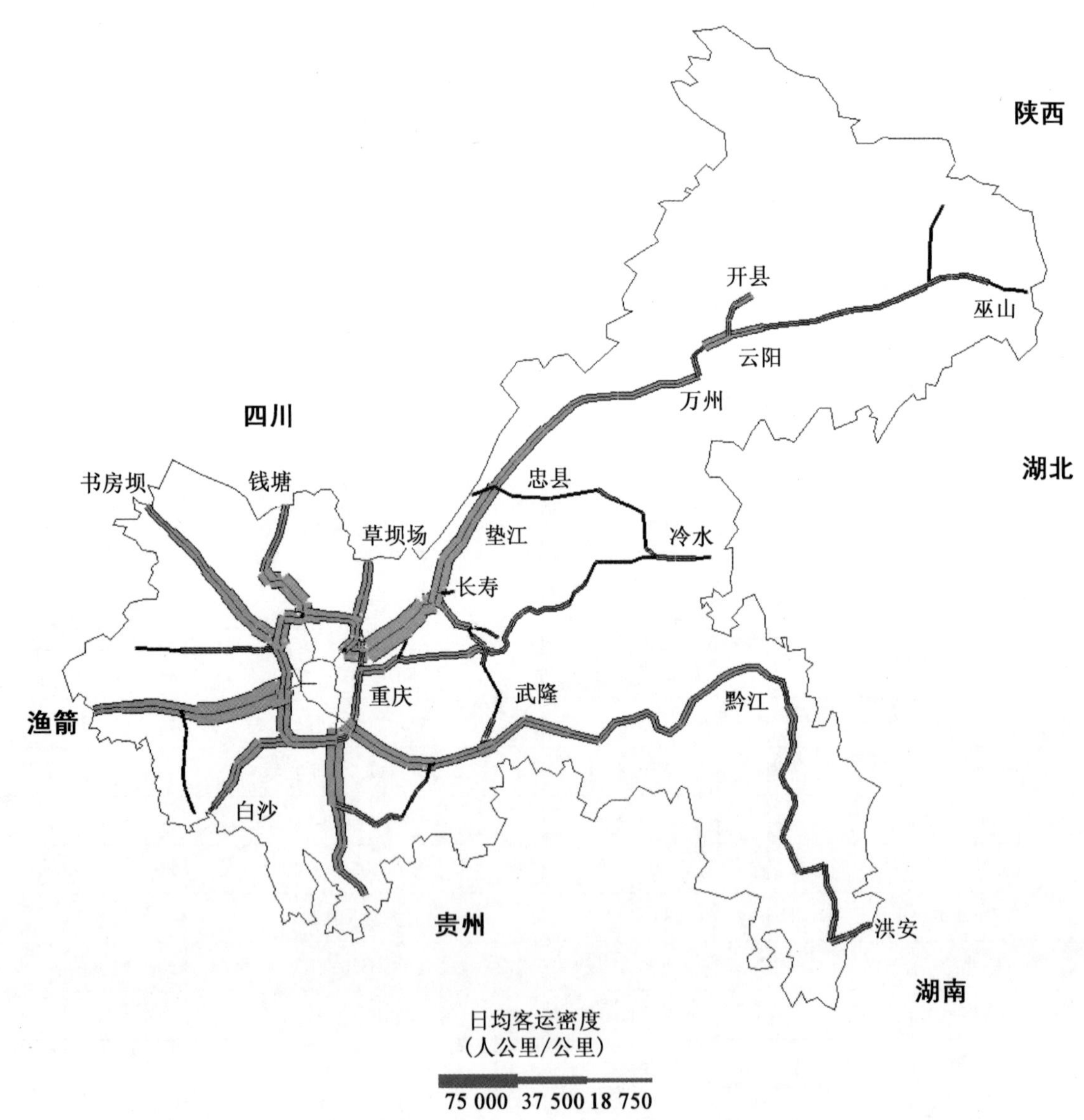

图 4.50　2015 年重庆市高速公路日均客运密度

4.16.2　货运密度分布如表 4.51 和图 4.51 所示。

2015 年重庆市高速公路货运密度　　　　表 4.51

路段起止点	货运密度（吨公里/公里）	路段起止点	货运密度（吨公里/公里）
G50 江北—长寿	30 819	长寿—G50 江北	32 804
长寿—垫江	11 420	垫江—长寿	14 122
垫江—万州	7 493	万州—垫江	11 360
万州—云阳	7 810	云阳—万州	5 797
云阳—小三峡	5 381	小三峡—云阳	5 713
小周—开县	4 656	开县—小周	4 752
夔门—巫溪	3 147	巫溪—夔门	891
垫江—牡丹源	21 441	牡丹源—垫江	18 571
垫江—忠县	16 979	忠县—垫江	16 456
忠县—冷水	19 946	冷水—忠县	23 245
长寿—涪陵	16 377	涪陵—长寿	19 154
G65 渝北—草坝场	18 154	草坝场—G65 渝北	24 739
G65 巴南—南川	22 853	南川—G65 巴南	25 821
南川—武隆	21 885	武隆—南川	27 401
武隆—黔江	24 678	黔江—武隆	32 168
黔江—酉阳	22 977	酉阳—黔江	31 439
酉阳—G65 洪安	22 427	G65 洪安—酉阳	32 565
G75 巴南—綦江	26 731	綦江—G75 巴南	32 683
綦江—崇溪河	26 702	崇溪河—綦江	25 698
綦江—南川	3 503	南川—綦江	5 115
西彭—G93 江津	13 053	G93 江津—西彭	9 678
G85 九龙坡—永川	32 020	永川—G85 九龙坡	27 324
永川—渝荣	23 188	渝荣—永川	17 921
G93 沙坪坝—铜梁	47 290	铜梁—G93 沙坪坝	40 383
铜梁—书房坝	52 220	书房坝—铜梁	39 836
G75 北碚—合川	17 046	合川—G75 北碚	24 159
合川—兴山	11 515	兴山—合川	8 969
西彭—一品	30 076	一品—西彭	29 830
一品—复盛	29 000	复盛—一品	30 247
复盛—G75 北碚	35 886	G75 北碚—复盛	37 662
G75 北碚—壁山	40 911	壁山—G75 北碚	46 355

续上表

路段起止点	货运密度（吨公里/公里）	路段起止点	货运密度（吨公里/公里）
壁山—西彭	30 368	西彭—壁山	31 484
G50 南岸—麻柳嘴	6 936	麻柳嘴—G50 南岸	13 915
茶店互通—涪陵南	8 592	涪陵南—茶店互通	14 456
涪陵南—丰都	12 314	丰都—涪陵南	22 283
丰都—石柱	13 384	石柱—丰都	22 667
马鞍—双河口	16 088	双河口—马鞍	13 863
沙坪坝—大足	3 805	大足—沙坪坝	1 881
永川—石蟆	1 565	石蟆—永川	1 571

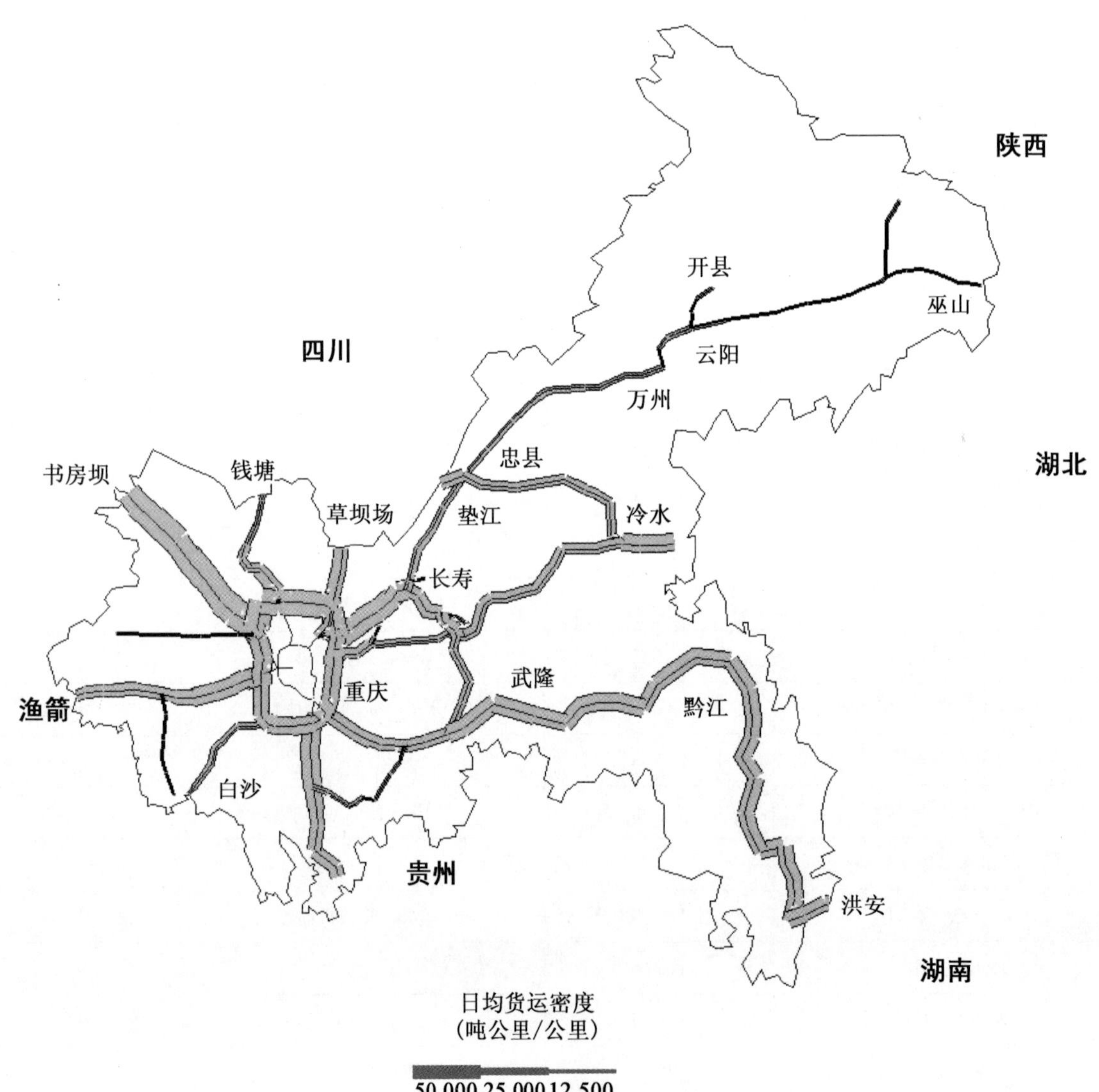

图 4.51 2015 年重庆市高速公路日均货运密度

4.16.3 交通量分布如表4.52和图4.52所示。

2015年重庆市高速公路交通量

表4.52

路段起止点	正向			反向		
	客车折算交通量（辆/日）	货车折算交通量（辆/日）	小计	客车折算交通量（辆/日）	货车折算交通量（辆/日）	小计
G50江北—长寿	15 112	7 131	22 243	15 082	7 487	22 569
长寿—垫江	9 672	3 326	12 998	9 188	2 912	12 100
垫江—万州	5 272	2 458	7 730	5 070	2 133	7 202
万州—云阳	4 796	2 033	6 829	4 680	1 876	6 556
云阳—小三峡	2 490	1 540	4 030	2 290	1 337	3 628
小周—开县	4 317	1 367	5 684	3 171	1 038	4 208
夔门—巫溪	1 158	585	1 743	894	519	1 413
垫江—牡丹源	2 076	3 702	5 777	1 926	3 191	5 117
垫江—忠县	2 259	2 475	4 734	2 505	2 991	5 496
忠县—冷水	1 874	3 144	5 018	1 816	3 989	5 805
长寿—涪陵	3 619	3 364	6 982	3 732	3 892	7 624
G65渝北—草坝场	6 501	4 680	11 181	6 650	4 866	11 515
G65巴南—南川	8 994	4 336	13 330	8 618	4 972	13 590
南川—武隆	5 738	3 967	9 706	5 613	4 900	10 512
武隆—黔江	3 408	4 264	7 672	3 431	5 358	8 789
黔江—酉阳	2 725	3 982	6 707	2 798	5 152	7 950
酉阳—G65洪安	2 716	4 087	6 802	2 618	5 159	7 777
G75巴南—綦江	13 190	5 716	18 906	12 924	5 668	18 592
綦江—崇溪河	6 550	4 533	11 083	5 703	4 650	10 353
綦江—南川	2 759	1 123	3 882	2 705	1 044	3 748
西彭—G93江津	6 065	2 816	8 882	5 757	2 763	8 520
G85九龙坡—永川	15 333	7 561	22 895	14 645	7 117	21 762
永川—渝荣	6 690	4 562	11 252	6 428	4 192	10 620
G93沙坪坝—铜梁	11 780	9 535	21 315	11 499	8 603	20 102
铜梁—书房坝	7 260	9 197	16 456	6 807	7 951	14 759
G75北碚—合川	10 723	4 566	15 289	9 863	3 760	13 623
合川—兴山	5 066	2 362	7 428	4 716	2 217	6 932
西彭—一品	7 953	6 130	14 083	8 673	6 661	15 334
一品—复盛	4 137	6 332	10 469	3 858	5 935	9 793
复盛—G75北碚	6 628	8 595	15 223	6 027	7 811	13 838

续上表

路段起止点	正向			反向		
	客车折算交通量（辆/日）	货车折算交通量（辆/日）	小计	客车折算交通量（辆/日）	货车折算交通量（辆/日）	小计
G75 北碚—璧山	10 282	12 387	22 670	10 566	12 096	22 662
璧山—西彭	10 345	8 211	18 555	10 749	8 903	19 651
G50 南岸—麻柳嘴	3 730	1 794	5 524	3 789	2 126	5 915
茶店互通—涪陵南	4 741	1 897	6 638	5 040	2 654	7 694
涪陵南—丰都	2 741	2 483	5 224	2 669	3 680	6 349
丰都—石柱	1 894	2 557	4 452	1 821	3 655	5 476
马鞍—双河口	2 041	2 505	4 546	2 244	2 955	5 199
沙坪坝—大足	2 885	756	3 641	2 832	702	3 534
永川—石蟆	1 075	524	1 599	1 071	497	1 568

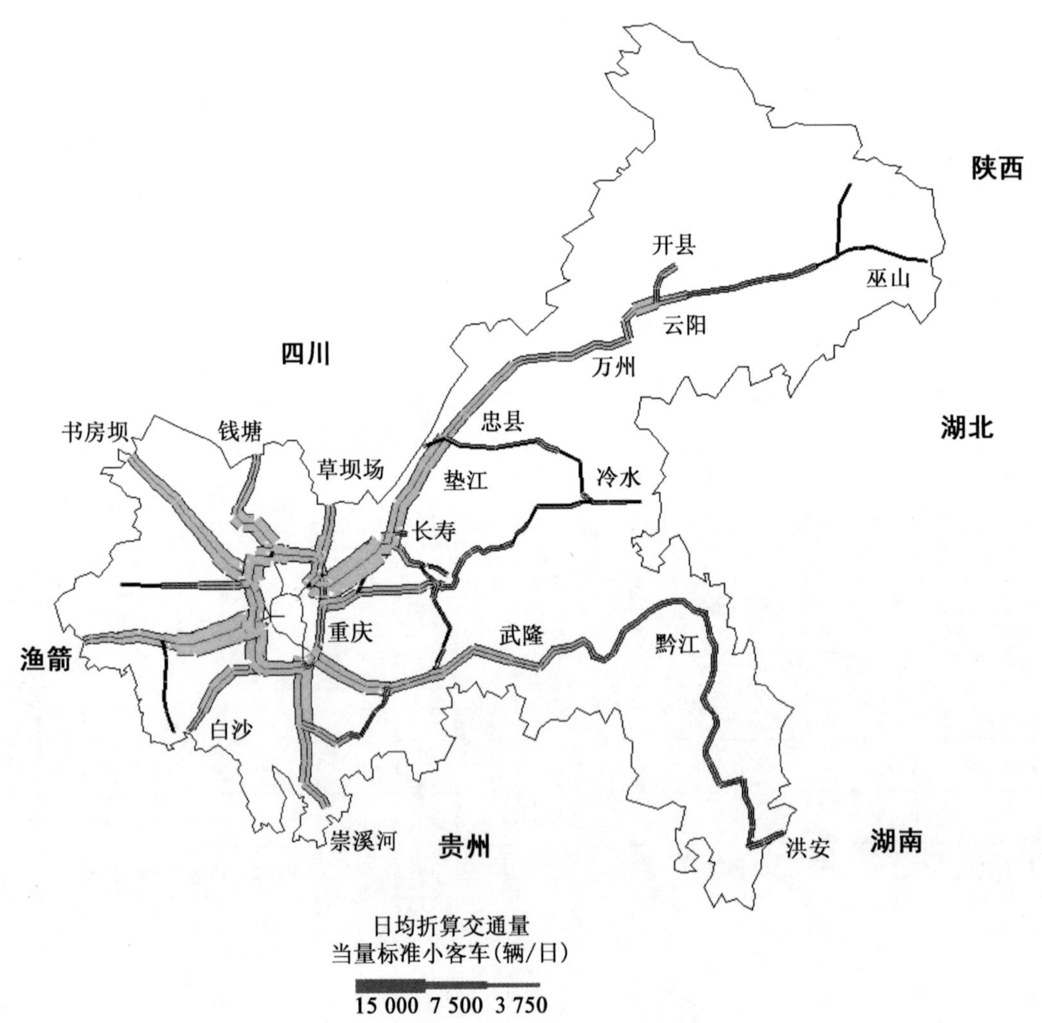

图 4.52 2015 年重庆市高速公路日均交通量

4.17　四川省高速公路运输密度

4.17.1　客运密度分布如表4.53和图4.53所示。

2015年四川省高速公路客运密度　　表4.53

路段起止点	客运密度（人公里/公里）	路段起止点	客运密度（人公里/公里）
棋盘关—广元	9 900	广元—棋盘关	9 703
广元—绵阳	16 362	绵阳—广元	17 076
绵阳—德阳	26 249	德阳—绵阳	27 342
德阳—成都	45 836	成都—德阳	48 301
绵阳南—什邡北	16 244	什邡北—绵阳南	15 874
什邡北—成都	36 917	成都—什邡北	39 076
成都—崇州	94 396	崇州—成都	87 835
崇州—邛崃	39 183	邛崃—崇州	39 758
桑园—名山	15 259	名山—桑园	13 573
名山—汉源北	24 313	汉源北—名山	22 521
汉源北—西昌	12 559	西昌—汉源北	12 617
西昌—盐边	8 478	盐边—西昌	8 264
盐边—田房	5 703	田房—盐边	5 953
攀田鱼塘—丽攀民主(川滇界)	3 274	丽攀民主(川滇界)—攀田鱼塘	2 595
成都—眉山	71 652	眉山—成都	67 211
眉山—乐山	35 654	乐山—眉山	34 474
乐山—宜宾北	8 938	宜宾北—乐山	8 033
名山—青龙	20 439	青龙—名山	22 247
成都—简阳	50 763	简阳—成都	48 120
简阳—内江	33 666	内江—简阳	32 822
内江—隆昌	23 014	隆昌—内江	22 169
隆昌—渝箭(川渝界)	21 906	渝箭(川渝界)—隆昌	20 701
隆昌—泸州	14 462	泸州—隆昌	13 257
泸州—纳溪	14 320	纳溪—纳溪	13 423
纳溪—纳黔四川(川黔界)	8 543	纳黔四川(川黔界)—纳溪	7 836
内江—自贡	23 109	自贡—内江	23 409
自贡—宜宾北	22 630	宜宾北—自贡	22 278

续上表

路段起止点	客运密度（人公里/公里）	路段起止点	客运密度（人公里/公里）
宜宾北—四川主线(川滇界)	15 476	四川主线(川滇界)—宜宾北	15 325
成都—都江堰	52 628	都江堰—成都	53 550
都江堰—映秀	20 016	映秀—都江堰	19 581
成都绕城(逆时针)	96 997	成都绕城(顺时针)	94 281
成都第二绕城(逆时针)	9 308	成都第二绕城(顺时针)	9 056
成都—仁寿	38 562	仁寿—成都	36 094
仁寿—自贡东	23 750	自贡东—仁寿	22 492
自贡东—泸州	13 264	泸州—自贡东	12 759
宜宾—泸渝四川(川渝界)	13 875	泸渝四川(川渝界)—宜宾	12 792
乐山—雅安	7 213	雅安—乐山	6 759
乐山—自贡	7 296	自贡—自贡	6 826
荣县—内江	9 445	内江—荣县	8 712
内江—安居	7 507	安居—内江	7 231
洪雅—资阳	6 560	资阳—洪雅	6 645
资阳—遂宁	6 668	遂宁—资阳	7 005
遂宁—广安	8 150	广安—遂宁	7 062
成都—南充	29 123	南充—成都	27 821
南充—广安	8 386	广安—南充	8 923
广安—邻水	21 399	邻水—广安	20 387
邻水—邻垫四川(川渝界)	11 400	邻垫四川(川渝界)—邻水	12 420
成都—三台	32 536	三台—三台	32 146
三台—巴中	12 712	巴中—三台	12 990
巴中—南江北	5 756	南江北—巴中	4 701
绵阳—遂宁	7 667	遂宁—绵阳	7 726
大英回马—遂渝四川(川渝界)	22 053	遂渝四川(川渝界)—大英回马	21 911
遂宁—西充	2 850	西充—遂宁	2 688
南充—广元	11 518	广元—南充	11 981
广元—广甘四川(川甘界)	6 306	广甘四川(川甘界)—广元	5 967
广元绕城(逆时针)	4 417	广元绕城(顺时针)	4 501
广元—巴中	5 257	巴中—广元	5 077

续上表

路段起止点	客运密度（人公里/公里）	路段起止点	客运密度（人公里/公里）
巴中—达州	7 183	达州—巴中	6 843
达州—达万四川(川渝界)	4 740	达万四川(川渝界)—达州	4 691
南充绕城(逆时针)	8 784	南充绕城(顺时针)	9 155
南充—南渝四川(川渝界)	15 307	南渝四川(川渝界)—南充	14 085
南充—大竹	6 032	大竹—南充	5 653
南充新店—广安	972	广安—南充新店	1 117
达渝四川(川渝界)—邻水	20 600	邻水—达渝四川(川渝界)	20 768
邻水—达州	15 695	达州—邻水	16 467
达州—达陕四川(川陕界)	7 073	达陕四川(川陕界)—达州	7 245

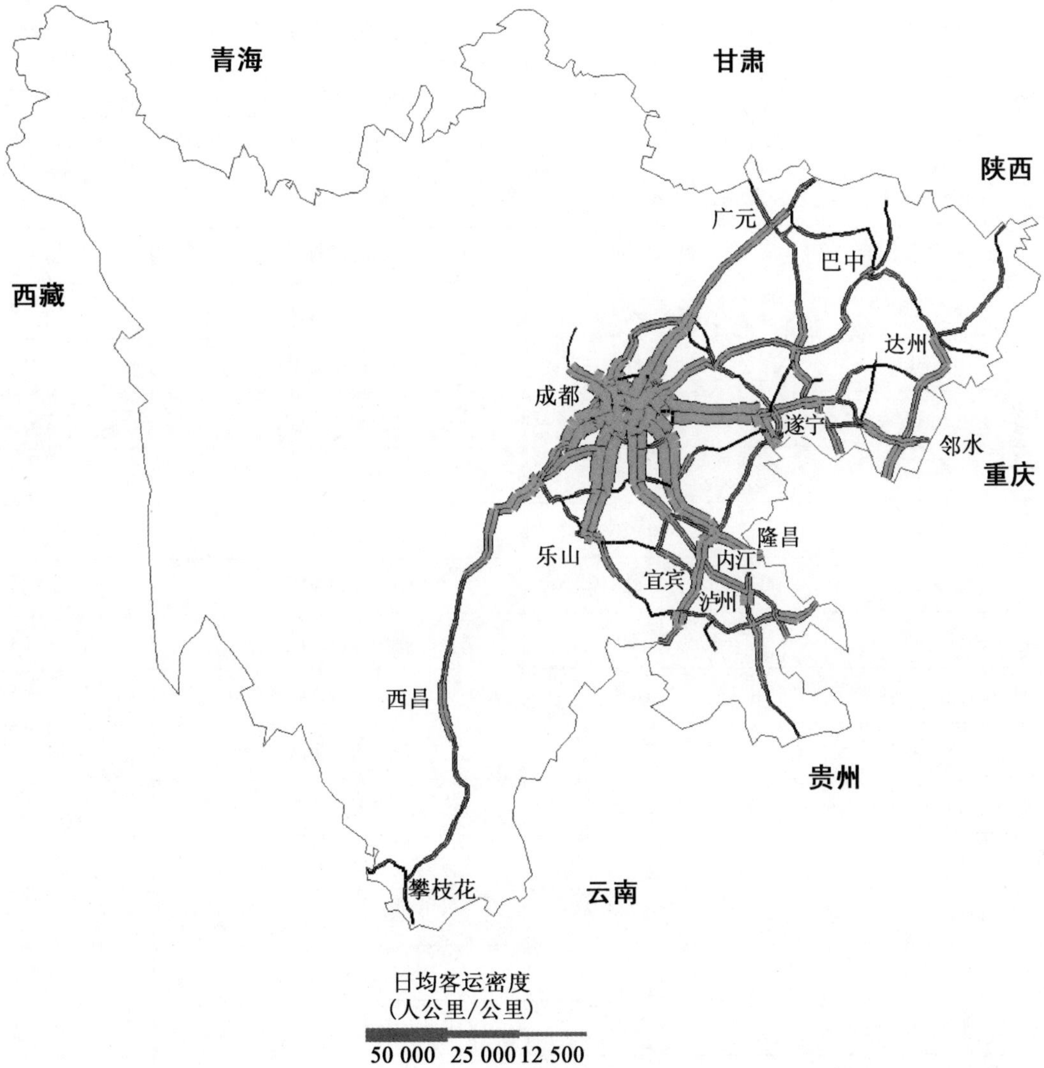

图 4.53　2015 年四川省高速公路日均客运密度

4.17.2 货运密度分布如表 4.54 和图 4.54 所示。

2015 年四川省高速公路货运密度 表 4.54

路段起止点	货运密度（吨公里/公里）	路段起止点	货运密度（吨公里/公里）
棋盘关—广元	88 902	广元—棋盘关	47 215
广元—绵阳	81 720	绵阳—广元	53 317
绵阳—德阳	49 386	德阳—绵阳	34 730
德阳—成都	27 392	成都—德阳	21 423
绵阳南—什邡北	47 111	什邡北—绵阳南	33 923
什邡北—成都	41 503	成都—什邡北	29 970
成都—崇州	21 940	崇州—成都	21 866
崇州—邛崃	18 861	邛崃—崇州	18 424
桑园—名山	17 628	名山—桑园	17 394
名山—汉源北	22 935	汉源北—名山	22 665
汉源北—西昌	16 855	西昌—汉源北	17 879
西昌—盐边	12 109	盐边—西昌	15 018
盐边—田房	9 279	田房—盐边	11 088
攀田鱼塘—丽攀民主(川滇界)	2 468	丽攀民主(川滇界)—攀田鱼塘	3 002
成都—眉山	32 991	眉山—成都	45 512
眉山—乐山	20 644	乐山—眉山	36 157
乐山—宜宾北	12 255	宜宾北—乐山	8 918
名山—青龙	3 762	青龙—名山	6 945
成都—简阳	19 979	简阳—成都	11 715
简阳—内江	23 810	内江—简阳	15 109
内江—隆昌	18 144	隆昌—内江	17 996
隆昌—渝箭(川渝界)	16 670	渝箭(川渝界)—隆昌	19 187
隆昌—泸州	9 617	泸州—隆昌	5 501
泸州—纳溪	14 719	纳溪—纳溪	8 314
纳溪—纳黔四川(川黔界)	12 709	纳黔四川(川黔界)—纳溪	7 978
内江—自贡	29 454	自贡—内江	18 386
自贡—宜宾北	27 169	宜宾北—自贡	16 701
宜宾北—四川主线(川滇界)	21 303	四川主线(川滇界)—宜宾北	16 984
成都—都江堰	13 317	都江堰—成都	16 882

续上表

路段起止点	货运密度（吨公里/公里）	路段起止点	货运密度（吨公里/公里）
都江堰—映秀	15 542	映秀—都江堰	35 158
成都绕城(逆时针)	34 645	成都绕城(顺时针)	38 236
成都第二绕城(逆时针)	12 667	成都第二绕城(顺时针)	11 411
成都—仁寿	20 877	仁寿—成都	17 340
仁寿—自贡东	23 000	自贡东—仁寿	16 508
自贡东—泸州	18 078	泸州—自贡东	14 031
宜宾—泸渝四川(川渝界)	7 658	泸渝四川(川渝界)—宜宾	7 953
乐山—雅安	8 880	雅安—乐山	7 193
乐山—自贡	10 086	自贡—自贡	6 012
荣县—内江	12 661	内江—荣县	9 876
内江—安居	10 138	安居—内江	15 854
洪雅—资阳	11 409	资阳—洪雅	6 076
资阳—遂宁	11 045	遂宁—资阳	5 782
遂宁—广安	17 168	广安—遂宁	17 723
成都—南充	36 245	南充—成都	35 063
南充—广安	5 256	广安—南充	13 054
广安—邻水	19 686	邻水—广安	30 729
邻水—邻垫四川(川渝界)	17 115	邻垫四川(川渝界)—邻水	18 463
成都—三台	17 989	三台—三台	15 006
三台—巴中	16 014	巴中—三台	4 862
巴中—南江北	1 973	南江北—巴中	4 710
绵阳—遂宁	7 280	遂宁—绵阳	6 811
大英回马—遂渝四川(川渝界)	36 812	遂渝四川(川渝界)—大英回马	39 830
遂宁—西充	7 349	西充—遂宁	11 726
南充—广元	9 876	广元—南充	19 104
广元—广甘四川(川甘界)	7 425	广甘四川(川甘界)—广元	6 163
广元绕城(逆时针)	20 181	广元绕城(顺时针)	22 492
广元—巴中	6 827	巴中—广元	1 463
巴中—达州	3 268	达州—巴中	4 667
达州—达万四川(川渝界)	2 489	达万四川(川渝界)—达州	1 300

续上表

路段起止点	货运密度（吨公里/公里）	路段起止点	货运密度（吨公里/公里）
南充绕城（逆时针）	7 716	南充绕城（顺时针）	6 193
南充—南渝四川（川渝界）	6 758	南渝四川（川渝界）—南充	7 122
南充—大竹	6 784	大竹—南充	8 050
南充新店—广安	188	广安—南充新店	823
达渝四川（川渝界）—邻水	17 831	邻水—达渝四川（川渝界）	24 310
邻水—达州	20 610	达州—邻水	27 264

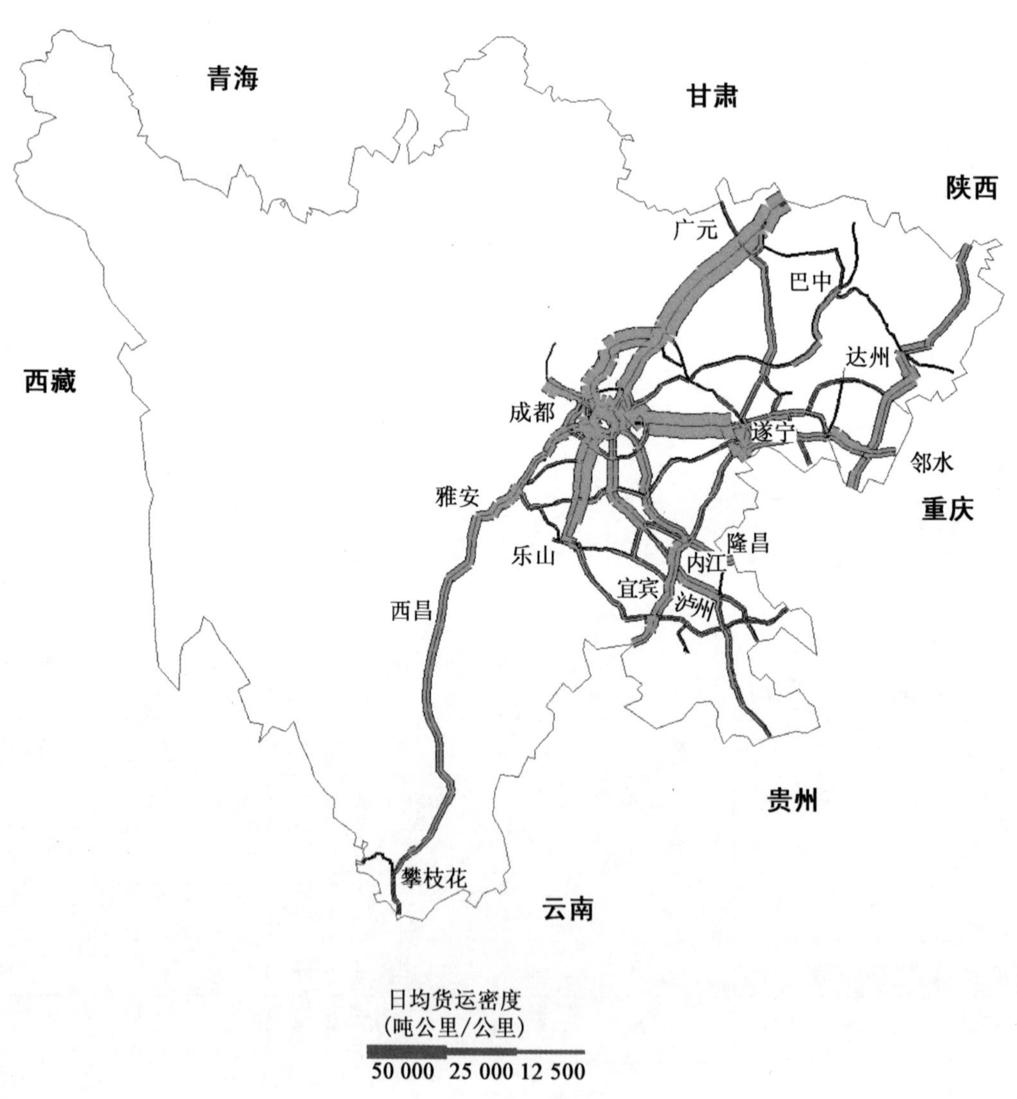

图 4.54　2015 年四川省高速公路日均货运密度

4.17.3　交通量分布如表4.55和图4.55所示。

2015年四川省高速公路交通量　　表4.55

路段起止点	正向		小计	反向		小计
	客车折算交通量（辆/日）	货车折算交通量（辆/日）		客车折算交通量（辆/日）	货车折算交通量（辆/日）	
棋盘关—广元	1 698	12 356	14 054	1 728	12 253	13 981
广元—绵阳	3 547	12 264	15 811	3 728	12 835	16 563
绵阳—德阳	6 157	8 582	14 739	6 501	9 026	15 528
德阳—成都	11 419	6 485	17 904	12 081	6 746	18 827
绵阳南—什邡北	4 244	8 204	12 449	4 102	8 418	12 520
什邡北—成都	9 736	8 671	18 408	10 333	9 256	19 589
成都—崇州	24 236	8 678	32 914	22 475	8 320	30 794
崇州—邛崃	10 043	5 123	15 166	10 116	5 588	15 703
桑园—名山	3 911	3 716	7 627	3 482	4 062	7 545
名山—汉源北	5 571	4 747	10 318	5 075	4 684	9 759
汉源北—西昌	2 908	3 190	6 098	2 872	3 240	6 112
西昌—盐边	1 978	2 864	4 842	1 928	2 789	4 717
盐边—田房	1 363	2 266	3 628	1 397	2 272	3 669
攀田鱼塘—丽攀民主(川滇界)	765	932	1 697	619	709	1 328
成都—眉山	17 179	11 996	29 175	16 372	10 994	27 366
眉山—乐山	8 054	8 016	16 070	7 888	6 951	14 839
乐山—宜宾北	2 050	2 386	4 436	1 824	2 323	4 147
名山—青龙	4 878	1 573	6 451	5 089	1 717	6 807
成都—简阳	10 447	4 831	15 279	10 082	4 668	14 751
简阳—内江	6 714	4 925	11 639	6 649	4 690	11 339
内江—隆昌	4 212	3 553	7 765	4 261	3 975	8 236
隆昌—渝箭(川渝界)	3 484	3 645	7 129	3 562	3 797	7 358
隆昌—泸州	3 144	2 300	5 444	2 848	1 698	4 546
泸州—纳溪	3 016	2 945	5 960	2 801	2 111	4 912
纳溪—纳黔四川(川黔界)	1 744	2 234	3 979	1 562	1 623	3 184
内江—自贡	4 325	5 467	9 792	4 246	4 444	8 690
自贡—宜宾北	4 802	5 241	10 044	4 668	4 046	8 715
宜宾北—四川主线(川滇界)	3 524	4 290	7 815	3 474	3 601	7 075
成都—都江堰	12 450	4 631	17 081	12 734	5 043	17 777

续上表

路段起止点	正向		小计	反向		小计
	客车折算交通量（辆/日）	货车折算交通量（辆/日）		客车折算交通量（辆/日）	货车折算交通量（辆/日）	
都江堰—映秀	3 611	5 855	9 466	3 598	5 952	9 550
成都绕城（逆时针）	27 002	13 977	40 978	26 266	14 582	40 848
成都第二绕城（逆时针）	2 490	3 105	5 595	2 419	2 883	5 302
成都—仁寿	10 096	5 052	15 149	9 542	4 546	14 088
仁寿—自贡东	6 070	4 786	10 855	5 809	3 981	9 789
自贡东—泸州	2 907	3 638	6 546	2 802	3 294	6 096
宜宾—泸渝四川（川渝界）	2 928	1 848	4 776	2 740	1 938	4 678
乐山—雅安	1 751	1 783	3 534	1 675	1 946	3 621
乐山—自贡	1 758	1 762	3 520	1 674	1 967	3 641
荣县—内江	2 261	2 155	4 416	2 078	2 224	4 302
内江—安居	1 661	2 336	3 998	1 573	2 559	4 132
洪雅—资阳	1 645	1 954	3 599	1 691	1 606	3 297
资阳—遂宁	1 575	1 978	3 553	1 674	1 449	3 122
遂宁—广安	1 889	3 194	5 084	1 598	3 181	4 779
成都—南充	7 146	7 323	14 469	6 811	8 086	14 897
南充—广安	2 087	2 253	4 339	2 136	2 333	4 469
广安—邻水	4 860	5 371	1 0231	4 750	5 550	10 300
邻水—邻垫四川（川渝界）	2 254	3 266	5 520	2 514	3 652	6 166
成都—三台	8 067	4 058	12 125	7 954	4 404	12 358
三台—巴中	3 030	2 514	5 544	3 065	2 521	5 586
巴中—南江北	1 337	1 160	2 497	1 097	839	1 936
绵阳—遂宁	1 780	1 491	3 270	1 787	1 671	3 458
大英回马—遂渝四川（川渝界）	4 889	7 284	12 173	4 837	8 190	13 027
遂宁—西充	610	1 369	1 979	587	1 694	2 281
南充—广元	2 587	2 722	5 309	2 729	3 053	5 783
广元—广甘四川（川甘界）	1 364	1 410	2 774	1 338	1 132	2 470
广元绕城（逆时针）	901	1 818	2 720	908	1 623	2 531
广元—巴中	1 140	1 079	2 220	1 110	1 333	2 443
巴中—达州	1 748	1 039	2 786	1 633	1 070	2 703

续上表

路段起止点	正向		小计	反向		小计
	客车折算交通量（辆/日）	货车折算交通量（辆/日）		客车折算交通量（辆/日）	货车折算交通量（辆/日）	
达州—达万四川(川渝界)	1 107	562	1 669	1 081	615	1 696
南充绕城(逆时针)	1 880	1 933	3 813	1 943	2 297	4 240
南充—南渝四川(川渝界)	2 970	1 734	4 704	2 839	1 653	4 492
南充—大竹	1 549	1 641	3 190	1 466	1 542	3 008
南充新店—广安	207	152	359	261	157	418
达渝四川(川渝界)—邻水	4 224	4 175	8 398	4 180	4 200	8 380
邻水—达州	3 500	4 897	8 396	3 602	4 778	8 381
达州—达陕四川(川陕界)	1 631	3 621	5 252	1 600	3 377	4 976

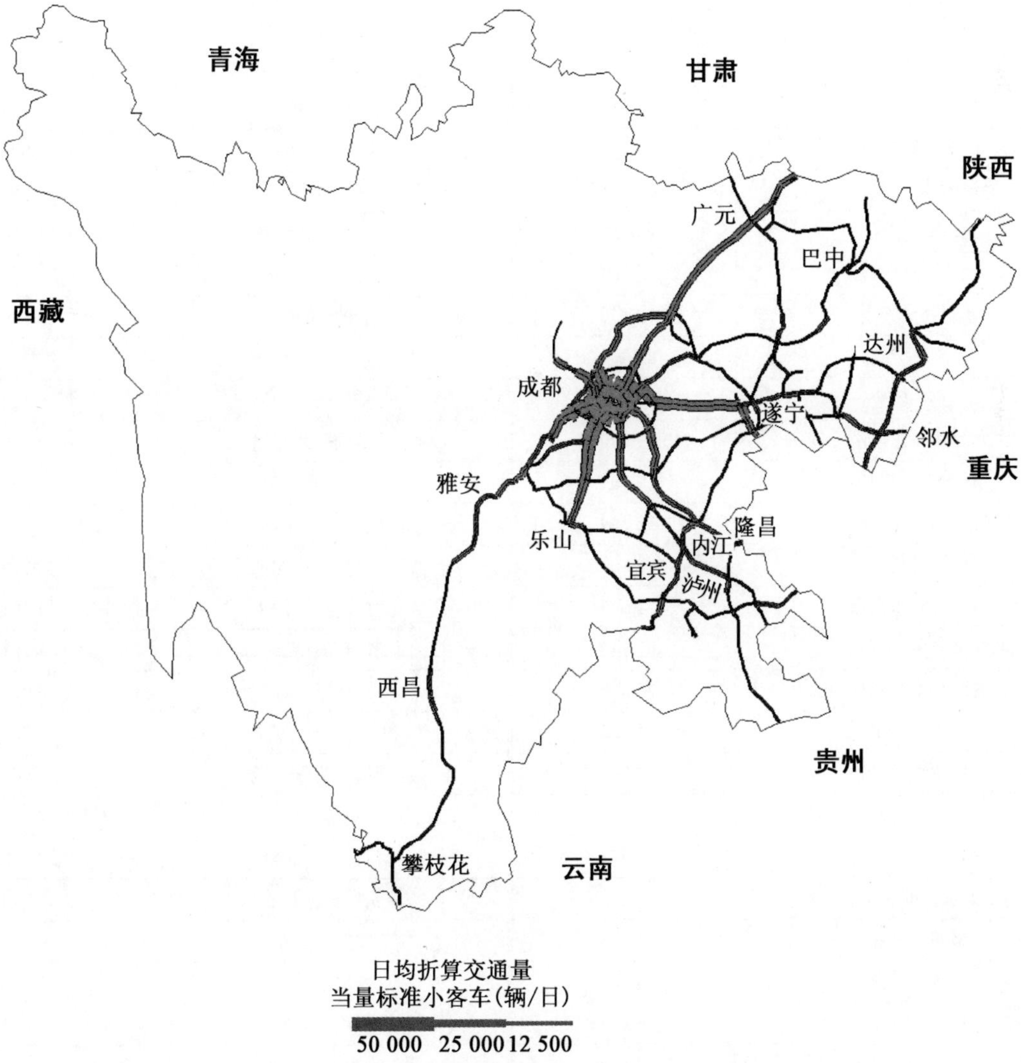

青海
甘肃
陕西
广元
巴中
西藏
达州
成都
遂宁
邻水
重庆
雅安
隆昌
乐山
内江
宜宾
泸州
西昌
贵州
攀枝花
云南

日均折算交通量
当量标准小客车(辆/日)
50 000　25 000 12 500

图 4.55　2015 年四川省高速公路日均交通量

4.18 陕西省高速公路运输密度

4.18.1 客运密度分布如表4.56和图4.56所示。

2015年陕西省高速公路客运密度

表4.56

路段起止点	客运密度（人公里/公里）	路段起止点	客运密度（人公里/公里）
陕蒙界—榆林	5 311	榆林—陕蒙界	5 342
榆林—店塔	7 564	店塔—榆林	7 586
榆林—靖边	10 358	靖边—榆林	10 449
靖边—延安南	9 782	延安南—靖边	9 888
延安南—铜川	11 369	铜川—延安南	11 861
铜川—聂冯(环城)	9 036	聂冯(环城)铜川	10 940
新筑—禹门口	22 368	禹门口—新筑	21 696
灞桥—潼关	23 946	潼关—灞桥	22 875
香王—商洛西	18 807	商洛西—香王	19 129
商洛西—界牌	6 985	界牌—商洛西	7 070
阎村—漫川关主线	5 565	漫川关主线—阎村	5 532
曲江—五里	13 874	五里—曲江	13 298
流水—陕川界	6 115	陕川界—流水	5 996
河池寨—汉中	20 921	汉中—河池寨	20 984
汉中—宁强	10 976	宁强—汉中	11 026
三桥—咸阳西	55 834	咸阳西—三桥	52 001
咸阳西—杨凌	46 156	杨凌—咸阳西	42 699
杨凌—宝鸡	27 862	宝鸡—杨凌	26 934
宝鸡—陈仓	8 337	陈仓—宝鸡	8 124
六村堡—永寿南	39 300	永寿南—六村堡	39 362
永寿南—彬县	19 839	彬县—永寿南	19 365
彬县—陕甘界	12 769	陕甘界—彬县	12 363
汉城—机场	46 369	机场—汉城	42 758
法门寺—太白山	4 806	太白山—法门寺	5 111
西安南环城(逆时针)	57 449	西安南环城(顺时针)	57 761
西安北环城(逆时针)	38 508	西安北环城(顺时针)	39 974
牛家梁—史家湾	4 899	史家湾—牛家梁	4 885
吴堡主线—靖边	2 793	靖边—吴堡主线	2 709
靖边—王圈梁	7 271	王圈梁—靖边	7 396
陕西壶口—富县	3 068	富县—陕西壶口	3 369
富县—张家湾	1 108	张家湾—富县	1 143
虢镇—陇关	4 518	陇关—虢镇	4 519
茅坪—安康	4 963	安康—茅坪	5 023
安康—汉中	6 201	汉中—安康	6 227
汉中东—略阳	2 988	略阳—汉中东	3 022
神木—府谷	3 816	府谷—神木	3 837

续上表

路段起止点	客运密度（人公里/公里）	路段起止点	客运密度（人公里/公里）
渭南东—孙镇	4 009	孙镇—渭南东	3 785
田王—商洛	6 586	商洛—田王	6 810
榆林—陕西佳县	2 655	陕西佳县—榆林	2 762
沿河湾立交—吴起	3 689	吴起—沿河湾立交	3 730
马庄—旬邑	5 591	旬邑—马庄	5 583
未央—铜川	18 511	铜川—未央	17 923
铜川—黄陵	8 703	黄陵—铜川	7 966
黄陵—延安	4 620	延安—黄陵	4 003
汉中—陕西南郑	613	陕西南郑—汉中	431
延安—陕西延川	1 504	陕西延川—延安	1 136
安康—陕西平利	3 063	陕西平利—安康	442
锦界—王家砭	199	王家砭—锦界	194
渭南—玉山	449	玉山—渭南	463
西咸北环线(逆时针)	2 710	西咸北环线(顺时针)	2 751

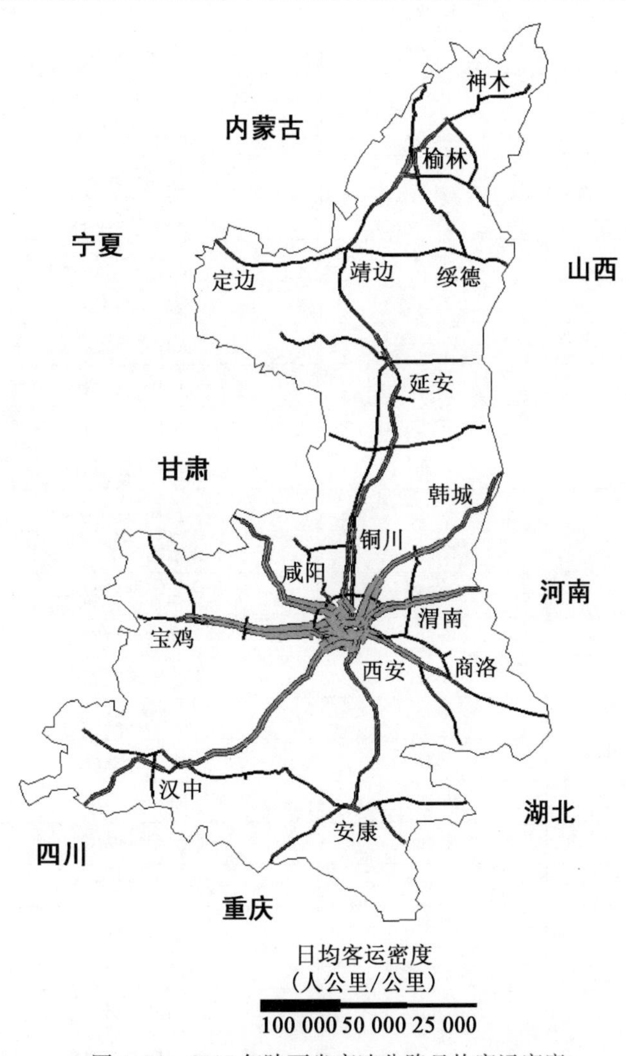

图 4.56　2015 年陕西省高速公路日均客运密度

4.18.2 货运密度分布如表 4.57 和图 4.57 所示。

2015 年陕西省高速公路货运密度　　表 4.57

路段起止点	货运密度（吨公里/公里）	路段起止点	货运密度（吨公里/公里）
陕蒙界—榆林	33 916	榆林—陕蒙界	14 178
榆林—店塔	10 747	店塔—榆林	21 990
榆林—靖边	47 141	靖边—榆林	17 683
靖边—延安南	42 877	延安南—靖边	22 109
延安南—铜川	32 517	铜川—延安南	25 161
铜川—聂冯(环城)	31 098	聂冯(环城)铜川	12 718
新筑—禹门口	20 511	禹门口—新筑	35 654
灞桥—潼关	68 950	潼关—灞桥	98 496
香王—商洛西	98 819	商洛西—香王	58 160
商洛西—界牌	95 383	界牌—商洛西	51 810
阎村—漫川关主线	31 987	漫川关主线—阎村	18 788
曲江—五里	26 605	五里—曲江	12 116
流水—陕川界	23 319	陕川界—流水	12 746
河池寨—汉中	62 260	汉中—河池寨	43 063
汉中—宁强	91 702	宁强—汉中	54 065
三桥—咸阳西	30 873	咸阳西—三桥	20 835
咸阳西—杨凌	52 009	杨凌—咸阳西	36 837
杨凌—宝鸡	42 616	宝鸡—杨凌	38 818
宝鸡—陈仓	37 306	陈仓—宝鸡	29 774
六村堡—永寿南	54 496	永寿南—六村堡	93 307
永寿南—彬县	62 410	彬县—永寿南	96 668
彬县—陕甘界	49 100	陕甘界—彬县	55 511
汉城—机场	7	机场—汉城	3
法门寺—太白山	6 016	太白山—法门寺	1 371
西安南环城(逆时针)	57 262	西安南环城(顺时针)	62 752
西安北环城(逆时针)	76 373	西安北环城(顺时针)	90 143
牛家梁—史家湾	22 805	史家湾—牛家梁	4 465
吴堡主线—靖边	5 4851	靖边—吴堡主线	69 103
靖边—王圈梁	54 734	王圈梁—靖边—	44 256
陕西壶口—富县	4 377	富县—陕西壶口	4 687
富县—张家湾	1 010	张家湾—富县	1 004
虢镇—陇关	7 270	陇关—虢镇	11 472
茅坪—安康	15 595	安康—茅坪	11 542
安康—汉中	12 060	汉中—安康	11 835
汉中东—略阳	4 125	略阳—汉中东	1 584
神木—府谷	119 840	府谷—神木	7 349
渭南东—孙镇	4 937	孙镇—渭南东	6 503
田王—商洛	18 505	商洛—田王	10 762
榆林—陕西佳县	15 238	陕西佳县—榆林	9 923

续上表

路段起止点	货运密度（吨公里/公里）	路段起止点	货运密度（吨公里/公里）
沿河湾立交—吴起	1 107	吴起—沿河湾立交	802
马庄—旬邑	2 870	旬邑—马庄	8 398
未央—铜川	18 363	铜川—未央	35 147
铜川—黄陵	17 575	黄陵—铜川	35 450
黄陵—延安	16 039	延安—黄陵	30 709
汉中—陕西南郑	759	陕西南郑—汉中	155
延安—陕西延川	436	陕西延川—延安	253
安康—陕西平利	1 239	陕西平利—安康	71
锦界—王家砭	1 111	王家砭—锦界	234
渭南—玉山	2 716	玉山—渭南	642
西咸北环线(逆时针)	12 911	西咸北环线(顺时针)	11 858

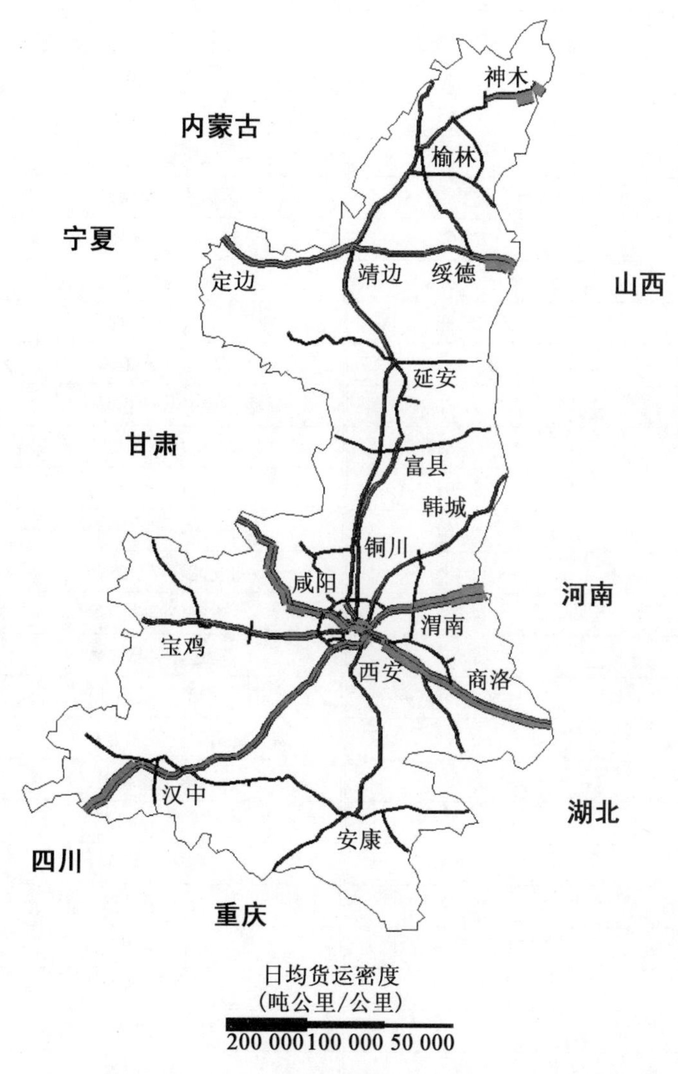

图 4.57　2015 年陕西省高速公路日均货运密度

4.18.3　道路负荷分布如表 4.58 和图 4.58 所示。

2015 年陕西省高速公路轴载　　表 4.58

路段起止点	轴载（标准轴载当量轴次/日）	路段起止点	轴载（标准轴载当量轴次/日）
陕蒙界—榆林	7 247	榆林—陕蒙界	2 856
榆林—店塔	2 044	店塔—榆林	4 590
榆林—靖边	8 721	靖边—榆林	3 079
靖边—延安南	8 364	延安南—靖边	3 694
延安南—铜川	6 492	铜川—延安南	4 431
铜川—聂冯(环城)	6 972	聂冯(环城)铜川	2 115
新筑—禹门口	3 727	禹门口—新筑	6 338
灞桥—潼关	8 827	潼关—灞桥	15 347
香王—商洛西	16 582	商洛西—香王	8 132
商洛西—界碑	16 502	界碑—商洛西	7 473
阎村—漫川关主线	5 347	漫川关主线—阎村	2 456
曲江—五里	5 334	五里—曲江	2 004
流水—陕川界	4 400	陕川界—流水	2 020
河池寨—汉中	11 954	汉中—河池寨	5 713
汉中—宁强	17 176	宁强—汉中	7 390
三桥—咸阳西	5 315	咸阳西—三桥	3 260
咸阳西—杨凌	8 992	杨凌—咸阳西	5 740
杨凌—宝鸡	7 105	宝鸡—杨凌	6 247
宝鸡—陈仓	6 566	陈仓—宝鸡	4 600
六村堡—永寿南	8 539	永寿南—六村堡	17 956
永寿南—彬县	9 939	彬县—永寿南	19 243
彬县—陕甘界	6 660	陕甘界—彬县	9 721
汉城—机场	1	机场—汉城	1
法门寺—太白山	1 001	太白山—法门寺	222
西安南环城(逆时针)	8 661	西安南环城(顺时针)	10 516
西安北环城(逆时针)	12 352	西安北环城(顺时针)	14 441
牛家梁—史家湾	4 658	史家湾—牛家梁	797
吴堡主线—靖边	7 752	靖边—吴堡主线	15 618
靖边—王圈梁	6 557	王圈梁—靖边	8 709
陕西壶口—富县	977	富县—陕西壶口	891
富县—张家湾	219	张家湾—富县	202
虢镇—陇关	1 376	陇关—虢镇	2 501
茅坪—安康	2 485	安康—茅坪	1 591
安康—汉中	2 010	汉中—安康	1 625
汉中东—略阳	606	略阳—汉中东	252
神木—府谷	22 879	府谷—神木	1 418
渭南东—孙镇	864	孙镇—渭南东	1 027
田王—商洛	3 194	商洛—田王	1 498
榆林—陕西佳县	2 130	陕西佳县—榆林	1 372

续上表

路段起止点	轴载 (标准轴载当量轴次/日)	路段起止点	轴载 (标准轴载当量轴次/日)
沿河湾立交—吴起	268	吴起—沿河湾立交	198
马庄—旬邑	675	旬邑—马庄	2 062
未央—铜川	2 559	铜川—未央	6 744
铜川—黄陵	2 408	黄陵—铜川	6 646
黄陵—延安	2 250	延安—黄陵	5 890
汉中—陕西南郑	134	陕西南郑—汉中	19
延安—陕西延川	59	陕西延川—延安	48
安康—陕西平利	238	陕西平利—安康	9
锦界—王家砭	139	王家砭—锦界	35
渭南—玉山	515	玉山—渭南	78
西咸北环线(逆时针)	2 078	西咸北环线(顺时针)	1 727

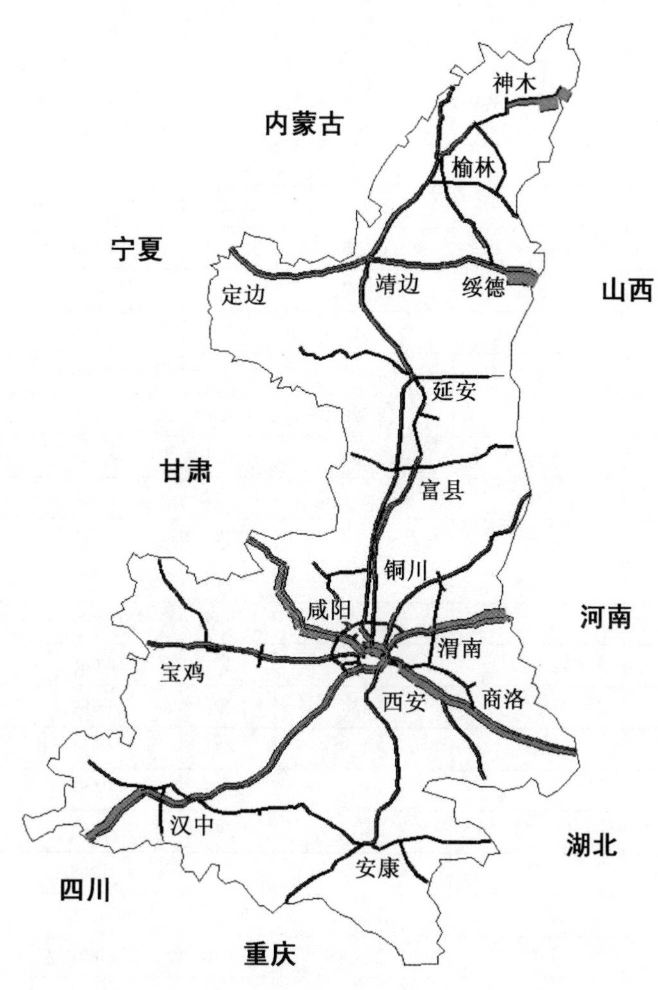

图 4.58　2015 年陕西省高速公路日均轴载

4.18.4　交通量分布如表 4.59 和图 4.59 所示。

2015 年陕西省高速公路交通量　　表 4.59

路段起止点	正向			反向		
	客车折算交通量（辆/日）	货车折算交通量（辆/日）	小计	客车折算交通量（辆/日）	货车折算交通量（辆/日）	小计
陕蒙界—榆林	1 432	3 884	5 316	1 433	5 610	7 043
榆林—店塔	2 121	4 022	6 143	2 139	3 369	5 509
榆林—靖边	2 837	5 885	8 721	2 794	11 232	14 026
靖边—延安南	2 622	5 409	8 031	2 608	9 000	11 608
延安南—铜川	2 917	4 520	7 437	2 793	5 547	8 340
铜川—聂冯(环城)	2 854	4 414	7 268	2 513	6 026	8 539
新筑—禹门口	6 042	6 092	12 134	5 839	5 504	11 343
灞桥—潼关	6 352	10 105	16 457	6 628	13 027	19 655
香王—商洛西	4 030	11 691	15 720	3 935	9 825	13 760
商洛西—界牌	1 494	10 482	11 975	1 496	8 112	9 608
阎村—漫川关主线	1 338	4 136	5 474	1 321	3 462	4 783
曲江—五里	3 178	3 729	6 907	3 050	4 334	7 384
流水—陕川界	1 567	3 320	4 887	1 559	3 483	5 042
河池寨—汉中	4 409	8 083	12 492	4 290	9 513	13 804
汉中—宁强	2 464	10 911	13 375	2 504	11 469	13 973
三桥—咸阳西	15 378	6 600	21 978	14 145	5 537	19 682
咸阳西—杨凌	11 575	8 992	20 567	10 561	8 125	18 686
杨凌—宝鸡	7 351	7 015	14 366	7 107	7 010	14 117
宝鸡—陈仓	2 199	5 009	7 208	2 155	4 700	6 856
六村堡—永寿南	9 700	12 722	22 421	9 681	12 008	21 689
永寿南—彬县	4 197	12 595	16 793	4 124	11 534	15 658
彬县—陕甘界	2 762	7 533	10 294	2 665	7 020	9 685
汉城—机场	13 381	4	13 385	12 878	9	12 887
法门寺—太白山	1 298	850	2 148	1 284	904	2 188
西安南环城(逆时针)	18 748	10 605	29 353	18 882	11 147	30 029
西安北环城(逆时针)	12 990	14 875	27 864	13 068	16 281	29 349
牛家梁—史家湾	1 612	2 484	4 097	1 609	2 195	3 803
吴堡主线—靖边	842	8 189	9 031	861	7 467	8 328
靖边—王圈梁	1 974	7 814	9 788	1 927	6 902	8 829
陕西壶口—富县	766	810	1 576	784	751	1 535
富县—张家湾	286	228	514	298	298	596
虢镇—陇关	1 281	1 547	2 827	1 295	1 626	2 921
茅坪—安康	1 036	2 362	3 398	1 007	1 969	2 976
安康—汉中	1 327	1 856	3 183	1 335	2 057	3 392
汉中东—略阳	747	647	1 395	765	563	1 328
神木—府谷	1 144	11 996	13 140	1 179	15 065	16 244
渭南东—孙镇	1 260	1 128	2 389	1 232	1 140	2 372
田王—商洛	1 738	2 400	4 138	1 775	2 244	4 019

续上表

路段起止点	正向			反向		
	客车折算交通量（辆/日）	货车折算交通量（辆/日）	小计	客车折算交通量（辆/日）	货车折算交通量（辆/日）	小计
榆林—陕西佳县	871	1 951	2 822	892	2 820	3 712
沿河湾立交—吴起	978	314	1 292	988	318	1 306
马庄—旬邑	1 562	1 174	2 736	1 549	1 175	2 724
未央—铜川	5 823	6 008	11 832	5 260	4 649	9 910
铜川—黄陵	2 502	5 994	8 496	2 073	4 114	6 187
黄陵—延安	1 161	5 708	6 868	994	3 419	4 413
汉中—陕西南郑	207	120	327	146	148	294
延安—陕西延川	478	155	633	359	77	436
安康—陕西平利	834	408	1 242	129	53	182
锦界—王家砭	56	142	198	69	196	265
渭南—玉山	139	396	535	141	206	347
西咸北环线(逆时针)	770	1 961	2 731	768	2 067	2 835

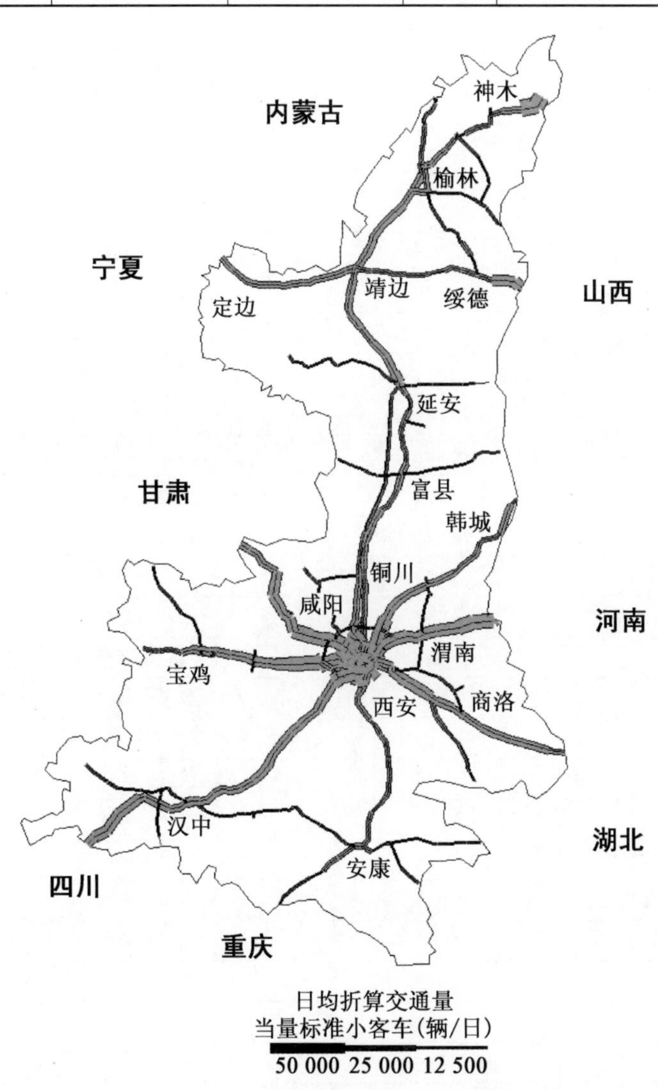

图4.59　2015年陕西省高速公路日均交通量

4.19 贵州省高速公路运输密度

4.19.1 客运密度分布见表 4.60 和图 4.60。

2015 年贵州省高速公路客运密度　　表 4.60

路段起止点	客运密度（人公里/公里）	路段起止点	客运密度（人公里/公里）
黔渝界松坎主线—桐梓	18 310	桐梓—黔渝界松坎主线	18 354
桐梓—遵义	26 027	遵义—桐梓	26 064
遵义—黔川界茅台主线	26 305	黔川界茅台主线—遵义	26 659
遵义—金沙	11 124	金沙—遵义	11 102
金沙—毕节	8 455	毕节—金沙	8 051
遵义—息烽	40 129	息烽—遵义	39 782
息烽—贵阳	54 560	贵阳—息烽	54 965
贵阳—清镇	74 734	清镇—贵阳	75 046
清镇—安顺	42 788	安顺—清镇	40 849
安顺—普定	10 232	普定—安顺	10 935
安顺—晴隆	18 446	晴隆—安顺	17 944
晴隆—黔滇界胜境关主线	11 225	黔滇界胜境关主线—晴隆	11 402
晴隆—兴仁	5 497	兴仁—晴隆	5 462
惠水—紫云	6 486	紫云—惠水	6 909
紫云—兴仁	5 897	兴仁—紫云	6 007
兴仁—兴义	15 867	兴义—兴仁	16 041
兴义—黔滇界岔江主线	3 029	黔滇界岔江主线—兴义	2 944
兴义—黔桂界板坝主线	6 037	黔桂界板坝主线—兴义	5 374
贵阳绕城（顺时针）	22 314	贵阳绕城（逆时针）	22 695
贵阳 —贵定	43 867	贵定—贵阳	43 617
贵定—台江	27 697	台江—贵定	27 843
台江—三穗	23 864	三穗—台江	24 144
三穗—铜仁	18 860	铜仁—三穗	19 390
龙里—都匀	9 133	都匀—龙里	8 702
都匀—榕江	3 939	榕江—都匀	3 806
榕江—黔桂界雷洞主线	1 631	黔桂界雷洞主线—榕江	1 563
从江—黎平	3 726	黎平—从江	3 662
都匀—黔桂界新寨主线	14 910	黔桂界新寨主线—都匀	14 446
独山—荔波	7 436	荔波—独山	7 355
赤水—仁怀	9 375	仁怀—赤水	9 139
遵义汇川区高坪镇—绥阳	13 229	绥阳—遵义汇川区高坪镇	13 814
遵义—思南	15 966	思南—遵义	15 826
思南—镇远	9 066	镇远—思南	9 489
贵阳—惠水	17 671	惠水—贵阳	17 221
安顺—六枝	8 056	六枝—安顺	7 049
盘县—水城	7 198	水城—盘县	5 100
毕节—周家院主线	5 901	毕节—周家院主线	6 082

续上表

路段起止点	客运密度（人公里/公里）	路段起止点	客运密度（人公里/公里）
惠水—断杉	6 862	惠水—断杉	4 679
大方—黔西	6 856	大方—黔西	7 293
黔西—织金	8 293	黔西—织金	8 095
麻江—瓮安	10 129	麻江—瓮安	10 422
遵义绕城(顺)	10 549	遵义绕城(顺)	10 659
思南—铜仁	10 269	思南—铜仁	9 807
铜仁北—铜仁大兴	10 536	铜仁北—铜仁大兴	10 367
铜仁—黄板	2 019	铜仁—黄板	2 159
贵阳小绕(顺)	9 771	贵阳小绕(顺)	10 227
镇宁—魏旗站	21 901	镇宁—魏旗站	22 985
凯里北—丹寨	4 083	凯里北—丹寨	4 079
黎平—瓦寨	3 726	瓦寨—黎平	3 784
瓮安—湄潭	470	湄潭—瓮安	508
百宜—闵孝镇	1 895	闵孝镇—百宜	1 977
红枫—九洞天	8 827	九洞天—红枫	7 368
毕节—法窝	3 262	法窝—毕节	2 982
六枝—滥坝	7 534	滥坝—六枝	6 261
凯里东—雷山主线	1 841	雷山主线—凯里东	651
重安—余庆	596	余庆—重安	643
合兴—沙子	1 058	沙子—合兴	658
余安高速立交—望谟西	2 178	望谟西—余安高速立交	358

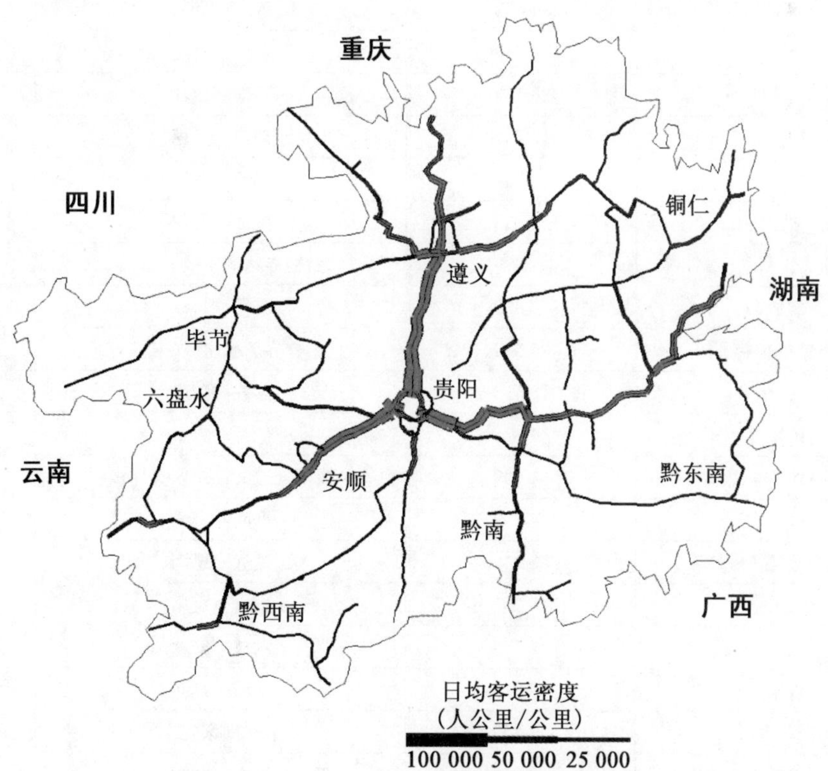

图 4.60　2015 年贵州省高速公路日均客运密度

4.19.2 货运密度分布见表4.61和图4.61。

2015年贵州省高速公路货运密度　　表4.61

路段起止点	货运密度（吨公里/公里）	路段起止点	货运密度（吨公里/公里）
黔渝界松坎主线—桐梓	21 952	桐梓—黔渝界松坎主线	18 210
桐梓—遵义	21 188	遵义—桐梓	20 622
遵义—黔川界茅台主线	11 805	黔川界茅台主线—遵义	9 177
遵义—金沙	5 143	金沙—遵义	9 463
金沙—毕节	4 801	毕节—金沙	6 620
遵义—息烽	18 301	息烽—遵义	16 520
息烽—贵阳	20 740	贵阳—息烽	20 035
贵阳—清镇	30 880	清镇—贵阳	31 402
清镇—安顺	27 036	安顺—清镇	28 944
安顺—普定	8 285	普定—安顺	7 512
安顺—晴隆	23 219	晴隆—安顺	26 211
晴隆—黔滇界胜境关主线	22 033	黔滇界胜境关主线—晴隆	29 248
晴隆—兴仁	3 931	兴仁—晴隆	2 385
惠水—紫云	2 241	紫云—惠水	2 018
紫云—兴仁	2 733	兴仁—紫云	2 417
兴仁—兴义	7 511	兴义—兴仁	7 282
兴义—黔滇界岔江主线	5 726	黔滇界岔江主线—兴义	11 345
兴义—黔桂界板坝主线	17 382	黔桂界板坝主线—兴义	7 945
贵阳绕城(顺时针)	21 540	贵阳绕城(逆时针)	23 445
贵阳 —贵定	54 433	贵定—贵阳	56 741
贵定—台江	36 648	台江—贵定	41 164
台江—三穗	26 103	三穗—台江	33 202
三穗—铜仁	15 241	铜仁—三穗	19 044
龙里—都匀	2 507	都匀—龙里	1 642
都匀—榕江	2 033	榕江—都匀	1 162
榕江—黔桂界雷洞主线	699	黔桂界雷洞主线—榕江	610
从江—黎平	820	黎平—从江	747
都匀—黔桂界新寨主线	25 833	黔桂界新寨主线—都匀	25 545
独山—荔波	13 532	荔波—独山	13 827
赤水—仁怀	4 482	仁怀—赤水	4 977
遵义汇川区高坪镇—绥阳	1 629	绥阳—遵义汇川区高坪镇	870
遵义—思南	8 799	思南—遵义	7 101
思南—镇远	2 069	镇远—思南	2 274
贵阳—惠水	5 037	惠水—贵阳	3 394
安顺—六枝	2 712	六枝—安顺	1 128
盘县—水城	7 915	水城—盘县	2 971
毕节—周家院主线	2 359	毕节—周家院主线	2 059
惠水—断杉	2 855	惠水—断杉	1 032

续上表

路段起止点	货运密度（吨公里/公里）	路段起止点	货运密度（吨公里/公里）
大方—黔西	759	大方—黔西	1 586
黔西—织金	1 396	黔西—织金	2 697
麻江—瓮安	14 174	麻江—瓮安	11 492
遵义绕城(顺)	6 214	遵义绕城(顺)	5 421
思南—铜仁	6 693	思南—铜仁	8 078
铜仁北—铜仁大兴	10 138	铜仁北—铜仁大兴	10 710
铜仁—黄板	353	铜仁—黄板	261
贵阳小绕(顺)	11 752	贵阳小绕(顺)	11 426
镇宁—魏旗站	17 625	镇宁—魏旗站	17 297
凯里北—丹寨	963	凯里北—丹寨	577
黎平—瓦寨	1 163	瓦寨—黎平	1 001
瓮安—湄潭	4 729	湄潭—瓮安	3 785
百宜—闵孝镇	4 883	闵孝镇—百宜	3 606
红枫—九洞天	2 472	九洞天—红枫	1 604
毕节—法窝	2 739	法窝—毕节	5 803
六枝—滥坝	2 253	滥坝—六枝	1 301
凯里东—雷山主线	162	雷山主线—凯里东	65
重安—余庆	673	余庆—重安	597
合兴—沙子	250	沙子—合兴	97
余安高速立交—望谟西	608	望谟西—余安高速立交	413

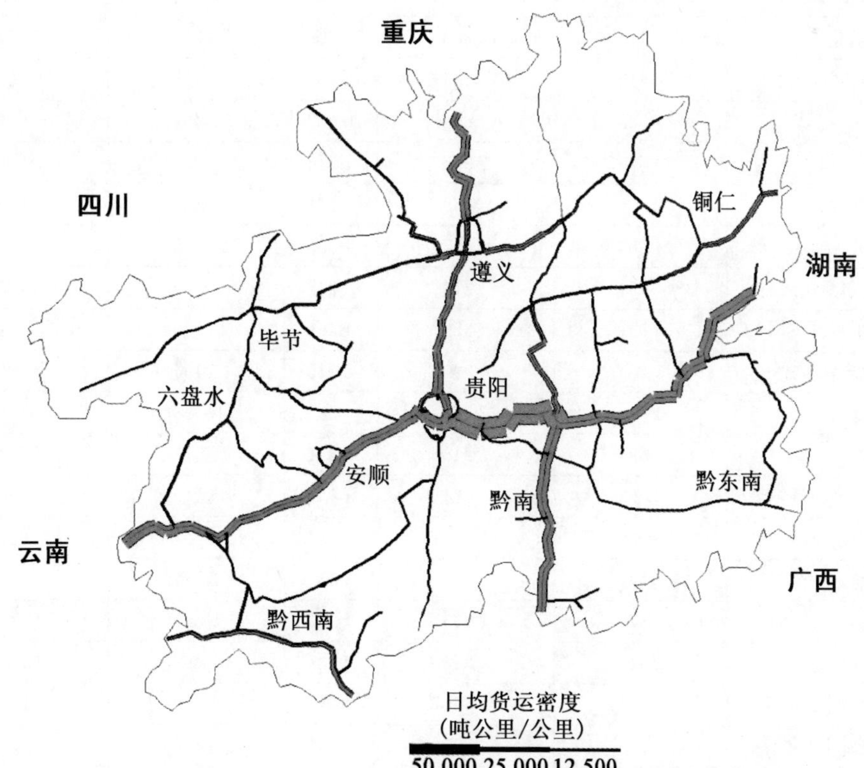

图 4.61 2015 年贵州省高速公路日均货运密度

4.19.3 交通量分布如表4.62和图4.62所示。

2015年贵州省高速公路交通量 表4.62

路段起止点	正向		小计	反向		小计
	客车折算交通量（辆/日）	货车折算交通量（辆/日）		客车折算交通量（辆/日）	货车折算交通量（辆/日）	
黔渝界松坎主线—桐梓	4 807	3 845	8 652	4 816	4 119	8 935
桐梓—遵义	7 074	4 283	11 358	7 121	4 352	11 473
遵义—黔川界茅台主线	8 049	2 732	10 781	8 138	2 811	10 949
遵义—金沙	3 051	1 476	4 527	3 001	1 843	4 844
金沙—毕节	2 443	1 050	3 493	2 266	1 519	3 785
遵义—息烽	11 205	4 376	15 581	11 079	3 944	15 023
息烽—贵阳	15 318	5 789	21 107	15 407	5 251	20 657
贵阳—清镇	21 993	8 170	30 163	21 833	8 207	30 040
清镇—安顺	11 410	6 339	17 749	10 831	5 903	16 735
安顺—普定	2 757	1 751	4 507	2 893	1 801	4 694
安顺—晴隆	4 631	4 914	9 544	4 508	4 660	9 168
晴隆—黔滇界胜境关主线	3 227	4 454	7 681	3 321	4 983	8 304
晴隆—兴仁	1 621	933	2 554	1 592	654	2 246
惠水—紫云	1 999	712	2 711	2 125	662	2 787
紫云—兴仁	1 742	869	2 611	1 780	661	2 440
兴仁—兴义	4 710	2 211	6 921	4 800	2 014	6 814
兴义—黔滇界岔江主线	858	1 490	2 348	828	2 099	2 927
兴义—黔桂界板坝主线	1 780	2 860	4 640	1 527	1 585	3 113
贵阳绕城(顺时针)	6 089	5 183	11 272	6 154	5 282	11 436
贵阳 —贵定	11 122	10 386	21 508	11 025	10 601	21 626
贵定—台江	6 418	6 563	12 981	6 458	7 560	14 018
台江—三穗	5 388	4 694	10 082	5 499	5 982	11 481
三穗—铜仁	4 778	2 992	7 770	4 948	3 604	8 552
龙里—都匀	2 505	669	3 174	2 367	637	3 004
都匀—榕江	1 058	497	1 555	1 015	454	1 468
榕江—黔桂界雷洞主线	391	214	605	369	175	543
从江—黎平	942	326	1 268	920	312	1 231
都匀—黔桂界新寨主线	3 255	4 990	8 245	3 134	4 093	7 228
独山—荔波	1 510	2 575	4 085	1 498	2 115	3 612
赤水—仁怀	2 586	1 248	3 834	2 517	1 198	3 716
遵义汇川区高坪镇—绥阳	4 050	626	4 676	4 140	648	4 788
遵义—思南	3 835	1 698	5 533	3 824	1 988	5 812
思南—镇远	2 622	733	3 354	2 734	708	3 442
贵阳—惠水	5 679	1 663	7 342	5 517	1 542	7 059
安顺—六枝	2 810	835	3 645	2 462	739	3 201
盘县—水城	2 384	1 664	4 047	1 648	859	2 507
毕节—周家院主线	1 795	655	2 450	1 812	671	2 483
惠水—断杉	2 168	754	2 922	1 462	634	2 096

续上表

路段起止点	正向		小计	反向		小计
	客车折算交通量（辆/日）	货车折算交通量（辆/日）		客车折算交通量（辆/日）	货车折算交通量（辆/日）	
大方—黔西	2 083	383	2 465	2 277	472	2 749
黔西—织金	2 482	631	3 113	2 513	604	3 117
麻江—瓮安	3 071	2 621	5 692	3 105	2 368	5 473
遵义绕城(顺)	3 092	1 542	4 633	3 112	1 342	4 454
思南—铜仁	1 953	1 525	3 478	1 959	1 512	3 471
铜仁北—铜仁大兴	2 150	2 140	4 290	2 235	1 949	4 184
铜仁—黄板	688	165	854	723	174	897
贵阳小绕(顺)	2 895	2 760	5 655	3 004	2 752	5 756
镇宁—魏旗站	5 738	3 646	9 384	6 042	4 007	10 050
凯里北—丹寨	1 043	311	1 354	1 035	291	1 325
黎平—瓦寨	1 059	368	1 427	1 006	342	1 348
瓮安—湄潭	114	648	762	115	566	681
百宜—闵孝镇	560	839	1 399	572	667	1 238
红枫—九洞天	2 640	696	3 335	2 126	549	2 675
毕节—法窝	1 207	617	1 823	1 075	1 138	2 213
六枝—滥坝	2 689	748	3 437	2 225	617	2 842
凯里东—雷山主线	644	126	769	198	47	244
重安—余庆	183	146	329	202	154	356
合兴—沙子	386	72	457	251	53	304
余安高速立交—望谟西	708	260	968	99	77	176

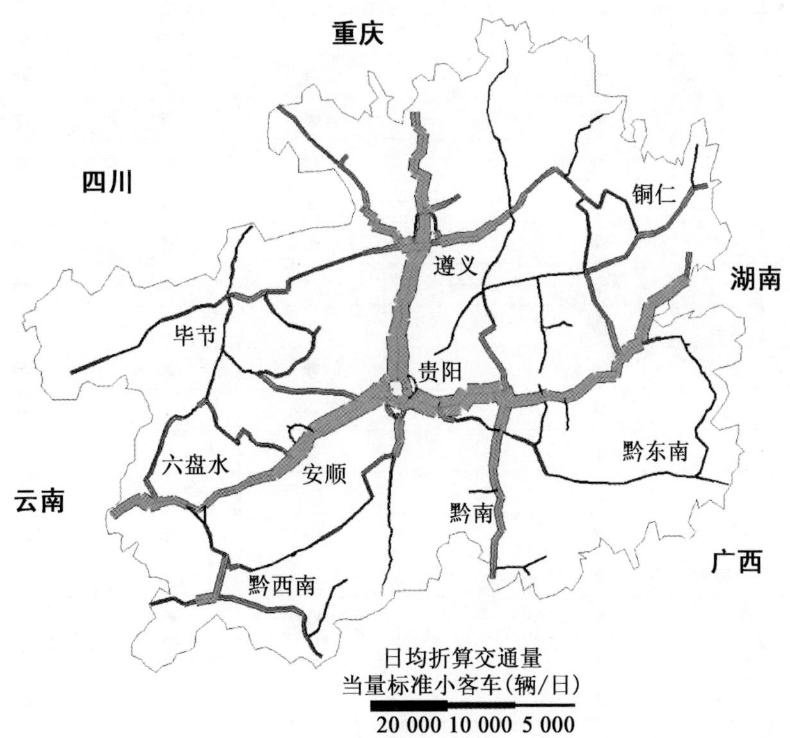

图 4.62　2015 年贵州省高速公路日均交通量

附　　录

附录1　各省（区、市）高速公路收费系统数据库信息类型

2015年高速公路运输量统计主要数据来源更加完善，见附表1。

2015年度各省（区、市）收费系统数据库信息　　附表1

省（区、市）	车型	客车车型	货车车型	货车轴型	货车轴重	货车总重	货车轴数
北京	●						
天津		●		●		●	
河北		●		●	●	●	
山西		●		●	●	●	
内蒙古		●				●	●
辽宁		●				●	●
吉林		●				●	●
黑龙江		●		●		●	
上海		●	●				
江苏		●		●		●	
浙江		●				●	●
安徽		●				●	●
福建		●		●	●	●	
江西		●		●	●	●	
山东		●		●	●	●	
河南		●		●	●	●	
湖北		●		●	●	●	
湖南		●		●	●	●	
广东		●	●		●	●	●
广西		●				●	●
重庆		●		●	●	●	
四川		●				●	●
贵州		●		●		●	
云南		●				●	●
陕西		●		●	●	●	
甘肃		●				●	●
宁夏		●		●	●	●	
青海		●		●	●	●	
新疆		●				●	●

注：1. 表中●项表示数据库中有该项信息；

2. 海南省高速公路因不设收费站，无数据库信息；

附录2　各省(区、市)客车收费车型划分标准

北京、天津、河北、山西、内蒙、辽宁、吉林、黑龙江、上海、江苏、浙江、安徽、江西、福建、山东、河南、湖北、湖南、广西、四川、贵州、云南、陕西、宁夏、青海、新疆等省(区、市)执行部标 JT/T 489—2003《收费公路车辆通行费车型分类》,见附表2,广东省见附表3。

收费客车车型划分(JT/T 489—2003)　　附表2

车　型	Ⅰ	Ⅱ	Ⅲ	Ⅳ
座位数	≤7	8～19	20～39	≥40

广东省收费客车车型划分　　附表3

车　型	Ⅰ	Ⅱ	Ⅲ	Ⅳ
轴数	2	2	2	3
轮胎数	2～4	4	6	6～10
车头高度(m)	<1.3	≥1.3	≥1.3	≥1.3
轴距(m)	<3.2	≥3.2	≥3.2	≥3.2

附录3　运输结构主要数据说明

在统计运输指标时,没有包括香港、澳门特别行政区和台湾省相关数据。各省(区、市)(不含海南省)已通车而相关数据未进入收费系统数据库的路段运输量也未计入。

高速公路运输结构指标性数据的处理和统计学测试等项参见《2008中国高速公路运输量调查分析报告》。

高速公路运输量统计调查工作采取统一核算方式。派专人到各省(区、市)高速公路管理部门和业主单位采集收费系统数据库数据和相关资料。全部数据汇总后,集中进行处理、核算和分析,撰写调查分析报告。

统一核算方式有助于提高高速公路运输量统计数据的质量,增强运输经济运行分析的可信度。同时,可以减轻各省(区、市)被调查部门和单位的工作量。

1.高速公路运输与国民经济

(1)每万元国内生产总值(按现价计算)的高速公路货运量

$$=\frac{\text{年度全国高速公路货运量(吨)}}{\text{年度国内生产总值(按当年价格计算)(万元)}}$$

(2)每万元国内生产总值(按现价计算)的高速公路货物周转量

$$=\frac{\text{年度全国高速公路货物周转量(吨公里)}}{\text{年度国内生产总值(按当年价格计算)(万元)}}$$

(3)全国平均每人高速公路乘车次数

$$=\frac{\text{年度全国高速公路客运量(人次)}}{\text{年度全国总人口}}$$

(4)全国平均每人高速公路乘行距离(公里)

$$=\frac{\text{年度全国高速公路旅客周转量(人公里)}}{\text{年度全国总人口}}$$

2. 高速公路基础设施

(1)通车里程(公里)是指高速公路已建成通车的里程。

(2)车道里程(公里)是用于车辆通行的主线车道的长度,用于反映公路的综合通行能力。

(3)平均车道数(条)$=\frac{\text{车道里程(公里)}}{\text{通车里程(公里)}}$。

3. 高速公路交通状况

(1)货车在行驶量中比重(%)$=\frac{\text{货车行驶量(车公里)}}{\text{行驶量(车公里)}}$。

(2)路负荷以标准轴载当量轴次计。

在取得车辆轴重数据的省(区、市),绝大部分可按照部标《公路沥青路面设计规范》(JTG D50—2006)计算各个路段的道路负荷。

4. 高速公路旅客运输

(1)客运量(亿人)

为避免重复计算,全国高速公路客运量只汇总各省(区、市)的省(区、市)内客运量和出省(区、市)客运量。有26个省(区、市)(里程占全国高速公路通车里程的91.00%)可以同时求取高速公路客运量和旅客周转量两项指标;其他省(区、市)可以求取高速公路旅客周转量指标。通过26个省(区、市)的高速公路旅客周转量在全国高速公路旅客周转量中的比重,放大推算全国高速公路客运量。

(2)客运密度(万人公里/公里)

$$\text{客运密度(万人公里/公里)}=\frac{\text{旅客周转量(万人公里)}}{\text{通车里程(公里)}}$$

客运密度是指每公里高速公路上通过的旅客人数。客运密度分布是把各个路段的客运密度汇总在某一干线、某一省(区、市)或全国高速公路路网上。

(3)旅客平均行程(公里)

$$\text{旅客平均行程(公里)}=\frac{\text{旅客周转量(亿人公里)}}{\text{客运量(亿人)}}$$

旅客平均行程是指旅客在高速公路网中的旅行距离,是旅客完成一次旅行总距离的一部分。由26个省(区、市)(里程占全国高速公路通车里程的91.00%)的旅客周转量除以省(区、市)内客运量和出省(区、市)客运量之和得到的。

(4)省(区、市)内旅客平均行程(公里)

省(区、市)内旅客平均行程(公里),由26个省(区、市)(里程占全国高速公路通车里程的91.00%)的省(区、市)内旅客周转量除以省(区、市)内客运量得到的。

(5)跨省(区、市)的旅客平均行程(公里)

跨省(区、市)的旅客平均行程(公里),由26个省(区、市)(里程占全国高速公路通车里程的91.00%)的跨省(区、市)旅客周转量除以出省(区、市)的客运量得到的。

(6)客车平均速度(公里/小时)

$$\text{每辆客车的速度}=\frac{\text{客车行驶距离(公里)}}{\text{运行时间(小时)}}$$

这里的运行时间是指出口时刻与入口时刻之差,包括行驶时间、服务区(或停车区)休息时间、路边暂停时间以及出口交费等待时间。

客车平均速度由河北、江苏、山东、福建、湖北、湖南、四川、山西、河南、陕西、江西、广西、安徽和重庆等14个省(区、市)数据计算出的。

(7)高速公路客运结构分析

①≤7 座客运车辆在客车车数中的比重(%)。

②≤7 座客运车辆人数在客运量中的比重(%)。

③≤7 座客运车辆完成的周转量在旅客周转量中的比重(%)。

未执行部标(JT/T 489—2003)《收费公路车辆通行费车型分类》的省市,统计时把Ⅰ型客车划入≤7 座客运车辆项目内。

④客运车辆平均座位数和乘坐率

大多数省(区、市)执行部标(JT/T 489—2003)《收费公路车辆通行费车型分类》,通过收费站的调查,求取各个车型客运车辆的平均座位数和乘坐率:

$$\text{车型客运车辆的平均乘坐率}(\%)=\frac{\text{该车型客运车辆乘客数}}{\text{该车型客运车辆座位数}}$$

⑤轿车平均乘坐人数(人/车)

它是指 5 座轿车的平均乘坐人数(人/车)$=\frac{\text{轿车乘客数(人)}}{\text{轿车数(车)}}$。通过在收费站的调查求得。

5. 高速公路货物运输

(1)货运量(亿吨)

各省(区、市)高速公路货运量包括省(区、市)内货运量、出省(区、市)货运量、进省(区、市)货运量和穿越货运量。

为避免重复计算,全国高速公路货运量只汇总各省(区、市)的省(区、市)内货运量和出省省(区、市)货运量。有 25 个省(区、市)(里程占全国高速公路通车里程的 87.76%)可以同时求取高速公路货运量和货物周转量两项指标;其他省(区、市)可以求取高速公路货物周转量指标。通过 25 个省(区、市)的高速公路货物周转量在全国高速公路货物周转量中的比重,放大推算全国高速公路货运量。

(2)货运密度(万吨公里/公里)

$$\text{货运密度(万吨公里/公里)}=\frac{\text{货物周转量(万吨公里)}}{\text{通车里程(公里)}}$$

货运密度是每公里高速公路上通过的货物量。货运密度分布是把各个路段的货运密度汇总在某一干线、某一省区市或全国高速公路路网上。

(3)货物平均运距(公里)

货物平均运程(公里)$=\frac{\text{货物周转量(亿吨公里)}}{\text{货运量(亿吨)}}$,仅指货物在高速公路网中的运输距离,是货物完成一次运输过程总距离的一部分。由 25 个省(区、市)(里程占全国高速公路通车里程的 87.76%)的货物周转量除以省(区、市)内货运量和出省(区、市)货运量之和求出。

(4)省(区、市)内货物平均运距(公里)

省(区、市)内货物平均运距(公里),由 25 个省(区、市)(里程占全国高速公路通车里程的 87.76%)的省(区、市)内货物周转量除以省(区、市)内货运量求出。

(5)跨省(区、市)的货物平均运距(公里)

跨省(区、市)的货物平均运距(公里),由 25 个省(区、市)(里程占全国高速公路通车里程的 87.76%)的跨省货物周转量除以出省(区、市)货运量求出。

(6)货车平均速度(公里/小时)

$$\text{每辆货车的速度(公里/小时)}=\frac{\text{货车行驶距离(公里)}}{\text{运行时间(小时)}}$$

这里的运行时间是指出口时刻与入口时刻之差,包括行驶时间、服务区(或停车区)休息时间、路边暂停时间以及出口交费等待时间。

货车平均速度由河北、江苏、山东、福建、湖北、湖南、山西、河南、陕西、江西、广西、安徽和重庆等13个省(区、市)数据求出。

(7)高速公路货运结构分析

①货车轴型构成

货车轴型构成是指各种轴型货车在高速公路网的货车车数、货车行驶量以及完成的货物周转量中的比重。轴型按轴数、轮胎数、单一车体和汽车列车划分为2轴4胎、2轴6胎、3轴和4轴单车以及半挂列车4大类。

②货车空驶状况

货车空驶状况用空车走行率来衡量。

$$空车行走率(\%)=\frac{空车行驶量(车公里)}{重车行驶量(车公里)}$$

③货车超限运输状况

车辆的轴载质量限值按国标GB 1589—2004《道路车辆外廓尺寸、轴载及质量限值》规定为：

单轴(每侧单轮胎)7吨；

单轴(每侧双轮胎)10吨；

并装双轴(每侧双轮胎)18吨(每少两个轮胎减4吨)；

并装三轴(每侧双轮胎)24吨(每少两个轮胎减少4吨)。

根据车辆轴型确定车辆总质量限值。

按照行政治超的限值规定，车辆总质量的限值为：

2轴货车　20吨；

3轴货车　30吨；

4轴货车　40吨；

5轴货车　50吨；

6轴货车　55吨。

分别按两种规定的限值，计算超限0～30%(含30%)，30%～50%(含50%)，50%～100%(含100%)以及>100%的超限运输车辆在货车总数中的比重(超限率)。

6.县乡运输量比重(%)

县乡运输量比重是指从县级及县级以下地区内的高速公路收费站进入的客运量和货运量与总客运量和总货运量之比。

所列指标根据河北、山西、辽宁、江苏、浙江、安徽、江西、福建、山东、河南、湖北、湖南、广西、陕西、甘肃、贵州16个省区(里程占全国高速公路通车里程的64.50%)统计得到。其中江苏省长江以南地区、浙江省杭州、嘉兴、湖州、绍兴、宁波五市全部辖区都列入城市区域。

7.省(区、市)的穿越车流状况

省(区、市)的穿越车流是指起止点都不在省(区、市)域高速公路网内的车流。穿越车流与被穿越的省份社会经济发展并无直接关系，但这部分车流的畅通影响全国高速公路网整体平稳有序的运营。

8.道路负荷分布

按照JTG D50—2006《公路沥青路面设计规范》的规定，标准轴载为单轴双胎轴载10吨。

各型车轴标准轴载当量轴次m为：

(1) 单轴单胎　$m=6.4\times\left(\frac{P}{10}\right)^{4.35}$；

(2) 单轴双胎　$m=1.0\times\left(\frac{P}{10}\right)^{4.35}$；

(3) 双联轴单胎　$m=2.2\times6.4\times\left(\frac{P}{20}\right)^{4.35}$；

(4) 双联轴双胎　$m=2.2\times\left(\frac{P}{20}\right)^{4.35}$；

(5) 三联轴单胎　$m=3.4\times6.4\times\left(\frac{P}{30}\right)^{4.35}$；

(6) 三联轴双胎　$m=3.4\times\left(\frac{P}{30}\right)^{4.35}$。

式中：P——该型车轴的总轴重(吨)。

高速公路多为沥青路面，上述当量轴次算式用在以设计弯沉值为指标及沥青层层底拉应力验算时。

省(市)的道路负荷分布是把各个路段的标准轴载当量轴次汇总在省(市)高速公路路网上。

9. 交通量分布

交通运输部办公厅《关于调整公路交通情况调查车型分类及折算系数的通知》(厅规划字[2010]205号)文件中，规定了公路交通情况调查机动车车型分类和公路交通情况调查机动车型折算系数参考值，而《公路工程技术标准》(JTG B01—2014)在此基础上将大型车的折算系数修订为2.5，其中与高速公路有关的车型划分见附表4。

公路交通情况调查机动车型折算系数参考值　　附表4

一级分类	二级分类	额定载荷参数	轮廓及轴数特征参数	当量标准小客车换算系数
小型车	中小客车	额定座位≤19座	车长<6m,2轴	1.0
	小型货车	载货量≤2吨		1.0
中型车	大客车	额定座位>19座	6m≤车长≤12m,2轴	1.5
	中型货车	2吨<载质量≤7吨		1.5
大型车	大型货车	7吨<载质量≤20吨	6m≤车长≤12m,3轴或4轴	2.5
特大型车	特大型货车	载质量>20吨	车长>12m或4轴以上；且车高<3.8m,或车高>4.2m	4.0
	集装箱车		车长>12m或4轴以上；且3.8m≤车高≤4.2m	4.0
	拖挂车	—		4.0

将公路交通情况调查机动车型折算系数参考值与附表2——部颁标准JT/T 489—2003《收费公路车辆通行费车型分类》对照后，高速公路客车交通量的当量标准小客车换算系数按照附表5折算。

高速公路客车的当量标准小客车换算系数　　附表5

收费车型	座位数	车型二级分类	当量标准小客车换算系数
Ⅰ型	≤7	中小客车	1.0
Ⅱ型	8～19	中小客车	1.0
Ⅲ型	20～39	大客车	1.5
Ⅳ型	≥40	大客车	1.5

在附表2中一些省(市)收费客车车型划分与部标JT/T 489—2003虽有差别，但也可参照部颁标准进行划分。

将高速公路的货车轴型分类与公路交通情况调查机动车型折算系数参考值对比后，高速公路货车交通量的当量标准小客车换算系数按照附表6计算。

2015 高速公路货车的当量标准小客车换算系数 附表 6

轴　型	轴　数	二级分类	当量标准小客车换算系数
	2 轴 4 胎	小型货车	1.0
	2 轴 6 胎	中型货车	1.23
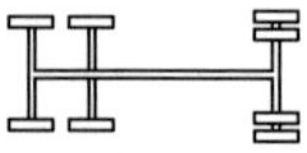	3 轴单车	大型货车	2.5
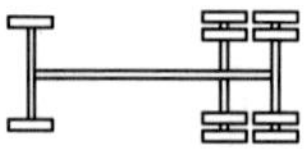			
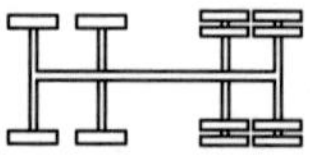	4 轴单车	大型货车	2.5
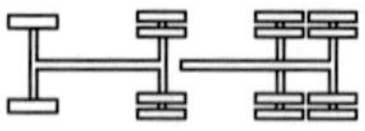	4 轴半挂列车	特大型货车、拖挂车、集装箱车	4.0
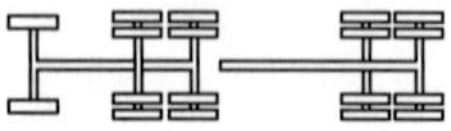	5 轴半挂列车		
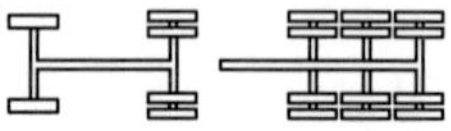			
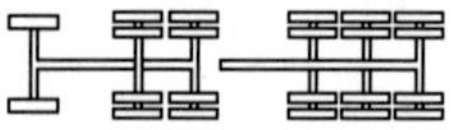	6 轴半挂列车		
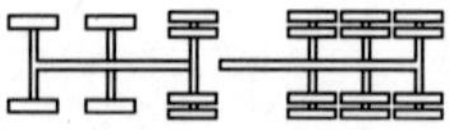			

省(市)的交通量分布是把各个路段客车、货车(含重车和空车)的当量标准小客车车次汇总在省(市)高速公路路网上。